Herwig Salmutter

Tolle führten Blinde

(nach Shakespeares KING LEAR, 4. Akt)

Memoiren eines SS-Obersturmführers:

Schlachten an der Westfront und
US-Intelligence Verhöre
im Kriegsgefangenen-Lager Fort Hunt

Herwig Salmutter

Tolle führten Blinde

Memoiren eines SS-Obersturmführers:

Schlachten an der Westfront und
US-Intelligence Verhöre
im Kriegsgefangenen-Lager Fort Hunt

Autor

Herwig Salmutter, ältester Sohn von Josef „Sepp" Salmutter,
geboren 1943,
britischer Staatsbürger, wohnhaft in London, UK
[weitere Einzelheiten siehe Kapitel „Über den Autor"]

Zitate aus den
US-Nachrichtendienst Dokumenten:

Alle Zitate sind nach ihrer Herkunft wie folgt vermerkt:

- *„belauscht" - Abgehörte Gespräche von deutschen Kriegsgefangenen in Fort Hunt, USA, 1945*
- *„Fragebogen" – Sepp Salmutters schriftliche Antworten auf einen Fragebogen*
- *„Office-Korrespondenz" – interne Nachrichtendienstdokumente zwischen den Dienststellen*
- *„handgeschriebener Lebenslauf" – Sepp Salmutters elfseitiger Lebenslauf, geschrieben zu Beginn seiner amerikanischen Gefangenschaft im Jänner 1945*

Alle achtzig Dokumente des US-Nachrichtendienstes über
den Kriegsgefangenen Sepp Salmutter finden Sie unter
https://tinyurl.com/sepp1921

Widmung

DANK DER TAPFERKEIT der alliierten Streitkrafte, die Deutschland von der Nazi-Diktatur befreiten, durfte ich in einem freien Österreich aufwachsen

Der Sieg der Alliierten und die anschließende Errichtung einer Demokratie in Verbindung mit der immensen Wirtschaftshilfe des Marshall-Plans erlaubten meiner Generation, die während oder kurz nach dem Zweiten Weltkrieg geboren wurde, in Frieden und Wohlstand zu leben.

Leider fand mein Vater in seiner Jugend, wie sich im nachfolgenden Text zeigen wird, nicht ähnlich demokratische Lebensvoraussetzungen vor.

Herwig Salmutter

Rechtschreibung

Herwig Salmutters Text folgt der Rechtschreibereform von 2006 und ist in Montserrat Schriftart gesetzt; Sepp Salmutters Text folgt der Rechtschreibung von 1969 und ist in Alegreya Schriftart.

US-Nachrichtendienst

Sepp Salmutter wurde vom US-Nachrichtendienst in Namur und in Fort Hunt verhört, danach – als vertrauenswürdig eingestuft – arbeitete er neun Monate als Übersetzer für den Nachrichtendienst.

Es handelt sich hier um den US-Army Intelligence Service, der Autor verwendet im Text meist die deutsche Übersetzung – US-Nachrichtendienst.

Im Sinne meines Vaters geht der Reinerlös aus dem Verkauf dieses Buches, sollte es dazu kommen, an die medizinische Hilfsorganisation
Ärzte ohne Grenzen.

Was wissen wir von unseren Angehörigen,
die für eine ungerechte,
ja verbrecherische Sache kämpften?

Die Suche nach den Verwandten
ist immer auch eine Suche nach uns selbst,
ein Ausloten von Grenzen,
Identitäten und Ambivalenzen.

Neben Neugierde gehört auch Mut dazu,
sich mit der Vergangenheit zu beschäftigen,
zumal sie schmerzhaft sein kann:
‚der geliebte Vater ...'

Dr. Felix Römer, „Kameraden"

INHALT

BEINAHE WÄRE DIESES BUCH NICHT GESCHRIEBEN WORDEN ...

Alles fing mit Corona an. Im aufgezwungenen Lockdown räumte ich den Dachboden auf und fand einen Stapel vergessener Papiere, die vor über einem halben Jahrhundert mit dem Nachlass meines Vaters zu mir gekommen waren. Damals war ich sechsundzwanzig Jahre alt und lebte in Afrika. Obwohl es um meinen Vater ging, war ich nicht geneigt, mich mit seinem bislang auch vor mir geheim gehaltenen Leben als SS-Obersturmführer zu befassen.

Die Papiere enthielten, zusammen mit einem langen Brief, achtzig kopierte Dokumente des US-Nachrichtendienstes zur Person meines Vaters als Kriegsgefangener am Ende des Zweiten Weltkrieges, die auf Vernehmungen und illegalen Abhöraktionen beruhen. Wie mein Vater 1969 in den Besitz dieser Kopien gelangt war, ist rätselhaft, denn erst 2012 öffneten die Amerikaner einem ausgewählten Kreis von Historikern ihre Geheimarchive.

Wenige Jahre später durften nahe Familienangehörige personenbezogene Kopien des Materials anfordern. Die mir 2016 ausgehändigten Kopien verglich ich mit denen meines Vaters aus dem Jahre 1969: Sie waren identisch!

Im September 2020 beschloss ich, die Dokumente erneut zu lesen. Mir wurde vieles klar, was ich fünfzig Jahre zuvor nicht verstanden hatte. Viele Themen, wie zum Beispiel die Ausbildung an der SS-Ärztlichen Akademie und den SS-Junkerschulen, die Dienstgrade von SS-Offizieren, das Universitätswesen während des Krieges und die Entnazifizierung, waren mir fremd. Ich recherchierte im Internet, traf einen der Ärzte, die mit meinem Vater in Vietnam gearbeitet hatten, und kontaktierte die Diözese Graz-Seckau, das Steiermärkische Landesarchiv, steirische Bürgermeisterämter sowie die Grazer Universität.

Mit besseren Informationen und einem weiteren Blick habe ich die Autobiografie behutsam überarbeitet. Mit einer Vielzahl von Zitaten aus den Verhören des US-Nachrichtendienstes ist dies eine Autobiografie

eines gewöhnlichen Menschens in einer aussergewöhnlichen Zeit.

Herwig Salmutter, London 2022

VORWORT

VATI IN VIETNAM ERTRUNKEN STOP
  BEGRÄBNIS AM 17. JÄNNER STOP
      BITTE KOMM STOP MUTTI

Vor über fünfzig Jahren, Anfang Jänner 1969, erhielt ich diese Nachricht. Zu jener Zeit arbeitete ich als Geophysiker im algerischen Hassi-Messaoud und vermaß Bohrlöcher in der Sahara.

Sofort schossen mir unzählige Fragen durch den Kopf: Hatte ich genügend Zeit mit meinem Vater verbracht? Wie gut kannte ich ihn? Was wusste ich über sein Leben?

So schnell wie möglich reiste ich nach Österreich zu meiner Familie – drei Tage vor der Beerdigung traf ich in Graz ein. Der Sarg meines Vaters war pünktlich aus Südvietnam bei uns angekommen. Das Bestattungsinstitut öffnete den Sarg für uns und ich konnte einen Blick auf meinen Vater werfen: Er war von den Amerikanern in Vietnam einbalsamiert worden, so wie sie es mit ihren eigenen Gefallenen ausführten. Weiße Papiermanschetten umrahmten das blasse Gesicht und die schlanken Handgelenke. Seine Augen waren geschlossen und seine Gesichtszüge entspannt. Es war das erste Mal, dass ich einen toten Menschen zu Gesicht bekam. Mein Vater schien friedlich zu ruhen.

Noch am selben Tag wurde die Mitteilung „Grazer Arzt Josef Salmutter auf dem Rotkreuzschiff Helgoland beim Schwimmen ertrunken" in den Spätnachrichten des Fernsehsenders FS1 ausgestrahlt. Dabei wurde ein Bild eingeblendet, das meinen Vater in seinem Sarg zeigte, links und rechts von ihm standen zwei Männer in Rotkreuzuniformen.

Meine Mutter organisierte eine Messe bei den Alt-Katholiken, obwohl mein Vater mit achtzehn Jahren aus der Kirche ausgetreten war. Sie meinte, es sei „für die Leute". Von den Leuten kam allerdings kaum jemand – das überraschte mich nicht, denn mein Vater hatte die Steiermark fünfzehn Jahre zuvor verlassen.

Ein Vertreter des Deutschen Roten Kreuzes (DRK) teilte meiner Mutter mit, dass mein Vater beim Schwimmen im Meer einen Herzinfarkt erlitten habe. Er habe sich noch mit heftigem Winken bemerkbar zu machen versucht, aber seine Kollegen konnten ihn nicht mehr retten. Der Rotkreuzmann übergab uns eine Metallkiste aus dem Besitz meines Vaters. Darin befanden sich Bücher, ein Photoapparat, eine 8-mm-Kamera und entwickelte Filme sowie Päckchen, eines für jedes von uns Kindern. Mein Vater musste sie für seinen bevorstehenden Urlaub in der Heimat bereits vorbereitet haben.

Alles fließt ... Wanderdüne im Östlichen Großen Erg in Algerien, 1969

Auf einem der Päckchen stand mein Name; ich hielt es kurz in den Händen. Durch das Einwickelpapier fühlte ich auf beiden Seiten einen Holzdeckel. Ich unterdrückte meine Neugier und verstaute es in meinem Koffer. Die Beerdigung hatte jetzt Vorrang!

Erst als ich nach Hassi-Messaoud zurückgekehrt war, öffnete ich mein Päckchen. Gespannt wickelte ich das Papier ab und erblickte zwei handbemalte Buchdeckel. Dazwischen lagen unzählige Seiten; einige stammten – in seiner Handschrift – eindeutig von meinem Vater, andere waren offizielle Dokumente, die sich mit der Person meines Vaters befassten. Ich konnte es kaum fassen, was er mir vermachte!

Wäre dieses Päckchen den Amerikanern in die Hände gefallen, hätten sie es mit Sicherheit beschlagnahmt und die darin befindlichen Dokumente geheim gehalten oder vernichtet. Glücklicherweise wurde die Metallkiste meines Vaters vom DRK gepackt, nach Österreich transportiert und direkt meiner Mutter übergeben. Die Amerikaner hatten keinen Zugriff darauf – insbesondere nicht auf ihren brisanten Inhalt.

Zwischen all den Papieren befand sich ein zusammengefalteter Brief im breiteren amerikanischen Papierformat. Die Schrift des auf Englisch verfassten getippten Briefes war verblichen und schwer zu lesen; er führte kein Datum und war an meinen Vater gerichtet:

Lieber Sepp,

willkommen in Da Nang! Wir haben Deinen Lebenslauf seit der Kriegsgefangenschaft in Fort Hunt und in Wisconsin mit Zufriedenheit verfolgt und möchten Dir unseren Dank für Deine anschließende ärztliche Tätigkeit der letzten zwanzig Jahre aussprechen.

Zusammen mit diesem Brief schicke ich Dir Deine Antworten auf den Moral Questionnaire, Deine Abhörprotokolle und die Office-Korrespondenz. Die Dokumente sind als SECRET abgestempelt, aber sie sind für uns in der jetzigen Zeit von geringem Sicherheitswert. Derzeit kopieren unsere Office-Girls in den US National Archives im College Park in Maryland hunderttausende Seiten von Dokumenten wie den Deinigen.

Du warst einer von viertausend deutschen Kriegsgefangenen, die wir im Camp verhörten. Captain Brown, Du erinnerst Dich bestimmt an ihn, ist in seinen Zivilberuf als Rechtsanwalt zurückgekehrt. Er hält Vorträge als Gastprofessor an der Uni über Diktaturen und die Banalität des Bösen. Captain Brown ist einer von vielen, die sich für die Veröffentlichung der Verhördokumente einsetzen, und kann es kaum erwarten, eine historisch-wissenschaftliche Arbeit darüber zu veröffentlichen. Es gibt jedoch Widersacher, die dieses Vorhaben verhindern und die Dokumente nur wenigen Personen des Nachrichtendienstes zugänglich machen wollen. Das demokratische Prestige der USA hat in ihren Augen Vorrang. „Die USA folgen den Gesetzen der Genfer Konventionen", sagen sie und: „Der amerikanische Nachrichtendienst hört keine Kriegsgefangenen illegal ab." Wir beide wissen, dass es anders war.

Dennoch ist der Druck, die Dokumente zu veröffentlichen, enorm und er steigt weiter. Seit diesen Verhören sind über zwanzig Jahre vergangen. Wir sind mittlerweile Partner des neuen demokratischen Deutschlands und die über die Gefangenen gesammelten Informationen sind nur noch von persönlichem oder historischem

Wert. Wir sind sicher, dass innerhalb der nächsten Zeit alle Dokumente den Historikern zugänglich gemacht werden.

Sepp, vergiss bitte trotzdem nicht, dass Deine Unterlagen noch geheim sind. Bitte bewahre sie gut auf und zeige sie keinem Fremden, nichts darf davon an die Öffentlichkeit gelangen! Wir müssen noch absolut anonym bleiben; ich kann Dir nur die Berichte übergeben, die wir über Dich geschrieben haben, und das, was Du selbst schriebst und sagtest, während Du heimlich abgehört wurdest.

Bleib vorsichtig,
ein Freund

Ich faltete den Brief zusammen und legte ihn zur Seite. Danach nahm ich die übrigen Papiere in Augenschein. Ein an mich gerichteter langer handgeschriebener Brief meines Vaters war das wichtigste Fundstück.

Noch bevor ich die ersten Worte lesen konnte, überschlugen sich meine Gedanken: Was wollte mein Vater mir sagen?
War ihm bewusst, dass wir uns nie ausführlich miteinander unterhalten hatten?
Wollte er versuchen sich zu rechtfertigen?
Wer war der Freund, der ihm den geheimnisvollen Brief geschrieben hatte?
Haben die Dokumente mit seinem frühen Tod zu tun?

Viele Fragen drängten sich mir auf und ich wollte Antworten darauf finden – neugierig begann ich zu lesen ...

NAMUR

Lieber Herwig,

seit bereits zwei Monaten lebe ich in Südvietnam auf der „MS Helgoland", einem Hospitalschiff des Roten Kreuzes, und gewöhne mich langsam an die Hitze und die schwer erträgliche Feuchtigkeit. Die freie Stelle für einen Unfall-chirurgen war wie gerufen gekommen, schlicht bewarb ich mich. Ich wollte fort, hinaus aus Deutschland und dorthin, wo ich Menschen helfen konnte. Über Vietnam später, jetzt muß ich Dir berichten, was mir überraschend widerfuhr, wie meine Vergangenheit mich ereilte und was mich dazu bringt, meine Lebensgeschichte niederzuschreiben.

Drei Wochen nachdem ich in Da Nang angekommen war, überraschte mich ein unerwartetes Packerl aus Amerika. Die Post kommt hier einmal wöchentlich. In der Kantine warte-ten wir darauf, daß die lustige bayrische Krankenschwester unsere Namen aufrief, damit wir unsere Briefe oder Päck-chen bei ihr abholten. Als sie meinen Namen rief, erwartete ich ein handgeschriebenes Kuvert von Deiner Mutter, statt-dessen überreichte sie mir ein dickes, offizielles braunes Kuvert, ohne Namen und Adresse des Absenders. Als ich es sah, wußte ich sofort, daß meine Kollegen davon nichts mitbekommen durften. Schnell verdrückte ich mich in meine Kabine, um die Sendung ungesehen öffnen zu können. Es waren Geheimdokumente aus meiner US-Gefangenschaft. Achtzig Seiten – sie sahen aus, als wären sie hastig kopiert worden. Mit wild klopfendem Herzen suchte ich das älteste Dokument heraus und überflog es rasch. Es stammte aus meinem ersten US-Gefangenenlager in Namur in Belgien ...

... Es war der 21. Jänner 1945, als ich während der Ardennen-offensive zu den Amerikanern desertierte. Doch was hatte mich dazu getrieben, Fahnenflucht zu begehen? Ich denke, es gab viele Gründe. Einer davon war zweifellos die Angst vor dem Tod. Ich glaube, daß mein Leben an der Front geendet hätte, wäre ich bei meiner SS-Einheit geblieben. Nein, lieber wollte ich in Gefangenschaft überleben. Meine Freundin Resi hatte mir ebenfalls zur Desertion geraten und bestärkte mich damit in meinem Entschluß. Ich werde später noch ausführlicher darauf eingehen.

Nachdem ich zu den Amerikanern übergelaufen war, wurde ich vom 21. Jänner bis zum 5. April 1945 im Gefangenen-lager Namur anfangs strengstens verhört. Danach wurde die Atmosphäre freundlicher. Ich arbeitete mit den *Ritchie Boys** des amerikanischen Sicherheitsdienstes zusammen.

** Die **Ritchie Boys** waren die deutsch-österreichische US-Spezialeinheit von Offizieren des MilitärNachrichtendienstes, in Camp Ritchie in Maryland ausgebildete Soldaten des Zweiten Weltkriegs, viele von ihnen deutschsprachige Einwanderer in die USA, häufig Juden, die vor der nationalsozialistischen Verfolgung geflohen waren. Sie wurden aufgrund ihrer Kenntnisse der deutschen Sprache und Kultur vorwiegend für die Vernehmung von Häftlingen an der Front und für die Spionageabwehr in Europa eingesetzt.*

„Der Kriegsgefangene ist ein junger und intelligenter österreichi-scher Arzt, der zu den amerikanischen Streitkräften desertierte. Er ist äußerst kooperativ und freundlich. Er hat eine magnetische Persönlichkeit. Scheint sehr zuverlässig zu sein. Er arbeitete von Ende Jänner bis zum 5. April 1945 für den Nachrichtendienst in Namur" (Office-Korrespondenz).

Sechs Wochen nach meiner Internierung traf ich den Truppenarzt Dr. Fronius als Gefangenen im Lager. Er erinnerte mich daran, was ich bereits wußte: Hätten dich die Deutschen bei deiner Desertion geschnappt,
„wäre das SS-Gericht zweifellos in der üblichen Form verfahren, d. h. Verurteilung zum Tode und Ausstoß aus der SS mit Schimpf und Schande" (handgeschriebener Lebenslauf).

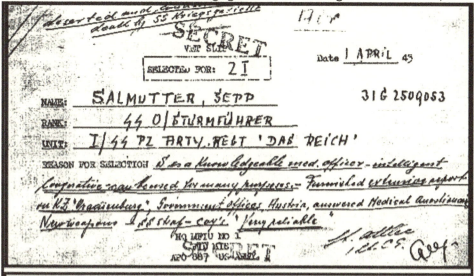

Desertierte und wurde vom SS-Kriegsgericht zum Tode verurteilt

GEHEIM   1. April 45
NAME: SALMUTTER, SEPP   31G2509053
DIENSTGRAD: SS O/STURMFÜHRER
EINHEIT: I/SS PZ ARTY.REGT. ‚DAS REICH'
GRUND ZUR AUSWAHL: S ist ein kenntnisreicher med. Offizier,
intelligent, kooperativ, kann für viele Zwecke verwendet werden, gab
umfangreichen Bericht über KZ ‚Oranienburg', Regierungsbüros,
Österreich, beantwortete medizinischen Fragebogen, neue Waffen,
SS-Strafkompanie, sehr zuverlässig.
HQ MFIU NO1 FID MTS   APO887 US ARMY
(signed) Leo Attlee, 1st Lt. OS

POW – Prisoner of War in Belgien
Sepp Salmutters Kentnisse und Kooperation
verhalfen ihm zu einem Flugticket nach Amerika

Gleich zu Anfang erzählte ich den Verhöroffizieren alles, was ich in den letzten fünf Jahren bei der Waffen-SS erfahren und gelernt hatte. Mir half mein gutes Gedächtnis für Details, über Personen zu berichten, denen ich auf meinem militärischen Werdegang begegnet war: Kommilitonen an der Uni Graz, Teilnehmer der SS-Junkerschulen, Kommandanten dreier Konzentrationslager und Armee-Vorgesetzte. Von einigen, zweiundfünfzig, um exakt zu sein, konnte ich Kurzbiografien erstellen. Ich überschüttete die Amerikaner mit Informationen, und weil ich mit dreiundzwanzig Jahren noch relativ jung war, wurden mir die Untaten vergeben. First Lieutenant Leo Attlee war von mir begeistert. So sehr, daß er meinen Transfer nach Amerika einfädelte. Ihm traute ich eine steile Militärkarriere zu.

Sein Untergebener, Leutnant Walter Kerr, „sag einfach ‚Walt' zu mir", verbrachte Tage und Wochen mit mir zusammen. Jeden Morgen begrüßte er mich mit den Worten „*Good 'n tight, like a German virgin*". Es klang für ihn wie „guten Tag"; also grüßte ich zurück. Wir sprachen in langsamem Englisch miteinander, während er das Gespräch protokollierte. Zu Beginn verstand ich ihn kaum. Walts Englisch war von einem starken texanischen Einschlag geprägt. Es dauerte Wochen, bis ich damit zurechtkam. Er war älter als ich, um die vierzig Jahre, hatte kurze braune Haare und trug auf der Nase eine schmale Lesebrille. Er war nicht ambitiös. In seinem Büro deponierte er kistenweise Merlot, den er von irgendwoher hatte – so lief es häufig im Krieg. Gemeinsam tranken wir gerne ein Gläschen davon aus Blechbechern und unterhielten uns. Unter anderen Umständen hätten wir Freunde sein können.

„Wenn alles vorbei ist, dann kommst du zu mir nach Lubbock. Meine Familie und meine Freunde werden dich zu einem texanischen Barbecue einladen – als Ehrengast. Die Steaks werden weit über dem Teller hängen!" versprach Walt mir damals. Wenn ich jetzt so darüber nachdenke, den Kerl werde ich noch besuchen!

Meine Gedanken konzentrieren sich jetzt ganz auf meine Zeit in Fort Hunt, USA. Das bisherige Leben mußte erst verarbeitet werden. Nicht nur den Amerikanern, sondern auch mir gegenüber mußte ich Rechenschaft über mein bisheriges Leben ablegen. Wie habe ich mich damals gefühlt? Als Verlierer oder als pfiffiger Kerl, der alle Lebenssituationen meisterte?

FORT HUNT

9. April 1945. Mein erster Flug – was für ein Erlebnis! Wir starteten in Paris, wo wir in eine DC3, das Air-Force-Maultier, einstiegen. Solange sie noch auf dem Rollfeld stand, neigte sich ihr Boden. Ich mußte mich zu meinem Vordersitz hinaufziehen. Erst in der Luft, als sich das Flugzeug in die Horizontale gelegt hatte, konnte ich mich entspannen. Gegen Mittag ließen wir Frankreich hinter uns und überflogen den Atlantik, unter dessen strahlend blauer Oberfläche sich die U-Boote befinden mußten, die sich gegenseitig mitsamt den Mannschaften versenkten.

Wegen der sechsstündigen Zeitverschiebung kamen wir noch abends auf einem Militärflughafen in Washington an. Mir blieb kaum Zeit, mich umzusehen, denn wir wurden sofort in einen Autobus getrieben. Seine Fenster waren zugeklebt; niemand sagte uns, was passieren, was unser Ziel sein würde. Die Männer um mich herum stammten von den unterschiedlichsten europäischen Fronten. Manche von ihnen hatten den gesamten Krieg über gekämpft, andere, wie ich, waren erst seit 1944 dabei – abgesehen von meiner kurzen Zeit in Frankreich 1940.

Den ältesten unter uns Gefangenen schätzte ich auf fünfundvierzig Jahre. Allerdings waren die meisten jung, um die zwanzig. Niemand von ihnen sprach, also schwieg ich und registrierte nur das Ruckeln des Wagens.

Ich kann nicht mehr sagen, wie lange wir fuhren, aber es fühlte sich wie eine Ewigkeit an. Als der Bus anhielt und die Tür geöffnet wurde, war ich erleichtert. Das Bellen von Wachhunden erklang, und eine Maschinenpistole erschien in der Türöffnung. Nacheinander mußten wir aussteigen und uns in einer Reihe gegenüber den amerikanischen Soldaten aufstellen. Sie trugen khakifarbene Uniformen und hielten kurzläufige MPs in den Händen, die sie auf unsere Körper richteten. Mit harten Gesichtern musterten sie uns.

Nazi-Sympathisanten und Anti-Nazis – das waren die beiden Gruppen, in die wir aufgeteilt wurden. Ich kam zur letzteren, obwohl mir der Grund dafür schleierhaft war. Eine SS-Mitgliedschaft vertrug sich in meinen Augen nicht gut mit „Anti-Nazi". Nach welchen Kriterien wir ausgewählt und hierher geflogen worden waren, wußte ich nicht. Einige von uns waren Ingenieure und Forscher, vermutlich deshalb. Aber warum ich? Lag es an meinen Kontakten zu Konzentrationslagern? Oder daran, daß ich in Namur so kooperativ mit dem Nachrichtendienst gearbeitet und Walter oder Leo tatsächlich aus Dankbarkeit meinen Amerikaaufenthalt beantragt hatte?

Während ich überlegte, schaute ich mich um. Es zeigte sich mir ein ähnliches Bild, wie ich es aus den vergangenen zwei Monaten im Gefangenenlager im belgischen Namur kannte: doppelte Stacheldrahtzäune, Holzbaracken und hohe Wachtürme mit bewaffneten Soldaten, die uns skeptisch beobachteten. Dahinter Wald. Eine hohe Mauer umringte ein massives Gebäude in der Mitte des Lagers. Erst später sollte mir klarwerden, daß dieses Gebäude ein kreuzförmiger Komplex war. Geformt wie ein Hakenkreuz, aber ohne Haken – so einen Gedanken konnten ausnahmslos Deutsche haben. Es gab ein weiteres Bauwerk, das ich später noch allzugut kennenlernen sollte: ein amerikanischer Nachrichtenposten, mit Kopfhörern und Tonbändern. Von dort aus wurden die Gefangenen abgehört, wenn sie sich über den Krieg, ihre Freunde, Probleme, Ehefrauen oder Kinder unterhielten.

LT SEPP
SALMUTTER

Personalakte des US-Nachrichtendienstes, 1945

16

Personalakte des US-Nachrichtendienstes, 1945

Daß diese Belauschung nach den Genfer Konventionen verboten war, scherte hier niemanden. Später würde auch ich dort arbeiten – als Lauscher und Übersetzer der aufgenommenen Tonbänder.

Im Gänsemarsch wurden wir von den Soldaten ins gemauerte Gebäude geführt und mußten auf einer unbequemen Holzbank Platz nehmen. Unsere Namen wurden alphabetisch aufgerufen, und ein Mann nach dem anderen verschwand hinter der nächsten Tür. Als mein Name fiel, brachte man mich in einen Nebenraum, in dem ein Offizier hinter seinem massiven Schreibtisch wartete. Er nahm mir alle Papiere und Dokumente ab, die ich noch bei mir trug, und machte sich ein paar kurze Notizen. Danach rief er einen Soldaten, der mich in einen Umkleideraum abführte, wo ich mich vollständig entkleiden mußte, um anschließend von einem Armeearzt untersucht zu werden. „Alles O. K., den Umständen entsprechend", lautete der Befund. Dann steckte man mich in Gefangenenkleidung.

Auf der Brust meines Hemdes und auf den Hosenbeinen des blauen Anzugs waren drei große Buchstaben in weißer Schrift aufgedruckt: *POW – Prisoner of War*. Ich wurde in ein kleines Zimmer mit hoher Decke geführt. Durch ein schmales Fenster fiel am Tage die Sonne und warf den Schatten der Gitterstäbe auf die spärliche Inneneinrichtung: zwei Betten, zwei Bänke und ein Tisch, der an der Wand festgeschraubt war. Es dauerte nicht lange, und der andere Kriegsgefangene betrat die Zelle. Es war der Wiener Erwin Thomas, im Alphabet hinter mir, mit dem ich die nächsten drei Wochen in der Zelle verbringen sollte. Die Gefangenen blieben zwei bis drei Wochen hier, bevor sie in ein anderes Kriegsgefangenenlager in den Vereinigten Staaten überführt wurden.

Nach den Genfer Konventionen sollten alle Gefangenenlager und Namen der Insassen dem Roten Kreuz mitgeteilt werden. Doch versteckten die Amerikaner dieses Lager dadurch, daß sie Fort Hunt intern als Temporary Detention Center einstuft und nicht in die Liste der offiziellen Kriegsgefangenenlager aufgenommen hatten. Es erhielt vom Army-Command lediglich eine Postbox-Nummer, die PO Box 1142. Die Gefangenen dieses Lagers hatten keinen Anspruch auf Kontakte mit der Heimat. Das Abhören der deutschen Kriegsgefangenen durch die Amerikaner war höchst geheim – top secret. Ihren Familien waren sie zunächst als vermißt deklariert worden. Den Genfer Konventionen nach völkerrechtswidrig, wurden die deutschen Gefangenen in Fort Hunt erst nach Ende der Verhöre registriert, nachdem man sie in andere Gefangenenlager überführt hatte.

Nach dem Völkerrecht hätten wir als Gefangene nicht mehr als unsere minimalen persönlichen Daten angeben müssen und nicht verhört werden dürfen. Doch dies war eine kleine Verfehlung in so einem grausamen Krieg. Mir war es eindeutig lieber, von den Amerikanern belauscht und verhört, als von den Russen ohne Gerichtsverfahren erschossen zu werden.

Geheimhaltung war den Amerikanern sehr wichtig: Wenn sie beim Abhören der Zellen von deutschen Kriegsverbrechen erfuhren, verfolgten sie diese nicht, um nicht selbst aufgedeckt zu werden. Selbst das Erschießen von amerikanischen Gefangenen hinter deutschen Linien wurde nicht gesühnt. Die Akten über Kriegsverbrechen deutscher Soldaten wurden weder in den USA noch in Deutschland oder einem anderen Land den Gerichten übergeben. Stattdessen deponierte der US-Nachrichtendienst alle

Verhördokumente in den US-National Archives im College Park in Maryland, am Stadtrand von Washington. Damit gingen Soldaten, die zuvor an Massakern beteiligt gewesen waren, unbehelligt in ihre Heimat zurück, um dort wieder ihren Berufen wie Lehrer oder Richter nachzugehen. Die amerikanischen Offiziere, die die Gefangenen in Fort Hunt abhörten, mitsamt den Sekretärinnen und anderen Gehilfen, waren auf viele Jahre hinaus der totalen Verschwiegenheit verpflichtet. Deutsche Gefangene, die durch dieses Lager geschleust wurden, brachten über seine Existenz nichts an die Öffentlichkeit. Soweit ich es beurteilen kann, gibt es weder historische noch biografische Schriften über die Existenz und Bedeutung dieses Camps.

Bei einigen Fragen, die man mir stellte, beschlich mich das Gefühl, daß die Amis unsere Zelle verwanzt hatten. Um daher naiv und unbekümmert zu erscheinen, unterhielt ich mich mit Erwin so arglos wie möglich. Falls wir belauscht werden sollten, wollte ich möglichst unbelastet dastehen. So erzählte ich Erwin, daß ich der SS beigetreten sei, um studieren zu können. Auch daß ich nicht an die Rassenideologie der Nazis geglaubt hätte. Als Beweis dafür erwähnte ich, daß ich meine Frau mit ihrem nicht ganz eindeutig arischen Hintergrund gegen den Willen der SS geheiratet hätte. Das entsprach zwar nicht der Wahrheit, doch ob man lügen dürfe, fragte ich mich damals nicht. Ich wollte durch die Zeit der Gefangenschaft kommen. Die Amis waren nicht dumm – bestimmt rechneten sie damit, daß die Gefangenen etwas von den illegalen Abhöraktionen ahnten.

Um glaubhaft zu wirken, mußte ich mich zugleich belasten. So erzählte ich Erwin, daß ich den Reichsführer-SS Heinrich Himmler bei der Abschlußfeier der SS-Junkerschule in Bad Tölz getroffen und mich mit ihm unterhalten hatte:

20

„Ich habe mit dem Himmler gesprochen ... Er ist sehr nett, wenn man so Mann zu Mann mit ihm spricht" (belauscht).

Ein anderes Mal belastete ich mich mit dieser Aussage:

„Salmutter würde seinen Töchtern verbieten, einen Neger zu hei-raten; doch das ist kein Grund, die ganze Rasse zu vernichten" (belauscht).

Das war bewußt so gesagt; ich wollte mich leicht belasten, damit die Amerikaner glaubten, ich würde mich unbeküm-mert mit Erwin unterhalten, der keinen Verdacht einer möglichen Verwanzung unserer Zelle zu hegen schien, während ich von Anbeginn an skeptisch war. Warum wird man in einem Bus mit schwarz zugeklebten Scheiben in dieses Lager gebracht? Das schien mir nicht normal; dahinter steckte mehr, glaubte ich. Und ich behielt recht.

Während meiner Gefangenschaft in Fort Hunt mußte ich den „Moral Questionnaire" ausfüllen. Es waren Fragen wie: Was ich über Hitler dächte; wie und wann der Krieg enden würde; wie die neuen Grenzen aussehen könnten; wie die Kriegsverbrecher verurteilt werden sollten; wie die Deut-schen umerzogen, das heißt demokratisch erzogen werden sollten und könnten; ob mir Nazigegner bekannt seien; was ich über die verschiedenen politischen Parteien dächte, die gegebenenfalls im neuen Deutschland und Österreich zuge-lassen werden sollten; Fragen über die Stellung der Kirche, die Judenfrage und so weiter.

Erwin und ich plauderten in unserer Zelle über Gott und die Welt. Ich brachte ihm Englisch bei, und wir lasen die auf Deutsch gedruckte Lagerzeitung mit den neuesten US-gerechten Nachrichten. Mehrmals am Tag wurde ich von einem Wächter aus der Zelle gerufen, um aufs Neue verhört zu werden. Das Verhör mit dem Heil-Hitler-Gruß zu beginnen war streng untersagt. Also nickte ich dem US-Captain Brown zu und setzte mich. An der Wand hing noch ein Bild von Roosevelt, obwohl Harry Truman einige Tage nach unserer Ankunft in Fort Hunt neuer US-Präsident geworden war. Captain Brown, nett und zuvorkommend, strahlte eine gewisse Ruhe aus. Hinter seinem Metallschreibtisch lehnte er sich auf einem gefälligen Drehstuhl zurück und rauchte eine Lucky Strike nach der anderen. Lächelnd bot er mir eine an und erklärte dann, auf nahezu perfektem Deutsch, daß es um den „Moral Questionnaire" gehe, welchen ich ausgefüllt hatte.

Er wollte einige meiner angegebenen Aussagen nicht glauben oder gab vor, die Zusammenhänge nicht zu verstehen. Bei allem, was ich sagte, stellte er Fragen, bohrte weiter nach und versuchte mich in Widersprüche zu verwickeln.

Einige Angaben in meinem Lebenslauf seien unklar, erklärte Captain Brown. Wo ich denn im Mai 1941 gewesen sei, wollte er wissen. Den Grund, weswegen ich der SS beigetreten sei, glaubte er mir nicht. Bald fand ich heraus, daß er mehr über die SS-Panzerkompanie „Das Reich" wußte als ich selbst.

> *„Die wissen alles; von meiner Division haben sie jede Kleinigkeit gewußt" (belauscht).*

Ich mochte die Amis damals, und ich mag sie heute noch. Meine Verhöre wurden in einem freundschaftlichen Ton geführt. Heiße Diskussionen entspannen sich. Ich sagte Captain Brown mehrmals, daß es ihm mit Sicherheit schwerfalle, sich in meine Situation hineinzuversetzen. Niemand könne wissen, ob und wann er zum Helden würde. Ohne mich zu überschätzen, glaube ich, daß Captain Brown meinen Verhören gern entgegensah.

> *„Der Kriegsgefangene ist ein wacher, intelligenter, junger Österreicher, welcher der SS beigetreten ist, um die SS-Ärztliche Akademie in seiner Heimatstadt GRAZ zu besuchen und so sein Studium fortzusetzen. Er ist ein vehementer Anti-Nazi und ist zuverlässig. Sein typisch österreichisches Verhalten, seine Ehe mit einer Nicht-Arierin und schließlich seine Desertion zu den Amerikanern sicherten ihm eine unehrenhafte Entlassung und ein Todesurteil [vom SS-Kriegsgericht]“ (Office-Korrespondenz).*

In den Verhören wollten die Amerikaner wissen, wie wir ideologisch dachten. Sie notierten was wir sagten wenn wir uns alleine meinten. Hier folgt ein Beispiel eines Gesprächs mit Erwin, das die Amis belauschten und niederschrieben. Du kannst Dir vorstellen wie ich mich fühlte, als ich diese Zeilen mit meinen Worten Jahre später las.

> *„Salmutter has been a Nazi ..., aber wenn man zum heutigen Zeitpunkt darüber nachdenkt, dann muß man zugeben, daß man sich ein wenig gegen die Menschlichkeit des 20. Jahrhunderts vergangen hat“ (belauscht).*

Aus heutiger Sicht, Herwig, war das eine schreckliche Aussage. Doch damals, im Jahre 1945, wußte ich wenig von den Gräueltaten der Nazis, ob an der Front durch die Waffen-SS, in den Konzentrationslagern durch Ärzte oder von vielen anderen Verbrechen. Dieses *ein wenig* müßte man heute durch *schwerwiegend* ersetzen.

Wir alle hatten eine gewisse Loyalität zum Nazi-Regime gezeigt. Immerhin schworen wir Adolf Hitler unsere Treue, und einen solchen Eid bricht man nicht ohne weiteres.

Letztlich kannten wir Jungen nichts anderes als das national-sozialistische Weltbild. Mit anderen politischen Meinungen waren wir nie konfrontiert oder durch sie herausgefordert worden. Ich befürwortete einiges, was die Nationalsozialisten geschaffen hatten, unter anderem den sauberen und effizienten Gesundheitsdienst. Ideen zur Ausmerzung von Menschen mit vererbten Schäden sind heute verpönt, damals wurden sie jedoch in vielen europäischen Ländern wie auch in den USA als *Eugenics* offen propagiert.

Das läßt mich zu einem der dunkelsten Punkte in meiner Biografie kommen, gleichzeitig zu einem Tiefpunkt der deutschen Geschichte und vor allem der Ärzte. Das Schlimmste an einer Gehirnwäsche ist, daß man sie gar nicht mitbekommt – die Gedanken sind irgendwann nicht mehr Deine eigenen, ohne daß Du davon etwas bemerkst.

Als ich in Fort Hunt über das deutsche Gesundheitssystem befragt wurde, hatte ich mich bereits von der Waffen-SS gelöst und das Nazi-Regime hinter mir gelassen. Doch die Idee, angeborene Behinderungen mit Sterilisation zu behandeln, war Teil meiner medizinischen Ausbildung an der Universität in Graz und später an den SS-Militärakademien gewesen. Es war mir eingetrichtert worden, und ich schäme mich, daß diese Lehren mein Denken auch nach dem Ende des Krieges beeinflußt haben.

Die Nationalsozialisten verdrehten Friedrich Nietzsches Konzept des *Übermenschen* und entwickelten es weiter, zu einer biologisch überlegenen arischen Herrenrasse. Um diese zu schützen, erließ Hitler, nachdem er 1933 an die Macht gekommen war, das Gesetz zur Verhütung erbkranken Nachwuchses. Dieses Gesetz sah vor, daß Menschen mit psychischen Störungen wie Schizophrenie, angeborenem

Gesetz zur Verhütung erbkranken Nachwuchses. Vom 14. Juli 1933.

Die Reichsregierung hat das folgende Gesetz beschlossen, das hiermit verkündet wird:

§ 1

(1) Wer erbkrank ist, kann durch chirurgischen Eingriff unfruchtbar gemacht (sterilisiert) werden, wenn nach den Erfahrungen der ärztlichen Wissenschaft mit großer Wahrscheinlichkeit zu erwarten ist, daß seine Nachkommen an schweren körperlichen oder geistigen Erbschäden leiden werden.

(2) Erbkrank im Sinne dieses Gesetzes ist, wer an einer der folgenden Krankheiten leidet:

1. angeborenem Schwachsinn,
2. Schizophrenie,
3. zirkulärem (manisch-depressivem) Irresein,
4. erblicher Fallsucht,
5. erblichem Veitstanz (Huntingtonsche Chorea),
6. erblicher Blindheit,
7. erblicher Taubheit,
8. schwerer erblicher körperlicher Mißbildung.

(3) Ferner kann unfruchtbar gemacht werden, wer an schwerem Alkoholismus leidet.

Das Gesetz von 1933 schuf eine große Anzahl von „Erbgesundheitsgerichten", bestehend aus einem Richter und einem Arzt, die nach eigenem Ermessen entscheiden konnten. Eine Gesetzesänderung von 1935 ermöglichte es dem Gericht, auf das Berufungsrecht eines Patienten zu verzichten und Ärzte zu bestrafen, die Patienten nicht meldeten, von denen sie wußten, daß sie nach dem Gesetz für eine Sterilisation in Frage kamen.
Sepp Salmutter war im Verlaufe des Grazer Medizinstudiums mit nationalsozialistischem Gedankengut zum Thema „Verhütung erbkranken Nachwuchses" indoktriniert worden.

Schwachsinn, zirkulärem Irresein, aber auch Personen mit körperlichen Beeinträchtigungen wie erblicher Fallsucht, erblichen Veitstanzes, erblicher Blind- oder Taubheit und schweren erblichen körperlichen Mißbildungen zwangssterilisiert werden sollten. Weiter ermordeten NS-Ärzte mehr als hunderttausend Deutsche, nicht nur in Konzentrationslagern, sondern auch in medizinischen Einrichtungen und zuweilen in abgelegenen Anwesen. Die Behörden hielten dort Häftlinge gegen den Willen der Familien fest und brachten sie um.

Obwohl ich mit der Sterilisation von genetisch erkrankten Menschen einverstanden gewesen war, wußte ich nicht, zu welchen unmenschlichen Taten unsere Ärzte fähig waren. Diese Taten lehne ich mittlerweile ab und schäme mich für die Aussagen, die ich vor fünfundzwanzig Jahren in der US-Gefangenschaft gemacht habe. Sie zeigen, wie tief ich damals gesunken war, als ich das deutsche Gesundheitssystem wie folgt beschrieb:

„Die gesamte Gesundheitsführung des deutschen Volkes ist auf eine bedeutende Höhe gebracht worden, allerdings hauptsächlich aufgrund gesteigerten Interesses an der Wehrtüchtigkeit des Volkes. Das heißt:

A Ehetauglichkeit: Untersuchung vor der Heirat mit eventueller Ablehnung einer Heirat in begründeten Fällen

B Ausmerzung erkrankten Nachwuchses durch Sterilisation von Menschen mit vererbten schweren körperlichen oder geistigen Schäden

C Ausgedehnte und intensive Säuglingsfürsorge und Mütterberatung auf Staatskosten, dadurch erreichtes starkes Absinken der Säuglingssterblichkeit und der Rachitis-Quote

D Gewährleistung von Zeit und Raum für gesundheitsfördernde sportliche Betätigung aller arbeitenden Schichten, insbesondere der heranwachsenden Schuljugend" (Fragebogen)

Dennoch war ich Gegner von vielem.

„Das deutsche Wesen ist nicht der Nationalsozialismus. KZs sind undeutsch. Für mich repräsentieren Goethe und Schiller Deutschland, das echte deutsche Gemüt" (belauscht).

Wie ich dachte der Großteil der Gefangenen über das nationalsozialistische Regime; es hatte gute und schlechte Seiten.

Hier ergibt sich für mich die Möglichkeit, Dir weniger dramatische Ereignisse aus meinem Leben zu schildern. Ich hoffe, Du liest diese Passagen mit Interesse, führen sie mich doch zu den Lebenssituationen, die mich geprägt haben. Gleichzeitig will ich Dir über meine Heimat und unsere Verwandtschaft, also über Deine Herkunft, berichten.

GEBURT

Ich mußte den Amerikanern meine Lebensgeschichte erzählen. Also fing ich bei meiner Geburt an und überlegte ständig, was ich erwähnen konnte, was ich weglassen oder hinzudichten sollte. Hier werde ich versuchen, Dir ein wahres Bild zu zeichnen.

Geboren wurde ich am 31. Jänner 1921 um zwölf Uhr mittags in Semriach 44, unweit von Graz in der Steiermark – der Ort, in dem meine Mutter zusammen mit meiner Großmutter wohnte. Sofort am nächsten Tag taufte man mich römisch-katholisch. Den Amerikanern gab ich zu Protokoll:

> *„Als ich drei Jahre alt war, verstarb meine Mutter. Meine Erziehung übernahm daraufhin meine Großmutter Amalia Salmutter in Niederschöckl bei Graz, nachdem mein Vater sich wiederverheiratet hatte." (handgeschriebener Lebenslauf).*

Die Realität war eine andere: Ich wurde unehelich geboren, weswegen mein Taufschein nur den Namen meiner Mutter trägt. Die Nachbarn sprachen nicht offen darüber, aber hätten sie es getan, wäre ich als Bastard bezeichnet worden. Meine uneheliche Geburt belastete mich arg, also verheimlichte ich meine Herkunft. Weder meiner Frau noch den US-Verhör-Offizieren sagte ich die Wahrheit. Meine Mutter starb mit achtundzwanzig Jahren an einem Magengeschwür. Ich war zu diesem Zeitpunkt erst drei Jahre alt, Geschwister hatte ich keine.

Um von meiner Mutter Ausführlicheres über meinen Vater erfahren zu können, war ich zu jung. Später erkundigte ich mich bei meiner Großmutter, doch entweder wußte sie nicht, wer er war, oder sie wollte es mir nicht erzählen,

Post-Nr.	Jahr 192_ Monat _____ und Tag		Ort	Haus-Nr.	Namen des Kindes	Geschlecht des lebendig-geborenen Kindes				tot-geborenen Kindes				Der Religion			
	der Geburt	der Taufe				ehelich	weiblich	männlich	weiblich	ehelich	weiblich	männlich	weiblich	katholisch	protestantisch	griechisch	jüdisch
9	21. _____ 12 Uhr Mittag	Februar 1. 2 Uhr _____	Semriach	44	Josef Valentin conf. 8. VI. 1930			1				1		.			

Sepp Salmutters Taufschein 1921 ...

Eltern		Der Paten	Täufer	Hebamme
Namen und Stand		Namen und Stand		
Vater	Mutter			
	Amalia Salmutter Häuslerstochter, des Valentin Salmutter u. der Amalia geb. Kindl, ehel. Tochter. geb. 20. 6. 1895.	Amalia Salmutter Häuslerin zu Semriach Nr. 44.	_____ Hillbrand	Maria Anna _____

... unehelich geboren, die Identität seines Vaters blieb ungeklärt

um mich von diesem unverantwortlichen Lumpen fernzuhalten. Sie war es, die meine Erziehung übernahm. Mit
einem Altersunterschied von fünfzig Jahren war das weder
für sie noch für mich einfach.

Ich möchte Dir über meine Kindheit auf dem Bauernhof
berichten, eine Zeit, die längst verschwunden ist. Du kannst
Dir sicher ungefähr vorstellen, wie ich meine ersten Lebensjahre verbrachte. Dennoch möchte ich diese Zeit so detailliert
wie möglich beschreiben, auch aus Angst, daß dieser Teil
unserer Familiengeschichte ansonsten verloren gehen könnte,
denn die Bedingungen meiner Kindheit sind heute schwer
vorstellbar. Abgeschirmt von der weiten Welt verbrachte ich
eine recht glückliche Kindheit. Die Armut war mein ständiger
Begleiter. Um ihr zu entfliehen, entschied ich mich später
für das Studium.

BAUERNHOF

Eineinhalb Wegstunden von Graz entfernt liegt der kleine
Ort Niederschöckl. Hier standen neun Bauernhäuser mit
ihren Höfen an der Dorfstraße, die sich von Nordosten nach
Südwesten durch die Natur schlängelte. Die Ortskirche
sowie die Schule lagen ein wenig abseits, einen Kilometer
entfernt, auf einer kleinen Anhöhe zwischen den Siedlungen
Niederschöckl und Oberschöckl. Wenn ich neben unserem
Hof stand, hatte ich freien Blick auf den tausendvierhundert-
fünfundvierzig Meter hohen Schöckl, dessen Bergspitze
sich im Winter weiß färbte, noch bevor bei uns im davor-
gelegenen Hügelland, um die fünfhundert Meter über dem
Meeresspiegel, der erste Schnee fiel.

Die Dorfbewohner kannten sich seit jeher, nie ist jemand
von hier weggezogen und, mit Ausnahme von uns Salmutters,
niemand hinzugezogen. Die Dorfgemeinschaft war wohl-
wollend – wenn ein Nachbar Hilfe benötigte, zögerte keiner,
ihn zu unterstützen.

Wir Kinder spielten im ganzen Dorf: Wir jagten uns gegenseitig über die Felder, versteckten uns in Scheunen, kletterten
über Bauernkarren, und wenn wir im Winter nach einer
langen Schneeballschlacht durchgefroren waren, hießen
uns die Eltern in allen Häusern willkommen.

Bauernfamilien hatten in der Regel zwei oder drei Kinder.
Das erste Kind übernahm den Hof, das zweite suchte sich
einen Ehepartner und heiratete in dessen Hof ein, und das
dritte mußte fortgehen, woanders Arbeit finden, in einer
Fabrik oder als Knecht oder Magd auf einem der benachbar-
ten Höfe. Sollte es dort keine Anstellung bekommen, konnte

es sein Geld als Schneider, Kaufmann, Schuster oder auf andere Weise verdienen.

Jeden Tag kam der Briefträger, obwohl er selten Post verteilte. Er brachte die „Kleine Zeitung" aus Graz, unsere tägliche Quelle für regionale und internationale Nachrichten. Auf einem Drittel der vorletzten Seite wurde ein Serienroman fortgeführt, in dem es entweder um Liebe oder ein Verbrechen ging. Die Hälfte der Steiermark verfolgte diese Geschichten, und so kam es vor, daß Einheimische über die Dummheiten, Intrigen oder Leidenschaften der Romanhelden sprachen, als wären es echte Personen.

Unser Nachbar hielt einen bösen Bernhardiner. Jedesmal, wenn ich an dem Haus vorbeiging, sprang das Tier auf, raste bellend mit fletschenden Zähnen auf mich zu und wurde erst kurz vor dem Tor von einer dicken Eisenkette um seinen Hals zurückgehalten. Mit seiner Größe hätte dieses Biest leicht einen erwachsenen Mann niederwerfen können. „In die Hütte, Nero!" schrie dann der Bauer oder seine Frau, damit ich an dem Hund vorbeikam.

Der zeitliche Ablauf des Jahres orientierte sich an den kirchlichen Feiertagen: Wir sagten nicht „Anfang November", sondern „nach Allerheiligen"; wir sagten nicht „Ende August", sondern „nach Mariä Himmelfahrt". Am 6. Jänner, dem Dreikönigstag, verkleideten sich junge Klosterschüler als Heilige Drei Könige aus dem Morgenland und zogen als Sternsinger von Haus zu Haus, so wie es seit fünfhundert Jahren Tradition war. Im Gegenzug für einige Almosen, in Form von Geld oder Essen, überbrachten die Sternsinger den Menschen die freudige Weihnachtsbotschaft. Sie zeichneten den Segen „C + M + B – Christus mansionem benedicat"

Salmutters Wohnhaus in Niederschöckl, 1948:
Die Familie lebte armselig wie im 19. Jahrhundert

oder „Christus segne dieses Haus" – an alle Wohnungs- und Stalltüren. Dort blieb die Kreideschrift das ganze Jahr über und sollte alles Übel von Haus und Hof fernhalten.

Wie alle kleinen Kinder hatte ich entsetzliche Angst vor dem Krampus, einem schwarzen Teufel mit langer roter Zunge und einer dicken, rasselnden Kette. Dieses Wesen begleitete am 6. Dezember den Heiligen Nikolaus und trug einen großen Rucksack mit sich, in den es unartige Kinder stecken würde.

Meine Erstkommunion empfing ich im Juni 1930 im Alter von neun Jahren in der Wallfahrtskirche Maria-Trost im Norden von Graz. An diesen Tag erinnere ich mich gut. Ich stand mitten in meiner Schulklasse, trug ein weißes Hemd und eine kurze Hose. In meiner Hand hielt ich mit festem Griff eine goldverzierte Kerze. Als ich an der Kirche hinaufblickte, sah ich zwei Türme, dahinter drohende Wolken, die über den dunkelblauen Himmel brausten. Meine Finger umklammerten die Kerze noch fester, die Angst packte mich – ich hatte das Gefühl, die Kirche würde auf mich stürzen.

Meine Erinnerung an Niederschöckl besteht aus vielen fragmentarischen Szenen: An heißen Sommertagen badeten wir in einem durch Lehm braun gefärbten Dorfteich, wo wir fette Kröten und kleine Wasserschlangen aufstöberten. Ich fing Eidechsen, Grasfrösche und Ringelnattern und erschreckte andere Kinder, indem ich sie unter deren Hemden schob. An die Jauchengrube neben unserem Haus erinnere ich mich nur zu gut: Unser Spiel bestand darin, ein großes Brett darüberzulegen und auf die andere Seite zu balancieren. Einmal rutschte ich ab und fiel hinein – gerade noch bekam ich das Brett zu fassen und konnte mich daran klammern.

Großmutter warf, entsetzt über meine Dummheit, die Hände hoch. Tagelang stank ich nach Mist, obwohl sie mich mit Kübeln von Brunnenwasser übergossen hatte.

Im Frühling bauten wir neben unserem Haus Dämme in den Bach, die aus Ästen, großen Steinen und Brettern bestanden, wenn wir welche finden konnten. In dem aufgestauten Becken badeten oder fischten wir nach Kaulquappen. Ich bastelte aus einer leeren Holzspule aus der Schusterwerkstatt meines Onkels ein Mühlrad, über das ich das überfließende Wasser leitete.

Ich weiß, Herwig, es ging Dir als Kind nicht besser, Du bist mit Deinen Freunden im Frühjahr, Sommer und Herbst barfüßig herumgelaufen. Kannst Du Dich noch daran erinnern, als Kind in den Dorfteich gesprungen zu sein? Ob in ihm noch Kröten oder Schlangen leben?

Den ganzen Sommer über war es meine Aufgabe, selbstgepreßten Most für Knecht Alois und meinen Onkel aufs Feld zu bringen. Aus dem Kellerfaß füllte ich einen weiß bemalten, mit grünen Punkten verzierten Tonkrug und lief fünfzehn Minuten zu ihnen. Beide tranken aus dem Krug, danach deckte ich ihn mit einem Tuch ab, um Fliegen fernzuhalten, und stellte ihn in den Schatten eines Baumes.

Wenn uns der Winter ausreichend Schnee beschert hatte, verbrachten wir Kinder unsere freie Zeit draußen mit Rodeln und Skifahren. Wir bauten kleine Schanzen, um uns gegenseitig in Wettbewerben zu messen. Wiederholt stürzten wir, aber ich erinnere mich nicht, daß sich jemals jemand einen Knochen gebrochen hätte. Es blieb bei blauen Flecken. Wenn ich völlig durchgefroren und hungrig in der

Dunkelheit nach Hause kam, mußte ich mit steifen Fingern erst das Eis von meinen Schuhbändern kratzen, bevor ich meine dicken Winterschuhe ausziehen konnte.

Im Dorf sah ich selten einen Arzt, und wenn einer kam, dann für die Tiere. Die Bauern vertrauten der traditionellen Medizin. Sie sammelten verschiedene Kräuter und Wurzeln, um sie frisch, getrocknet oder eingelegt zur Linderung ihrer Leiden zu verwenden. Jahrelange harte Arbeit ging nicht spurlos an den Menschen vorbei: Die Dorfbewohner hatten krumme Rücken, geschwollene Beine, fehlende Zähne und Zitterleiden. Sie zogen sich zurück, um unbeobachtet und isoliert ihren letzten Tagen entgegenzusehen. Zu ihnen gesellten sich die Kriegsversehrten aus dem Ersten Weltkrieg, denen häufig ein Bein oder ein Arm fehlte.

Wir beide durchlebten eine ähnliche Kindheit, da nur zweiundzwanzig Jahre zwischen uns liegen: Wir wuchsen im selben Dorf auf und besuchten dieselbe Schule. Frau Mejak war Lehrerin an der Landschule für uns beide, und wir freuten uns auf den Unterricht. Für die paar Kinder aus den umliegenden Dörfern reichten drei Räume für acht Klassen. Während andere Lehrer uns Kinder so heftig verprügelten, daß wir tagelang nicht mehr richtig sitzen konnten, schaffte Frau Mejak es, die erste und zweite Klasse gleichzeitig zu unterrichten, und erreichte Disziplin ohne körperliche Züchtigung – sicher erinnerst Du Dich an sie so gern wie ich.

Unser Schulweg führte uns auf einer kleinen Holzbrücke über einen Bach. Im Frühjahr, bei Schneeschmelze, überschwemmte er seine Ufer. Selbst die Brücke stand dann unter Wasser, weswegen wir nach der Schule mit patschnassen Füßen und Kleidern nach Hause kamen. Im Winter trugen wir kurze Hosen und dicke, lange Wollstrümpfe, die wir an elastischen Strumpfhaltern mit eingelegten Knöpfen festhielten. Nur zum Skifahren zogen wir lange Hosen an. Ich fragte mich, wie Erwachsene es aushielten, das ganze Jahr über lange Hosen zu tragen. Mein erstes Paar bekam ich erst, nachdem ich Niederschöckl verlassen hatte.

„Hitzefrei" war das Beste an den heißen Sommertagen. Wir entkamen der Schule und verabredeten uns auf ein Fußballspiel auf einer der Dorfwiesen.

Niemand im Dorf benutzte Geld. Vielmehr tauschten wir untereinander das, was wir hatten. So wurde ein Zauberer, der bei einer Schulveranstaltung auftrat, mit Eiern bezahlt. Hausgemachte Würste oder Schinken waren ein beliebtes Zahlungsmittel.

Meine Großmutter war eine energische Frau. Sie heiratete ihren Mann erst sechs Wochen vor der Geburt ihres ersten Kindes. Das läßt mich vermuten, daß meine Großmutter nicht sicher war, ob ihr zukünftiger Ehemann wirklich der richtige für sie war. Ihre Älteste war meine Mutter, darauf folgten noch sechs weitere Sprößlinge. Kurz nach der Geburt des letzten starb ihr Mann. Da sie in seine Familie eingeheiratet hatte, galt sie nach acht Jahren Ehe noch als eine Fremde, eine „Zuagroaste".

Obgleich ihr Mann, ihr Schwager und ihr Schwiegervater das Schneiderhandwerk ausübten, schlug keines ihrer beiden überlebenden Kinder denselben Weg ein. Meine Mutter half meiner Großmutter im Haushalt und arbeitete als Aushilfskellnerin im örtlichen Gasthaus. Großmutters Sohn Friedrich wurde Schuster.

Die Großfamilie Salmutter gönnte meiner Großmutter das Erbe nicht, das ihr durch den Tod ihres Mannes zugefallen war. Fortwährend mußte sie sich der Kritik und dem Neid der Familie stellen. Deswegen faßte meine Großmutter, kurz nach dem Tod meiner Mutter, den Entschluß, Semriach zu verlassen. Alleinstehende Frauen hatten es zu dieser Zeit nicht leicht; noch dazu betreute sie mich, ein Kleinkind. Es kann ihr nicht leichtgefallen sein, den Semriacher Hof zu verkaufen und ihr Glück woanders zu suchen.

Im Jahr 1926 kauften meine Großmutter und ihr Sohn Friedrich einen kleinen Hof im fünfzehn Kilometer entfernten Niederschöckl. Keiner von beiden war von Beruf Bauer, dennoch wußten sie einiges über die Landwirtschaft. Sie hatten in Semriach ein kleines Stück Land neben dem Haus bewirtschaftet und sich durch das Leben inmitten von Bauernhöfen einiges von den Nachbarn abgeschaut.

In Niederschöckl blieb Friedrich seinem Beruf als Schuster treu und verdiente seinen Unterhalt, indem er Lederriemen flickte, die die Dreschmaschinen antrieben, oder Schuhe nach Maß anfertigte. Nebenbei half er dem Knecht Alois auf dem neu erworbenen Land. Zur Erntezeit liefen den ganzen Tag lang Maschinen, und Onkel Friedrich arbeitete selbst in der Nacht, um beschädigte Treibriemen auszubessern.

Das Bauernhaus war ein alter, maroder Bau, durch Dachziegel vom Unwetter beschützt, deren rote Farbe unter einer Schicht aus Schmutz verborgen war. Im Erdgeschoß lagen zwei Schlafzimmer, die Küche und Friedrichs Schusterwerkstatt. Im ersten Stock, direkt unter dem Dach, hatte Knecht Alois seine Kammer. Ein Wohnzimmer gab es nicht. Da das Haus auf einem schrägen Hang stand, konnten der Keller und der Stall von außen betreten werden, aber nur wenn man zuvor der Jauchegrube und dem Misthaufen auswich.

Von der Küche aus gelangte ich über eine steile Stiege in den Keller. Hier schliefen nachts die Tiere, und im Sommer bauten Schwalben unter der Decke ihre Nester. Als Kind hatte ich Angst vor Geistern, die sich in den dunkelsten Ecken des Kellers verstecken könnten. Wenn ich Most aus dem Kellerfaß holen mußte, stürmte ich die glatten Steinstufen hinunter, die ich im Schimmer meiner Paraffinlaterne erkennen konnte. Rasch füllte ich den Krug und rannte, um der Dunkelheit zu entkommen, so schnell es mir möglich war, zurück in die Küche.

Das Klo war eine kleine separate Hütte abseits des Hauses mit eingesägter Herzaussparung in der verschließbaren Holztür. In ihrem Inneren hingen zerrissene Zeitungsstreifen an einem Nagel aufgestochen. Ein Holzdeckel verdeckte das Loch. Alois leerte die Grube darunter in regelmäßigen Abständen und verstreute den Inhalt über die Felder.

Neben dem Klo standen die Kaninchenställe. Insgesamt waren es sechs, in Zweierreihen gestapelt und auf Pfosten stehend, in praktischer Höhe, um die Hasen leicht füttern und die Ställe unbeschwert ausmisten zu können. Hühner lebten in einem überdachten Brennholzschuppen, in dem Alois in der kalten Jahreszeit das Holz sägte, hackte und zerkleinerte, das er aus dem Wald geholt hatte.

Katzen strichen in der Küche herum, lagen zusammengerollt auf einem Stuhl, schnurrend auf einem Mauervorsprung oder räkelten sich über den Tisch. Sie genossen die Wärme des Küchenherdes, der im Winter das Haus beheizte.

Bisweilen gaben wir den Katzen ein wenig Milch, zu fressen bekamen sie die Mäuse, die sie sich selbst fingen. Die Katzen allein reichten nicht, um Mäuse und Ratten fernzuhalten. Es war daher meine Aufgabe, Fallen aufzustellen, sie zu kontrollieren und mit neuen Speckködern zu versehen. Den Umgang mit toten Tieren lernte ich von klein auf – an Mäusen und Ratten oder geschlachteten Schweinen.

Wenn Großmutter die Tür öffnete und auf die blecherne Futterschüssel klopfte, kamen die Hühner halb rennend, halb fliegend auf sie zu. Gackernd stürzten sie sich auf den grob gemahlenen Mais, den sie ihnen hinwarf. Sie brachte die Hühner zum Brüten, indem sie Gipseier unter sie in die Nester legte. Für jedes Ei, das die Hennen in den folgenden Tagen legten, nahm sie eines der Gipseier aus dem Nest. War das eine Lehre fürs Leben, wie man durch kleinen Betrug zu Vorteilen kommen kann?

Ich fütterte die Hühner gern mit Maikäfern, die ich in der frühen Morgenkälte von den Zwetschgenbäumen schüttelte. Noch bevor sie sich in den ersten Sonnenstrahlen erwärmen konnten, hatten die Hühner sie verschluckt. Alle vier Jahre erlebten wir eine Maikäferplage, gegen die selbst das verfressene Federvieh nicht ankam.

Wir schliefen tief und fest in grob gezimmerten Holzbetten auf angenehm weichen Leinensäcken, die wir jeden Herbst mit neuen Kukuruzblättern* ausstopften.

Das Innere des Hauses war grob verputzt, und der Rauch des Holzofens verdunkelte die Wände und die Decke der Küche. Deswegen strich mein Onkel Friedrich jeden Sommer den gesamten Raum mit Weißkalk, welchen er zuvor mit Wasser verdünnt hatte. Er benutzte Kalk als Mörtel für Reparaturen am Gebäude. In Großmutters Garten hob er zu diesem Zweck eine Grube aus, die er mit Wasser füllte und in die er Säcke gebrannten Kalks hineinkippte. „So löschen wir den Kalk", erklärte mir mein Onkel. Zur Sicherheit deckten wir die Grube mit Brettern ab. Wenn er Kalk benötigte, schob er die Bretter beiseite und nahm einen Schöpfer voll der weichen Masse heraus.

Abends machte ich mich nützlich und zündete die Petroleumlampe in der Küche an. Zuerst drehte ich den Docht hoch, brachte ihn mit Streichhölzern zum Flammen und drehte ihn langsam zurück, bis die Lampe schummrig leuchtete. Ich setzte den Glaszylinder mit dem Unterbauch auf, und die Lampe hellte auf. Mit dem kleinen Dochtantriebsrad konnte ich die Leuchtkraft der Flamme regulieren. Einmal wöchentlich, wenn das Petroleum im Glasbehälter für den Docht zu wenig wurde, füllte ich es aus einem fest verschlossenen Kanister nach. Ich wußte, daß es gefährlich war, Petroleum zu hantieren, weswegen es mich jedesmal mit Stolz erfüllte, wenn ich die Lampe anzünden und nachfüllen durfte. Es zeigte mir, daß sich meine Familie bei riskanten Aufgaben auf mich verlassen konnte.

In Lebensmittelläden kauften wir selten ein, da wir uns gut selbst versorgen konnten: Wir backten unser eigenes Brot, und Großmutter stampfte den abgeschöpften Milchrahm in einem hohen, hölzernen Butterfaß zu Butter. Obst, Milch, Honig oder Marmelade mußten wir nicht kaufen; wir versorgten uns entweder selbst oder bezogen sie von einem Nachbarn. Wenn dann doch etwas fehlte, kauften wir es von einem Händler, der jeden Dienstag ins Dorf kam. Er brachte Mehl, Zucker, Flaschenbier, Senf, Socken, Haushaltswaren, Reinigungsmittel und andere Dinge.

Mit Hingabe kümmerte sich meine Großmutter um ihren Gemüsegarten. Von Frühjahr bis Herbst kniete sie regelmäßig auf der Erde und pflanzte neue Gemüsesorten an: rote Rüben, Salat, Kohl, Gurken, Radieschen, Stachelbeeren, rote und schwarze Ribisel, Erdbeeren und vieles mehr. Großmutters Arbeit zahlte sich aus – von ihrem Gemüse konnten wir uns gut rund ums Jahr gesund ernähren.

In der Umgebung des Bauernhofes wuchs reichlich Obst: Wir pflückten Kirschen von einem riesigen Baum vor dem Haus; auch Äpfel, Birnen, Marillen, Zwetschgen, Hasel- und Walnüsse wuchsen hier. Einen Teil unserer Obsternte legten wir in kühlen Kellerräumen als Vorrat für die Wintermonate an.

Unreife grüne Walnüsse übergossen wir mit klarem Alkohol, gaben Zucker dazu und ließen die Mischung an einem sonnigen Fensterplatz stehen, bis daraus brauner, sirupartiger Walnusschnaps wurde.

Im Frühjahr und Sommer erblühten bunte Wiesenblumen. Ich pflückte die schönsten von ihnen, steckte sie in eine Blechvase und schmückte unseren Eßtisch. In den Wiesen sproß eine Fülle an Leckereien: Wir ernteten junge Triebe und Blätter der Brennesseln, wuschen und drückten sie mit einem Nudelholz flach, kochten und passierten sie, um danach alles wie Spinat zu verzehren. Aus den oberen Rosettenblättern des Löwenzahns bereiteten wir einen schmackhaften Salat, und auch aus den Holunderblüten machten wir etwas: Frisch gepflückt und in Teig knusprig gebraten, war das für mich ein Leckerbissen. Ich liebte den sauren Geschmack der Blätter des Sauerampfers.

An Sonntagvormittagen, nachdem wir vom Gottesdienst heimgekehrt waren, konnte ich Männer und Frauen mittleren

Alters beobachten, die an unserem Haus vorbeiwanderten. Sie trugen Knickerbockerhosen und bunte Stutzen; Trachtenjacken hingen über ihren Schultern, und ihre Füße steckten in soliden Wanderschuhen. Auf ihren Köpfen saßen Hüte, und in den Händen hielten die Leute Wanderstecken, die klackernd dem Rhythmus ihrer Schritte folgten. „Das sind Stadtbewohner, die sich die Beine vertreten", erklärte Onkel Friedrich.

Sie kamen den Wanderweg von der Maria-Troster Wallfahrtskirche über den Berg mit dem Sternwirt herunter nach Niederschöckl. Bei unserem Haus, dem letzten an der aufsteigenden Dorfstraße, zweigte der Tivoliweg ab, hinauf zu ihrem Ziel, das Gasthaus Tivoli. Einige der Wanderer hielten Karten in den Händen, andere fragten mich nach dem Weg oder baten um Wasser aus unserem Ziehbrunnen. „Köstliches Wasser!", „Welch ein Labsal!" oder „So erfrischend!" sagten sie und reichten mir dann und wann einen Schilling, von dem ich mir beim Wochenverkäufer eine kleine Tafel Schokolade kaufen konnte. Im Tivoli angekommen, schmausten die Wanderer Bauernspeck und Käse, selbstgebackenes Brot oder Schnitzel mit grünem Salat in Kürbiskernöl, begleitet von Most oder Bier. Darauf folgten Kuchen und Kaffee, während sie ihren Blick über unser Dorf und die dahinterliegende steirische Hügellandschaft schweifen ließen.

Wir Kinder vom Land waren zwar barfüßig und dreckig und wuchsen in zu große Lederhosen eines älteren Bruders hinein, die dank der Hosenträger nicht nach unten rutschten; aber wir waren gesund und munter. Die Wanderer sahen uns allerdings anders. Sie sahen uns so, wie wir heute Menschen in der Dritten Welt betrachten: Für sie waren wir verarmte Steirer, die mit einem Leben ohne Strom auskamen und ihr Wasser aus einem Ziehbrunnen bezogen.

Mir hingegen kamen die Wanderer komisch vor. Wie konnte man seine Zeit mit ertraglosem Wandern vergeuden? Sich die Beine vertreten: Unsinn! Hier prallten zwei Welten aufeinander: Mein ruhiges, vertrautes Dorf und deren geschäftige Stadt.

Herwig, mit dieser Schilderung meiner Kindheit möchte ich noch nicht enden. Meine Erinnerungen an die Zeit auf dem Niederschöckler Hof wäre unvollständig, wenn ich Dir nicht noch mehr über Alois erzählen würde.

KINDHEIT MIT ALOIS

Meine Großmutter kaufte den Hof in Niederschöckl mit dem Knecht Alois als Zugabe. Alois hatte zuvor für den Vorbesitzer gearbeitet und kannte den Hof, die Tiere im Stall, die landwirtschaftlichen Geräte und die umliegenden zugehörigen Äcker, was ihn zu einer unschätzbaren Hilfe machte.

Als ich mit meiner Großmutter und meinem Onkel nach Niederschöckl zog, war ich fünf Jahre alt – Alois war fünfundzwanzig. Er war freundlich, unverheiratet und fleißig. Sein blondes Haar trug er kurz. Er war nicht nur muskulös und stark wie ein echter steirischer Ochse, sondern auch ziemlich groß gewachsen. Für seine riesigen Füße mußte ihm mein Onkel Maßschuhe anfertigen. Er stammte aus dem Ort Kumberg, der eine Stunde zu Fuß von unserem Hof entfernt lag.

Eltern in der Steiermark beruhigten ihre plärrenden Babys gern mit verdünntem Most. Großmutter verbot mir, davon zu trinken, da Most die Gehirne von so manchen Kindern schädige – vermutlich auch das von Alois. Er war zwar nicht das schärfste Messer in der Lade, war aber dennoch ein unermüdlicher Ratgeber. Ohne sich jemals aufzuspielen, verstand Alois eine ganze Menge von der Landwirtschaft. Er kannte die Fruchtfolge, das heißt die jährliche Ackerrotation von Erdäpfeln, Kukuruz, Roggen und Weizen. Er wußte, wo man Wiesen stehen lassen sollte, wie man mit Frischwasserquellen, die in den Wiesen feuchte Flecken und Rinnsale formten, umgehen mußte und wo man am besten Apfel-, Birnen-, Zwetschgen- und Kirschbäume pflanzte. Er verstand, wann und wie Jauche und Mist auf den Wiesen und Äckern verteilt werden mußten. Alois arbeitete im Stall und auf den Feldern. Er pflügte, säte, erntete und eggte den Ackerboden, und Onkel Friedrich half ihm.

Wenn ich jetzt so darüber nachdenke, fällt mir auf, daß ich meine meiste Zeit mit Alois verbrachte. In der Vorschulzeit lief ich ihm den ganzen Tag hinterher. Er brachte mir neue Dinge bei, erklärte mir die Arbeit auf dem Bauernhof und fragte mich danach aus, um zu sehen, was ich mir alles merken konnte. Mit fünf Jahren versuchte ich den Ochsen vor unseren Karren zu spannen, aber ich war noch zu klein, um das Kummet über seinen Kopf zu heben. Dabei half mir Alois und überließ mir danach die Zügel, um den Ochsenkarren zu lenken. Er war so alt wie die Väter meiner Dorffreunde, und wir kamen bestens miteinander aus.

Alois hielt den Hof zusammen. Er arbeitete am Scheunentor, ersetzte kaputte Dachziegel, besserte den Schornstein und den Blitzableiter aus, reparierte die Holzleiter, die wir zum Kirschenpflücken brauchten, und er schnitt mir die Haare. Alois konnte kaputte Wagenräder reparieren, dafür entfernte er den äußeren Eisenring, ersetzte beschädigte Speichen, schmierte Fett auf die Radachsen und montierte die Räder wieder an den Wagen. Ich durfte ihm dabei helfen; vor allem die Arbeit mit dem Fett gefiel mir. Wenn ich es durch meine Finger drückte, fühlte es sich an wie feuchter Lehm nach dem Regen zwischen meinen barfüßigen Zehen.

Da es im Dorf keinen Strom gab, droschen die Bauern das Getreide in der Scheune mit Holzschlegeln. Es war eine harte Arbeit, die viel Lärm und Staub verursachte, für die meine Großmutter junge Männer aus dem Nachbardorf rekrutierte. Schwitzend flirteten sie während der Arbeit mit den Dorfmädeln und griffen eifrig nach den Mostkrügen,

**Wasserpumpe mit Handschwengel:
Das ganze Dorf lebte ohne fließendes Wasser**

die sie zügig austranken. Das Dreschen war und blieb einer der Höhepunkte des bäuerlichen Jahres.

Mein Onkel, damals noch ledig, teilte sein Schlafzimmer im Erdgeschoß mit mir. Alois stand jeden Morgen, noch vor allen anderen, um sechs Uhr auf. Er schärfte die Sense mit einem Wetzstein, den er aus einem halb mit Wasser gefüllten, an seinem Gürtel hängenden Kumpf zog. Von Zeit zu Zeit mußte er auf die Klinge hämmern. Der dabei entstehende Lärm rüttelte mich, besser als jeder Wecker, aus dem Schlaf. Auf den Wiesen rund um das Haus mähte er das frische Gras für die Kühe. Diese Arbeit erforderte einen gekonnten Schwung der Sense. Als Kind war ich zu jung dafür, und selbst als Erwachsener habe ich diesen Schwung nie richtig in den Griff bekommen. Während Alois den beiden Kühen und dem Ochsen das Gras fütterte, entdeckten die Schweine ihr erstes Fressen im Trog und begrüßten es mit kräftigem Grunzen.

Am Morgen zündete meine Großmutter das Feuer im Herd an, indem sie zuerst Papier und Holzspäne zum Brennen brachte und dann größere Holzscheite hinzulegte. Danach servierte sie meinem Onkel Alois, sich selbst und mir ein Frühstück aus Kaffee, Polenta und Bauernbrot mit Butter und Honig. Sie benutzte den Herd sowohl zum Heizen als auch zum Kochen. Ein Tank im Kamin des Herdes lieferte den ganzen Tag über heißes Wasser. Die Temperatur unter den Pfannen regelte meine Großmutter durch Zu- und Wegnahme von Metallringen auf der Kochplatte mittels eines Schürhakens. Da es keine weiteren Öfen im Haus gab, legten wir uns im Winter mit heißem Wasser gefüllte Gummiflaschen ins Bett. Großmutter verteilte die Hausarbeit. Das tägliche Ausleeren und Verstreuen der Asche in ihrem Gemüsegarten oder auf den Wiesen war meine Aufgabe.

In unserem Hof stand eine Wasserpumpe mit Handschwengel. Von dort holten wir mit unseren Kübeln das ganze Jahr über frisches Wasser. Alle zwei Jahre zerlegte Alois die Pumpe. Dabei holte er aus fünf Metern Tiefe einen Filter, nahm ihn auseinander, reinigte alle Teile und setzte ihn wie auch die Pumpe erneut zusammen. Ich beobachtete ihn dabei. Sein handwerkliches Geschick war beachtenswert! Wenn Alois darum bat, reichte ich ihm einzelne Teile und half ihm bei der Montage, für die vier Hände gebraucht wurden.

Am Samstag abend freute sich Alois auf seine regelmäßigen Besuche in den Wirtshäusern benachbarter Dörfer, wo Schlägereien, gelegentlich auch Messerstechereien an der Tagesordnung waren. Sonntags früh schaute er dann und wann mit blauen Flecken im Gesicht oder aufgeplatzten Fingerknöcheln aus seinem sauberen Kirchengewand. Darüber machte er sich keine großen Sorgen und freute sich stattdessen auf die Rauferei am nächsten Samstag.

Alois ging sonntags allein zum Morgengottesdienst nach Kumberg, wo seine Familie lebte. Er teilte mir nie mit, wen er dort besuchte. Hatte er Eltern, Brüder und Schwestern? Lud ihn jemand zum Mittagessen ein, oder saß er in der nächsten Kneipe? Ich wußte es nicht. Am späten Nachmittag kam er mit einem Rucksack voller Zucker, Hefe, Salz, Pfeffer, Senf, Bier, Brausepulver oder allem anderen, was Großmutter sonst noch bestellt hatte, zurück.

Frühmorgens im Sommer, nach Regen am Vortag, nahm mich Alois zum Schwammerlsuchen mit. Er kannte die streng geheimen Schwammerlplätze, die ich niemandem verraten durfte. Dieses Geheimnis vertraute Alois mir Kleinem an, und ich hatte es zu bewahren. Ich hätte Alois unter keinen Umständen enttäuscht! In der aufgehenden Sonne zeigte er mir die am Waldboden unter Laubblättern halbversteckten Eierschwammerln und Steinpilze; ich sollte sie mit dem Taschenmesser vorsichtig abschneiden, um das Pflanzengeflecht nicht zu beschädigen. Ich liebte den Geruch frisch gesammelter Schwammerln. Wenn ich meiner Großmutter einen vollen Korb in die Küche brachte, freuten wir uns beide. Alois erzählte ihr, daß ich die Schwammerln gefunden hätte, da meine Augen näher am Boden gewesen seien.

Knecht Alois schlachtete zwei- oder dreimal im Jahr ein Schwein. Ich wuchs damit auf, und so war diese Erfahrung für mich alltäglich und normal. Er betäubte das Tier an der Schläfe mit einem geladenen Bolzen. Dann stach er ihm die Kehle auf und sammelte das Blut in Kübeln. Ich half, das Blut innerhalb von drei Minuten zu rühren, damit es nicht gerinnen konnte. Zusammen mit meinem Onkel hängte Alois das Schwein kopfüber an den Hinterhaxen, zwischen Sehne und Knochen, an Wandhaken auf und zerlegte es. Zuerst entfernte er die Eingeweide, dann gab er mir das warme Herz, die Lunge, den Magen, die Leber und die Nieren in die Hände und erklärte, was und wofür die Organe nötig seien. Diese Innereien legte ich in bereitstehende Kübel. Bis auf die Eingeweide und Knochen war alles eßbar. Zuletzt trennte Alois das Fleisch ab. Einige der in einem Kräutersud zwei Wochen lang eingelegten speckigen Fleischstücke hängte Alois zum Selchen in den Rauchfang, den er unter dem Dach an einer Metalltür öffnete. Zum Räuchern wurde Buchensägemehl verwendet. Ich himmelte Alois an und wollte so sein wie er.

Herwig, der Lebenskreis, den ich Dir hier beschreibe, wäre nicht vollständig, wenn Du nichts über meine und infolgedessen Deine Vorfahren erfahren würdest. Mühsam habe ich ein paar Einzelheiten über meine mütterliche Linie zusammengetragen.

VORFAHREN

Wie bereits erwähnt, hielt ich meine uneheliche Geburt für ein Tabuthema. Deshalb kennen weder Du noch Deine Geschwister die Geschichte unserer Vorfahren. Hier gebe ich Dir erstmals Einsicht in unseren Stammbaum.

Mein Urgroßvater Matthäus Salmutter (1823–1905), Schneidermeister in Semriach, heiratete Agnes geborene Puregger (1834–1877). Sie hatten sieben Kinder. Der achtjährige Jakob und die neunzehnjährige Eva starben innerhalb von drei Tagen an Diphtherie. Ein Jahr später starb Gertrude mit vierzehn Jahren. Der Älteste, Petrus, erfror mit fünfzig Jahren; er muß wohl betrunken im Schnee eingeschlafen sein. Sein zweitjüngstes Kind, mein Großvater, tauften sie Valentin (1869–1903).

Valentin Salmutter blieb in Semriach und wurde wie sein Vater Schneidermeister. Er heiratete meine Großmutter Amalia geborene Stindl (1871–1951), als er sechsundzwanzig Jahre alt war. Sechs Wochen nach der Hochzeit wurde ihr erstes Kind, meine Mutter, geboren. Sie wurde ebenfalls auf den Namen Amalia getauft. In den folgenden fünf Jahren zeugten meine Großeltern sechs weitere Kinder. Nur Amalia (1895–1924) und Friedrich (geboren 1899) erreichten das Erwachsenenalter. Friedrich war sprachlich gehemmt, Schuster von Beruf und Kleinbauer im Nebenberuf. Du verbrachtest in Deiner elfjährigen Niederschöckler Kindheit mehr Zeit mit ihm als mit mir, da ich täglich nach Graz zur Arbeit fahren mußte. Ein weiteres Kind starb gleich bei der Geburt und wurde namenlos notgetauft. Danach starben Gottfried mit einem Jahr, Maximilian mit fünf und Ludmilla mit einem halben Jahr.

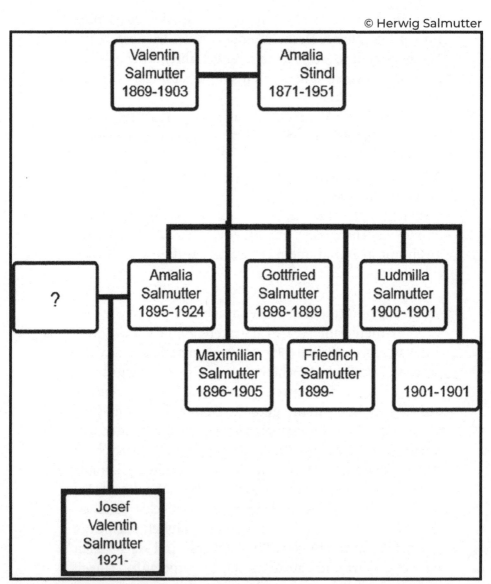

Josef 'Sepp' Salmutters Stammbaum

Valentin Salmutter,
Schneidermeister, des
noch lebenden Matthäus
Salmutter, eines ...,
zügleich und gewesenen
Schneidermeisters in
Kindhof, und der schon
verstorbenen Agnes geb.
..., beide katholisch,
ehelicher Sohn; zuständig
in Kindhof Bez. Graz.

**Auszug aus der Heiratsurkunde von
Sepp Salmutters Großvater, Valentin Salmutter**

Mein Großvater Valentin starb 1903 nach acht Ehejahren vierunddreißigjährig an Lungentuberkulose und Lungenlähmung. Wie Du siehst, war das Überleben ein Zeichen von robustem Gemüt und Glück. Viele Kinder fanden nicht den Weg ins Erwachsenenalter.

Amalia, meine Mutter, wurde um sechs Uhr frühmorgens geboren. Damit sie ins Himmelreich käme – sollte sie nicht überleben –, wurde sie noch am selben Tag gegen vierzehn Uhr getauft. Ihr ganzes Leben verbrachte sie in Semriach, wo sie mit achtundzwanzig Jahren unverheiratet an einem Magengeschwür starb.

Der Beruf meiner Mutter bleibt unerwähnt. Sie lebte zufrieden bei meiner seit langer Zeit verwitweten Großmutter. Als meinen zweiten Vornamen wählte meine Mutter Valentin, den Namen ihres Vaters. Daß sie meine Großmutter zur Patin wählte, kommt mir allerdings eigenartig vor. Wollte denn niemand anderer mein Pate sein? Lag es daran, daß ich ein uneheliches Kind war?

Großmutter Amalia überlebte ihren Mann Valentin um achtundvierzig Jahre. 1924, nach dem Tod meiner Mutter, lebte nur noch mein Onkel Friedrich als einziges ihrer sieben Kinder! Ein weiteres Familienmitglied war ich, ein vater- und mutterloser Enkel, dessen sie sich liebevoll annahm. Meine Großmutter, mit der Du bis zu Deinem achten Lebensjahr zusammenlebtest, und mein Onkel Friedrich zogen 1926 nach Niederschöckl, alle anderen Salmutters mehrerer Generationen blieben in Semriach zurück.

Außer Großmutter und Onkel Friedrich kannte ich persönlich keine Verwandten. Meine Vorfahren waren reputierliche Leute, Schneider und Bauern, doch schämte ich mich ihrer.

Alles dünkte mich klein und ländlich. Kein Intellektueller fand sich in der Ahnenreihe, zumindest soweit mir bekannt war. Über sie reden wollte ich aufgrund meiner unehelichen Geburt nie. Es wären zu viele Fragen hierzu aufgekommen, die ich nicht hätte beantworten können. Über die Familie meines Vaters wußte ich nichts. Weder wer er war, wie er hieß, noch über seinen Hintergrund.

Großmutter und Onkel Friedrich kauften den Niederschöckler Hof zu gleichen Teilen. Nach dem Tod meiner Großmutter ging der Hof gänzlich an Friedrich und dessen Frau Johanna. Nach Friedrichs sechzigstem Geburtstag im Jahr 1960 übergaben er und Johanna den gesamten Besitz an Eduard Sommerbauer, einen Verwandten Johannas. Als Gegenleistung garantierte Sommerbauer ihnen einen zufriedenen Lebensabend im Nebenhaus seines Besitzes in St. Marein in der Steiermark.

Ehrlich gesagt, hatte ich auf eine Erbschaft gehofft. Onkel Friedrich, mit dem ich gut auskam, glaubte nicht, daß ich jemals dauerhaft aus Deutschland nach Österreich zurückkehren würde. So vererbte er mir nichts. Für ihn stand fest, ohne mit mir darüber gesprochen zu haben, daß ich als Arzt kein Interesse an einem geruhsamen Landleben hegte.

FRANZISKANER SEMINAR

Unser Katechet, der zugleich als Dorfpfarrer predigte, erkannte meinen Lerneifer und riet mir, in das Grazer Franziskaner-Seminar einzutreten und das städtische Gymnasium in Graz zu besuchen. Meine Großmutter war einverstanden, obwohl sie mir den Hof übergeben hätte, wäre ich in Niederschöckl geblieben. 1931 zog ich mit kärglichen Habseligkeiten nach Graz und blieb bis 1937 Zögling der Franziskaner, die meine Kosten für Verpflegung und Unterkunft übernahmen.

Im Seminar war das Leben anders: Um sechs Uhr morgens wurden wir geweckt, dann wusch ich mich kurz mit einem Lappen und kaltem Wasser. Anschließend bekamen wir ein leichtes Frühstück mit warmer Suppe. Das Essen war zwar nicht üppig, aber zumindest erträglich. Ganz im Gegensatz zu dem, was wir dazu tranken. War es schrecklich schmeckender Tee oder Kaffee-Ersatz? Über den Tag verteilt beteten wir häufig und lange. Das Angelus war das erste Gebet des Tages nach dem Aufwachen und das letzte vor dem Abendessen.

Ich war den strengen Vorschriften und Strafen des Seminars ausgeliefert und auch im humanistischen, altsprachlichen Gymnasium wurde ich gezüchtigt. Ich fügte mich widerwillig; dennoch litt ich unter den Prügeln. Mit ihnen wäre ich noch zurechtgekommen. Richtig widerwärtig wurde es, als ich zwölf Jahre alt geworden war. Ein junger Franziskaner lockte mich in sein Zimmer, begann mich zu streicheln und verlangte von mir, ihn ebenfalls anzufassen. Ich wehrte mich gegen ihn und seine Annäherungs-versuche, was mich vor ihm rettete. Er befahl mir, den Mund zu halten, was ich befolgte. Hätte ich mich jemandem anvertraut, wäre nach

**Franziskanerkirche und Kloster im Zentrum von Graz,
am Murufer: Hier war Sepp Salmutter Zögling von 1931 bis 1938**

einer Tracht Prügel der Rauswurf aus dem Seminar die Folge gewesen. Der Franziskaner ließ von mir ab und machte sich auf die Suche nach einem neuen Opfer, einem, das sich vor lauter Angst nicht wehrte. Denn das war es, was uns die Klosterbrüder auferlegten – Angst und Unterwerfung. Solch eine Zukunft schwebte mir nicht vor, und ich verwarf die Absicht, Pfarrer zu werden.

Österreich erlebte 1934 einen politischen Putsch. Damals war ich zu jung, um seine Bedeutung zu verstehen. Trotzdem möchte ich Dir berichten, woran ich mich erinnere.

SCHULBUB

Im Jahre 1934 lebte ich seit drei Jahren in der Landeshauptstadt Graz. Als Zögling mußte ich einschränkende Ausgangsregeln befolgen. Mit sechs Gleichaltrigen teilte ich ein Schlafzimmer. Burschen älterer Jahrgänge versuchten uns Jüngere zu schikanieren. Ich lernte schnell, mich zu behaupten, und das Seminarleben verlief erträglich.

Graz zeigte sich mir als die weite Welt, städtisch, mit Straßen und schönen Gebäuden. Automobile, die Tramway und gut gekleidete Frauen, die kein bäuerliches Kopftuch trugen, füllten die Straßen. Außerdem schien der unangenehme Geruch von Pferdeäpfeln minder stark zu sein als in Niederschöckl.

Im Gymnasium hatte ich keine engen Freunde, was mir wenig ausmachte. So streifte ich in meiner Freizeit allein durch die Straßen und über Plätze der Stadt. Ich stieg die Doppelwendeltreppe des Schlosses hinauf, bewunderte das Gemalte Haus in der Herrengasse, die zahlreichen Murbrücken und die Mariahilf-Kirche im Lend-Viertel auf der anderen Seite des Flusses. Ich wanderte auf den Schloßberg, auf steilem Weg vorbei am Franzosenkreuz oder erklomm die zweihundertsechzig Stufen des Kriegssteigs. Von oben versuchte ich die Häuser und Straßen der steirischen Landeshauptstadt auszumachen; vor mir konnte ich das Rathaus und daneben mein Priesterseminar mit dem hohen Turm der Franziskanerkirche erkennen. Insgesamt zählte ich sechzehn Kirchtürme. Diese ließen mich an den Krieg mit den Türken vor vierhundert Jahren denken, als die osmanische Armee in Mitteleuropa einmarschierte. Wie durch ein Wunder gaben sie 1532 die Belagerung von Graz auf, als Sultan Suleiman dringend nach Istanbul zurückgerufen wurde, um gegen die Perser zu kämpfen. Würde ich jetzt mit einer anderen Wende in der

Geschichte in einer Koranschule studieren und von hier oben sechzehn Minarette bewundern?

Manchmal saß ich auf einer Parkbank am Ufer der Mur, erfreute mich des schäumenden Gebirgswassers und übte Latein. Meine Gedanken drifteten ab, ich dachte an die mutigen Flößer, die bis in die Neuzeit ihr Leben riskierten, um zusammengebundene Holzstämme aus den Bergen bis nach Graz zu flößen. Ich sann der napoleonischen Armee nach, die 1809 die Festung auf dem Schloßberg sprengte, und an die Grazer, die verzweifelt Golddukaten sammelten, um damit die französischen Soldaten zu bewegen, den Glocken- und Uhrturm nicht zu zerstören. Meine Gedanken flogen zu Erzherzog Franz Ferdinand, der in einem Palais in der Sackstraße zur Welt gekommen und 1914 in Sarajewo einem Attentat zum Opfer gefallen war. Mit der Ermordung eines Grazers begann der Erste Weltkrieg, der Millionen unschuldig Gefallener zur Folge hatte.

An heiteren Sonntagen, wenn viele Zöglinge zu ihren Familien heimgefahren waren, holte ich mir in der Küche ein Jausenpackerl und radelte zum Thalersee, kletterte zur Burgruine Gösting oder wanderte auf die Gleinalm. In der warmen Jahreszeit zog es mich in die Grazer Umgebung; im Winter blieb ich in der Stadt. Abgesehen von der Pflicht, mein jeweiliges Klassenziel zu erreichen, trug ich keinerlei Verantwortung. Das Leben war einfach.

Im Alter von zehn Jahren, noch bevor ich in das Grazer Franziskaner-Seminar übersiedelte, nahm mich meine Großmutter eines Nachmittags beiseite und setzte sich mit mir an den Eßtisch. Sie erklärte mir:

„Ich bin eine Salmutter, Dein Onkel Friedrich ist ein Salmutter und Du bist ein Salmutter. Wir sind vor fünf Jahren von Semriach nach Niederschöckl gezogen. Weil ich lästigen Fragen der Dörfler ausweichen wollte, erzählte ich ihnen, daß deine Mutter und dein Vater früh verstorben seien. Nichts Ungewöhnliches, Menschen starben damals wie Fliegen an der Spanischen Grippe oder an anderen Krankheiten. Außerdem deutete ich an, daß mein Sohn Josef dein Vater sei und nicht meine Tochter Amalia deine Mutter. Ich wollte damit erklären, warum Amalia den Nachnamen Salmutter führte. So konnten wir als angesehene Familie passieren. Die Wahrheit ist, daß meine Tochter Deine Mutter ist und ich nicht weiß, wer Dein Vater ist oder war."

Bis zu diesem Zeitpunkt hatte ich nicht tief über meine Herkunft nachgedacht. Mir wurde klar, daß meine Mutter eine Sünde begangen hatte und schwanger geworden war, ohne vorher in der katholischen Kirche geheiratet zu haben. Ein uneheliches Kind, wenngleich unschuldig, bedeutete für die katholische Kirche die Folge einer bösen Tat und war in den Augen Gottes nicht mehr gutzumachen. Meine Großmutter war schlau genug, um die Schande meiner Mutter in die Vergessenheit zu drängen und sie zu unserem Vorteil zu verdrehen, ohne jemand anderem Schaden zuzufügen. Um meine uneheliche Herkunft zu verbergen und nicht von meinen Freunden gehänselt zu werden, stimmte ich der erfundenen Geschichte meiner Großmutter zu. Wie Du weißt, ist das bis heute ein Tabu, und ich kann meine Gefühle nicht ändern.

Als junger Mensch begann ich zu lernen, was ich vor anderen geheimhalten sollte. Nicht daß ich mich für meine verschmähte Herkunft schämte, aber ich fragte mich, ob ich wolle, daß andere davon erfuhren. Das war der Grund, warum ich mir im Seminar keine engen Freunde suchte.

Dem Bürgerkrieg, dem Putsch von 1934 und den folgenden politischen Veränderungen schenkte ich wenig Aufmerksamkeit. Ich merkte, daß Leute vorsichtig hinter vorgehaltener Hand miteinander redeten. Zu meinem eigenen Schutz mied ich die Straßendemonstrationen, da sie häufig zu Schlägereien ausarteten.

In den vorangegangenen zwei Jahren war ich sichtbar gewachsen – zuvor gehörte ich zu den Kleinsten meiner Klasse. Mein Körper und meine Gedanken veränderten sich. Nachts träumte ich von einem Spaziergang durch den Wald, wo ein bezauberndes Mädchen auftauchte. Ihr Körper war von einem dünnen Sommerkleid bedeckt, das sich bei kleinen Windstößen an ihre Kurven schmiegte. Sie ging auf mich zu und kam mir so nah, daß ihre blonden Locken mich kitzelten ... Da wachte ich auf. Ich war verwirrt und mußte feststellen, daß ich im Schlaf meine Pyjamahose befleckt hatte. Niemand hatte mich davor gewarnt. Weder Großmutter noch Onkel Friedrich erklärten mir je, wie man Kinder zeugte. Ich wußte, wie man Hasen zum Decken zusammensteckte oder wie die Bauern ein Schwein besteigen ließen, aber wie es bei den Menschen ging, war mir unklar geblieben.

Im Religionsunterricht lernten wir das sechste Gebot: „Du sollst nicht Unkeuschheit treiben." Als unkeusch galt alles, was mit dem Geschlechtlichen zusammenhing. Der Katechet gab jedoch keine weiteren Details preis. Es wurde mir klar, daß die unaussprechliche Geschlechtlichkeit für die christliche Ehe bestimmt war und daß man Gott frevle, wenn man dem inneren Drang nachgebe, unkeusche Gefühle hege und damit in Sünde lebe.

Meine uneheliche Geburt bedrückte mich. In meinem Unterbewußtsein formte sich die Idee, daß die Macht der Kirche

Uhrturm am Grazer Schloßberg:
Abseits vom Lärm der Stadt lernte Sepp hier seine Lateinvokabeln

auf Befolgung ihrer Gebote basiere und Nichtbefolgung in einer Katastrophe ende. Bis dahin hatte ich als gehorsamer Katholik gelebt und wollte weiterhin Gottes Wohlgefallen suchen, ohne mich unanständigen Gedanken hinzugeben. Beim wöchentlichen Sündenbekenntnis im verschnörkelten Beichtstuhl behielt ich meine anstößigen Phantasien über das blonde Mädchen im Wald jedoch für mich.

Im Gymnasium lernte ich sowohl Griechisch als auch Latein. Aber wie sollten mir diese alten Sprachen helfen, mein Schicksal zu meistern? Sollte ich Dorfpfarrer werden? Es würden noch Jahre vergehen, bis ich mich für einen zukünftigen Lebensweg entscheiden mußte. Eines war mir klar: Den Hof meiner Großmutter wollte ich auf keinen Fall übernehmen. Ich empfand die Arbeit auf dem Hof als eine Qual. Die Tage waren lang und das Wetter ein ständiges Problem. Bauern lebten in fortwährender Angst vor Hagelschäden, Überschwemmungen und verheerenden Frösten. Ich erinnerte mich, wie Alois bei Regen auf das Feld rannte, um schnell das Heu zu bergen, damit er es beim nächsten Sonnenschein von neuem zum Trocknen ausstreuen konnte. In Graz spannte ich bei Regen den Schirm auf – das war's. Nein, ich wollte nicht, wie Alois, jeden Morgen um sechs Uhr aufstehen, um für die Kühe Gras zu mähen. Ich wäre an den Bauernhof gebunden, müßte Kühe melken und Tiere füttern. Mein Weg sollte in eine andere Richtung führen. Ich genoß den Trubel und den Lärm der Stadt – für mich ein befreiendes Gefühl. Lieber würde ich den ganzen Tag lang eine Tramway durch die Stadt lenken, als den Acker zu pflügen, zu säen und zu ernten.

Heute stelle ich mir die Frage: War ich damals mit meinem Leben zufrieden? Die Antwort lautet nein; glücklich war ich nicht. Gern besuchte ich das Gymnasium. Griechisch blieb schwierig, dafür liebte ich Latein umso mehr, mein Lieblingsfach, die Logik der Sprache faszinierte mich. Außerdem erhoffte ich mir, mit guten Lateinkenntnissen eine wissenschaftliche Laufbahn einschlagen zu können. Zu dem Zeitpunkt besaß ich keine klare Vorstellung, wie ich diesen Traum würde realisieren können. Es blieb ein immenser Antrieb für mich, durch Lernen und gute Noten dem leidvollen ärmlichen Milieu meiner Kindheit entkommen zu können.

In der Schule begegnete ich Kindern aus konventionellen Familien mit Vater, Mutter und Geschwistern. Als Waise seit meinem dritten Lebensjahr fühlte ich mich neben ihnen als Außenseiter. Eingeladen wurde ich selten, aber das lag mehr an mir. Ich war nicht das, was man einen umgänglichen Kerl nannte. Eher war ich verschlossen und distanziert. Hier, im Kreise dieser Familien, öffnete sich mir eine alternative Lebenswelt – mit Dienstboten, kostbarem Porzellan und gestickten Tischdecken. Viele Buben aus meiner Klasse spielten ein Instrument. Ich hatte weder das Geld noch den Wunsch, mich für Musikunterricht oder eine andere Aktivität außerhalb des Gymnasiums einzuschreiben.

Welch ein Schock, wenn ich an manchen Wochenenden zur Großmutter heim nach Niederschöckl kam! Stell Dir vor: ich – geputzt und gestriegelt, in sauberer Kleidung und nicht nach Stall, sondern nach Seife und Stadt riechend. Ich mußte einiges über mich ergehen lassen. Meine Freunde, die Bauernkinder, machten sich über mich lustig: „Ha, hier kommt der Mönch!" riefen sie und lachten über mich. Irgendwann waren sie damit fertig, mich zu verspotten. Dann kamen wir wieder gut miteinander aus, und ich wurde einer von ihnen. Als etwas Besseres hatte ich mich nie gefühlt, aber Pfarrer werden?

Bei Großmutter gab es den besten Sterz, reichlich Obst und Pilze. Während sie unsere Gläser mit Most auffüllte, backte sie die Steinpilze wie Schnitzel und servierte die Eierschwammerln mit Semmelknödeln.

Es gab noch viel zu lernen. Im Alter von dreizehn Jahren hatte ich erkannt, daß das Leben niemals perfekt sein würde. Wenn ich Niederschöckl besuchte, kam ich zur Einsicht, daß das Dorfleben seine Vorteile hatte: Ein genügsamer Alltag, hausgemachtes Essen, frische Luft und eine enge Dorfgemeinschaft erschienen mir erstrebenswert. In Graz waren sich die Bewohner fremd. Auf den Straßen warteten Bettler vergeblich auf eine kleine Spende, während die hastenden Passanten den Augenkontakt mit ihnen vermieden. Beide Plätze, das Dorf wie auch die Stadt, zeigten ihre Vor- und Nachteile. Von nun an würde ich die Auswirkungen meiner Entscheidungen, gute und schlechte, tragen müssen. „Laß alles auf dich zukommen", dachte ich damals. Ich konnte es nicht erwarten, erwachsen zu werden! Wann würde ich meine erste Liebe kennenlernen?

THERESIA

Herwig, ich habe lange überlegt, ob ich Dir von dieser Zeit in meinem Leben erzählen soll. Du bist jetzt erwachsen, und ich glaube, daß Du meine Erfahrung nachvollziehen kannst. Ich möchte Dir anvertrauen, welchen Einfluß Theresia auf mein Leben genommen und wie sie dazu beigetragen hat, mich zu dem Mann zu machen, der ich heute bin. Ohne sie hätte ich eventuell nicht Medizin studiert, und mein Lebensweg wäre anders verlaufen.

Als ich die sechste Klasse des Gymnasiums besuchte, gab ich Karl Egger, einem Drittkläßler, Nachhilfestunden in Latein. Auch er war ein Einzelkind und wohnte in der Sporgasse in der Grazer Altstadt. Einmal in der Woche unterrichtete ich ihn. Karls Familie lebte in einer traditionell eingerichteten Wohnung aus dem 19. Jahrhundert mit poliertem Parkettboden und reich verzierten Decken. Er besaß sein eigenes Zimmer, vollgestopft mit Spielzeug. Obwohl ich kein Kind mehr war, packte mich der Neid. Vor allem beeindruckte mich die elektrische Eisenbahn, deren Gleise quer durch das Zimmer verliefen. Solches Spielzeug hatte ich nie besessen – für mich purer Luxus! In Niederschöckl mußte ich mit dem spielen, was mir in die Hände fiel: Holz, Eisenräder, Steine und im besten Fall Glaskugeln.

Sobald ich bei Karl ankam, legte mir seine Mutter, Theresia Egger, das Geld für die Nachhilfe auf den Tisch, ergänzt um ein Käsebrot und eine Tasse Tee. Sie war Cellistin; Karls Vater arbeitete als Finanzbeamter. Nach drei Monaten Nachhilfe, ich war bald siebzehn Jahre alt, fragte sie mich, ob ich einer ihrer Freundinnen helfen könnte. In der Pestalozzistraße müßten Kohlen aus dem Keller in den dritten Stock getragen werden.

Die Bezahlung sollte die gleiche wie für Karls Nachhilfe-stunden sein. Ich sagte zu.

Frau Egger erwartete mich in der Wohnung ihrer Freundin und begrüßte mich freundlich. Es wunderte mich, daß ihre Freundin nicht selbst zugegen war. Viel zu fragen war ich nicht gewohnt und begann eifrig einige Kübel Briketts die Treppen hinaufzuschleppen, während Frau Egger uns Tee zubereitete. Nach getaner Arbeit klebte Kohlenstaub an meinem ganzen Körper und Frau Egger meinte, ich sollte mich duschen.

Als ich aus der Dusche kam, stand sie barfüßig und lediglich mit einem Negligé bekleidet vor mir. Sie kam auf mich zu, schlang ihre Arme um mich und küßte mich. Entschlossen zog sie mich ins Wohnzimmer auf die Couch. Sie drückte ihren Körper an meinen und lüpfte ihr Negligé.

Ich war halb benommen, halb überrascht von der Lust. Alles verlief schnell und unerwartet, und dann passierte es. Ich befleckte ihren Bauch, ihr Negligé und die Couch. Mir fehlten die Worte. „Macht nichts, junger Mann", sagte sie mit einem Lächeln. „Du Dschopperl! Es war halb erwartet." Beschämt zog ich mich von ihr weg und kleidete mich so schnell wie möglich an. Kurz bevor ich die Tür hinter mir schloß, rief Frau Egger mir nach: „Vergiß nicht die Lateinstunde mit Karl nächste Woche!"

Auf dem Heimweg setzte ich mich im Augartenpark auf eine Bank; meine Gedanken rasten. Ich erinnerte mich an ein Erlebnis in Niederschöckl: Ein Bauer führte einen Hengst im Kreis, ehe er ihn auf eine Attrappe zerrte, die mit Pelzen belegt war. Ohne eine Stute in Sicht schnaubte der Hengst laut,

Hausfassade in der Sporgasse:
In einem dieser Häuser gab Sepp Nachhilfestunden in Latein

während der Tierarzt dessen Sperma in einem Glas sammelte. Mein Freund Gerhard meinte damals, es würde reichen, um damit zehn Stuten zu besamen. Jetzt kam ich mir vor wie dieser Hengst, müde und leicht zugleich, aber wie ein Mann.

Karl unterrichtete ich weiterhin in Latein und traf mich jede Woche mit seiner Mutter in der Wohnung ihrer Freundin. Frau Egger war hübsch, braunhaarig, um die zweiunddreißig Jahre alt und von mittlerer Größe und Statur. Von ihr lernte ich, meine Selbstbeherrschung im Bett zu verbessern. Sie gab mir zu verstehen, was sie mochte. Ich wurde zu ihrem rücksichtsvollen Liebhaber und lernte, daß die normalen Regeln des Alltags in solch intimen Momenten nicht galten. Frau Egger bat mich, sie Resi zu nennen, was sich am Anfang seltsam anfühlte. Zudem ermutigte sie mich, vulgär mit ihr zu reden, sie fester anzupacken und ohne Hemmungen zu handeln. Sie liebte dieses Rollenspiel, mit mir als Herrn und ihr als Sklavenmädchen. Ich wurde selbstbewußter. Eines Tages schlossen wir die Vorhänge nicht mehr. „Wir haben doch nichts voreinander zu verbergen", flüsterte Resi mir ins Ohr. Nach dem Sex lagen wir noch zusammen im Bett, und sie zündete sich eine Zigarette an. Mir verbot sie zu rauchen.

Resi war die erste Person, die sich für meine Zukunft interessierte. Weder meine Großmutter noch mein Onkel, weder meine Lehrer noch die Franziskaner zeigten das mindeste Interesse für meine Lebensanschauungen und Zukunftspläne. Resi erkundigte sich nach meiner Mutter und Großmutter wie auch nach den Bauern in Niederschöckl. Sie wollte wissen, wie ich mit ihnen auskam und wie es mir im Gymnasium gefiel. Daß sie mich ermutigte, andere Menschen zu respektieren, tat mir gut. „Ein bescheidener Mann oder eine bedürfnislose Frau kann ein Genie sein", sagte sie.

Ich solle mich nicht für besser halten. Resi war weder dem Kommunismus noch dem Nationalsozialismus zugetan, und auch von der katholischen Kirche hielt sie nichts, das Priestertum verachtete sie. Daher bewegten sich unsere Gespräche weniger um Politik als um andere Themen: Wahrheit, soziales Verhalten, Gleichheit und Brüderlichkeit. Die Rolle des einzelnen in der Gesellschaft interessierte sie, und so warnte sie mich davor, einem Orden beizutreten, stattdessen riet sie mir, Architekt, Arzt oder Ingenieur zu werden.

Ihre Familie war Resi wichtig. Sie liebte ihren Mann und bestand darauf, daß unsere Affäre nichts mit ihrer Ehe zu tun habe. Ihr Sohn Karl, der bald bessere Lateinnoten heimbrachte, hatte in mir einen geduldigen Nachhilfelehrer.

Resi war ständig voll neuer Ideen, die sie mit mir teilen wollte. Unsere Treffen bewegten und forderten mich. Ich fragte mich, ob sie versuchen wolle, mich auf das Leben vorzubereiten. „Ohne Selbstbeherrschung und ohne dir eigene Grenzen zu setzen, wirst du ein rastloser Geist bleiben, der ständig nach mehr in seinem Leben verlangt, ohne jemals befriedigt zu werden", und sie warnte mich vor ausschweifenden Sexpraktiken.

Resi erweiterte mein enges Weltbild und zeigte mir neue Perspektiven: „Halte dich aus der antijüdischen Bigotterie heraus", empfahl sie mir. Sie liebte Mendelssohn, Heine und das, was die Nazis als „Negermusik" einstuften. Während sie Platten von Benny Goodman oder Big Bill Broonzy anhörte, sagte sie: „Nazi-Kunst kann volkstümlich sein, ist aber anspruchslos. Schätze die Kunst ganz Europas! Du kannst die Griechen und Shakespeare in ihren Originalsprachen lesen. Das sind unsere kulturellen Vorfahren, auch Rembrandt und Monteverdi."

Resi fühlte sich von den Nazis in Deutschland und ihren illegalen Parteifreunden in Österreich abgestoßen. Die Menschen sollten frei sein und ihr Leben selbst gestalten können, gleichberechtigt und von den Menschenrechten geschützt. „Du mußt kein Held sein! Niemand hat das Recht, das von dir zu erwarten. Aber in einer Diktatur solltest du zumindest passiven Widerstand leisten! Ich empfehle dir, viel zu lesen, auch solche Werke, die deinen Anschauungen zuwider sind." Resi gab mir das „Kommunistische Manifest" von Marx, eine kleine Broschüre, die vor über einhundert Jahren veröffentlicht worden war. Dazu drängte sie mich, Schopenhauer, Kant und Nazi-Literatur, wie Ritters „Der Kampf um den Erdraum", zu lesen.

Die mir von Resi aufgeschriebene Rede Pasteurs, die er zu seinem siebzigsten Geburtstag hielt, lernte ich auswendig:

> *„Junge Männer, junge Männer!*
> *Wie auch immer Ihre Karriere aussehen mag:*
> *Bleiben Sie unberührt von unfruchtbarer Skepsis*
> *und tapfer in sorgenschweren Stunden,*
> *wie sie über jede Nation hinweggehen.*
> *Leben Sie in dem hellen Frieden von Labors und Bibliotheken.*
> *Fragen Sie sich zuerst:*
> *Was habe ich zu meiner eigenen Belehrung getan?*
> *Und dann, wenn Sie weiterblicken:*
> *Was habe ich für meine Heimat getan?*
> *In diesem Augenblick mag es sein,*
> *daß Ihnen das ungeheure Glück des Gedankens zuteil wird,*
> *auf bescheidene Weise zum Fortschritt*
> *und zum Wohl der Menschheit beigetragen zu haben.*
> *Gleichgültig, ob das Schicksal das Werk eines Menschen*
> *begünstigt oder nicht,*

er sollte sich am Ende seines Lebens sagen können:
Ich habe getan, was ich vermochte."

Resi sprach einige von mir unterschätzte Themen an und erklärte mir Konzepte, die ich zuvor nicht gekannt oder falsch verstanden hatte. Ihr Denken unterschied sich von meinem. Sie interpretierte die Fragen des menschlichen Zusammenlebens leidenschaftlicher und gründlicher als unser Philosophielehrer im Gymnasium.

Heute weiß ich, daß Resi sehr in mich verliebt war und es kaum erwarten konnte, mit mir im Bett zu landen. Auch ich war in sie vernarrt, aber ich sah in ihr nicht nur die aufregende Verführerin; zugleich war sie eine besorgte Mutter, die das Beste für mich wollte. Um unsere Beziehung geheimzuhalten, sprach ich sie in der Öffentlichkeit stets höflich mit „Frau Egger" an.

Dreißig Jahre sind seitdem vergangen. Es ist das erste Mal, daß ich über Resi schreibe. Während andere Seminaristen mit ihren Eroberungen prahlten, hielt ich den Mund, aus Angst vor einem Rausschmiß aus dem Seminar.

Unsere Romanze dauerte ein Jahr. Zu Beginn meines Maturajahres zog Resis Freundin nach Salzburg, und wir fanden keine andere Wohnung für unsere Treffen. Bei Resi zu Hause war die Gefahr zu groß, entdeckt zu werden. Zudem standen zu dieser Zeit meine Abschlußprüfungen bevor, und mir blieb wenig freie Zeit.

In Resi hatte ich eine Mentorin gefunden, die es in einem Jahr geschafft hatte, Einfluß auf meinen gesamten Lebensweg zu nehmen. Ich trat aus der katholischen Kirche aus und wurde Arzt, so wie sie es vorgeschlagen hatte. Selbst als ich zu den Amerikanern desertierte, hatte ich Resis Stimme im Kopf. Sie wird in meiner Erinnerung weiterleben als eine Frau, die ich niemals werde vergessen können.

So wichtig diese Zeit mit Resi für mein Leben war, ich erkannte bald, daß die kommenden Jahre meine eigenen Entscheidungen erfordern würden. Das Jahr 1938 war ein solches. Wie hat mich der Anschluß Österreichs an Deutschland betroffen?

ANSCHLUSS

Befragt man heute einen Österreicher über das Jahr 1938, egal ob er damals schon lebte oder noch nicht, wird er Dir vermutlich antworten, daß in diesem Jahr der Anschluß Österreichs an Deutschland erfolgte. Im vergangenen Oktober fragtest Du mich, was sich mit diesem Ereignis für uns, im Besonderen für mich, verändert habe. Eine Antwort darauf gab ich Dir nicht, wie jedesmal, wenn Du mehr über meine Vergangenheit wissen wolltest. Ehrlich gesagt, ich war mir darüber selbst nicht im klaren. 1938 war so viel passiert, daß ich vermutlich erst selbst für mich die Zusammenhänge erkennen mußte. Jetzt bin ich bereit, darüber zu schreiben.

Österreich hatte zwei katastrophale Jahrzehnte hinter sich. Nach der Niederlage im Ersten Weltkrieg wurde 1918 die Habsburgermonarchie gestürzt. Die Siegermächte reduzierten den Vielvölkerstaat auf ein Neuntel seiner ursprünglichen Größe und spalteten selbst das deutschsprachige Südtirol sowie die Untersteiermark ab. Der Vertrag von Saint-Germain von 1919 verhängte schwere Kriegsreparationen über Österreich.

Von diesem Zeitpunkt an und bis hin zu 1938 diskutierten Österreicher, ob sie eine kleine unabhängige Nation, „Schrumpfösterreicher", bleiben wollten oder ob sie sich Großdeutschland anschließen sollten. Viele sahen den geschrumpften Reststaat Österreich als nicht lebensfähig an. Seit dem Debakel von 1918 riß die Diskussion um einen Anschluß an Deutschland nie ab. Dieser Anschluß war keine neue Idee. Sie ging zuerst von uns Österreichern aus. Zwanzig Jahre später wurden sowohl die frustrierende, labile Lage als auch die endlosen Diskussionen durch einen Braunauer mit deutschem Paß und einen militärischen Einmarsch in Österreich beendet. Niemand konnte erahnen, wie sich dieses Ereignis auf unser Leben auswirken würde.

Die Großmutter, der Onkel und ich hatten auf dem Land ein, wenn auch hart erwirtschaftetes, verläßliches Auskommen. Das konnten die Stadtbewohner, insbesondere die nicht so gut gestellten, nicht von sich behaupten. Nach dem Ersten Weltkrieg gab es nichts, weder Arbeit noch eine gut funktionierende Landwirtschaft, die eine gesicherte Versorgung der Bevölkerung garantierte.

Nahezu eine ganze Generation junger Männer wurde in Massengräbern auf den Schlachtfeldern des Ersten Weltkrieges verscharrt. Überlebende kamen als zerschossene Krüppel nach Hause. Jene, die dem Krieg entkommen waren, konnten in der Heimat von der verheerenden Spanischen Grippe eingeholt werden. Hinzu kam der heftige Kälteeinbruch, der die Jahre 1918/19 und 1919/20 zu Hungerwintern machte.

Mehr als dreißig Jahre sind vergangen, und viele der politischen, gesellschaftlichen oder technologischen Ereignisse stellen sich rückblickend als Wendepunkte in der Geschichte eines Landes dar. Zweifellos war der Anschluß ein solcher für Österreich.

Bundeskanzler Engelbert Dollfuß verbot 1934 die Sozialdemokraten und Nationalsozialisten. Beide Parteiorganisationen bestanden jedoch bewaffnet im Verborgenen weiter und führten ihr hetzerisches Werk fort. Die österreichischen Nazis hatten dabei kräftige Unterstützung aus Deutschland. Dollfuß wurde bei einem gescheiterten Putschversuch ermordet. Der Südtiroler Kurt Schuschnigg nahm seinen

Adolf Hitler am 3. April 1938 in Graz, auf Paradefahrt durch die „Stadt der Volkserhebung", drei Wochen nach dem „Anschluß"

Platz ein. Er wollte die Unabhängigkeit Österreichs bewahren. Proteste, Märsche und Schlägereien zwischen den Sozialisten, Kommunisten und Nationalsozialisten, die Verletzte zur Folge hatten, nahmen zu.

Nachdem Österreich 1938 dem Deutschen Reich angeschlossen worden war, endeten die Schlägereien abrupt, und das Durcheinander auf den Straßen beruhigte sich. Ordnung und Fackelzüge bestimmten das Straßenbild, abgesehen von katholischen Prozessionen. Es schien, als hätten die Nazis Österreichs Schicksal zum Guten gewendet. Zu guter Letzt kam Klarheit in die Geschicke des Landes. Von Emigration nach dem März 1938 habe ich nichts bemerkt, von der Immigration Reichsdeutscher nach Österreich schon.

Die österreichischen Nazis waren in den 30er-Jahren anhaltend stärker geworden, obwohl sie nach 1934 als „Illegale" deklariert worden waren. Zahlreiche meiner späteren SS-Kameraden, insbesondere meine Vorgesetzten, sowie viele akademische Lehrkräfte am Gymnasium und an der Uni waren längst vor 1938 illegale Mitglieder der NSDAP, der deutschen Nazipartei, geworden. Dann, 1938 hatte Österreich seine Unabhängigkeit verloren. Es war eine deutsche Provinz geworden, mit dem neuen Namen „Ostmark". Den Anschluß begrüßte eine weitgehend mit den Nazis sympathisierende Bevölkerung. Zumindest verhielt sie sich passiv und wartete ab, was geschehen würde. Die Nazis setzten Schuschnigg ab. Er überlebte deren Herrschaft im KZ.

Selbst diejenigen, die den Anschluß mit Skepsis betrachtet hatten, verspürten ein starkes Gefühl von Hoffnung auf Erneuerung. Die Menschen wünschten sich eine stärkere Wirtschaft mit höheren Löhnen und mehr Wohlstand.

Ich denke, die Österreicher hofften, als wiederauferstandene Nation eine Rolle zu spielen, jemand zu sein und erneut internationalen Respekt zu erlangen.

Wir wußten von den fünf Millionen Arbeitslosen, die es 1932 in Deutschland gegeben hatte, und wir hörten vom wirtschaftlichen Aufschwung des Deutschen Reiches unter der Nazi-Diktatur. Einige Jahre später war die Arbeitslosigkeit besiegt. Viele Menschen in unserem Land waren davon beeindruckt. „Der Hitler hat es hinbekommen", sang man von den Dächern. Auf dem Walserberg bei Salzburg wurde die erste deutsche Autobahn auf österreichischem Boden gebaut. Zwischen Wien und Salzburg stehen heute noch, verlassen in Wiesen und Feldern, unfertige Brücken von geplanten Autobahnprojekten. Da der Krieg früher als erwartet begonnen hatte, wurde der Ausbau der Straßen auf die Zeit nach dem Endsieg verschoben.

Die Deutschen übernahmen die Führungspositionen. Egal, wo ich hinkam, überall hörte ich einen ausgeprägten deutschen Akzent. Manche Österreicher waren verärgert, weil die Heimat nicht mehr ihnen allein gehörte. Meine Großmutter blieb kritisch gegenüber den Deutschen. Ihr galten sie als arrogante Wichtigtuer, die in unser Land eingedrungen waren und uns ihre Weltsicht aufdrängen wollten. Sie würden nichts Gutes für unser Land bringen. Im nachhinein erkenne ich, wie viel Weisheit in ihren Ansichten lag.

Graz veränderte sich bereits in den Tagen vor dem Anschluß rasend schnell. Von Februar bis März 1938 waren die Straßen gefüllt mit nationalsozialistischen Demonstranten. Fahnenschwingend zogen sie durch die Straßen, und es kam zu Auseinandersetzungen. Überraschenderweise war die Mehrheit der Demonstranten Akademiker und Studenten.

Am 25. Juli 1938 besuchte der Führer Graz zu einer Siegesfeier und verkündete vor einer jubelnden Menschenmenge, daß unserer Stadt in Anerkennung ihrer frühen Unterstützung des Nationalsozialismus der Ehrentitel „Stadt der Volkserhebung" verliehen werde.

Nach dem Anschluß begann der nationalsozialistische Terror gegen alle diejenigen, die nicht in das Bild der Nazis paßten: politische Gegner, Juden und alle anderen, die von den Nürnberger Rassengesetzen betroffen waren. In Graz betraf das ungefähr zweitausendvierhundert Menschen, die verfolgt, entrechtet und zum Teil in Konzentrationslager verschleppt wurden.

Ich war damals siebzehn Jahre alt, und der Anschluß hatte zunächst wenig Einfluß auf mein Leben. Ich wurde ungefragt zum Bürger des Dritten Reiches. Für Politik interessierte ich mich nicht. Mich beschäftigten vor allem das Gymnasium und meine Affäre mit Resi, die sich ebenso wenig politisch engagierte. Was in Österreich vorging und was hinter den Ereignissen steckte, verstand ich damals nicht. Im März 1938 hatte ich dennoch das quälende Gefühl, daß etwas nicht stimmte.

Nach einiger Zeit trafen die Auswirkungen des Anschlusses auch mich: Es ging uns katholischen Zöglingen an den Kragen. Unser steirischer Gauleiter Siegfried Uiberreither, ein scharfer Kirchengegner, sorgte dafür, daß konfessionellen Schulen wie meinem Franziskaner-Seminar das Öffentlichkeitsrecht entzogen wurde. Er sah den Katholizismus als eine störende Kraft im totalitären nationalsozialistischen Machtanspruch. Internate und kirchliche Krankenhäuser wurden geschlossen.

Hart trafen die Maßnahmen der nationalsozialistischen Diktatur die religiösen Orden, denen die Aufhebung aller Klöster mit Beschlagnahme und Enteignung drohte. Die Nazis sahen eine Gelegenheit finanzieller Bereicherung. Die ersten Hausdurchsuchungen setzten bereits in den Märztagen 1938 ein. Kommissarische Verwalter und Treuhänder wurden bestellt, Vermögen eingezogen, Gebäude konfisziert.

Die Nazis trieben die Ordensleute aus Klöstern und Schulen. Es erfolgte ein Erlaß, der den jeweils zuständigen Schulrat zur Feststellung ermächtigte, ob die Ordensleute in ihrem Religionsunterricht den Zielen der nationalsozialistischen Erziehung gerecht würden. Umfangreiche Beschwerden des Bischofs und des Ordinariats über das schikanöse Vorgehen der Nationalsozialisten gegen die Orden und die kirchlichen Einrichtungen blieben erfolglos.

Die religiösen Gemeinschaften waren durch den Entzug ihrer wichtigsten Wirkungsfelder im Schul- und Erziehungswesen und im Pflegebereich existentiell gefährdet. Die Elisabethinen mußten ihr Grazer Kloster im Jänner 1939 verlassen. Das Grazer Elisabethinen-Spital wurde verkauft. Wertvolle Kunstwerke und Kulturgüter der Elisabethinen übergab die Gestapo dem Joanneum-Museum.

Ich verließ gezwungenermaßen das Seminar und mußte schnellstens eine neue Unterkunft finden. Bis zur Matura blieb noch ein Jahr. Zunächst kam ich privat in einem Dachkämmerlein in der Sackstraße bei Katholiken unter, die sich meiner erbarmten. Später fand ich einen Platz in einem Schülerheim. Nach Niederschöckl wollte ich auf keinen Fall zurück.

Sport, nicht Politik weckte damals mein Interesse. Die Fußball-Europameisterschaft fand in Wien statt, was uns Burschen mit unserer Mannschaft mitfiebern ließ. Im April wurde das Turnier jedoch wegen des deutschen Einmarsches vorzeitig beendet.

Rudolf Caracciola, der Rennfahrer der Mercedes-Silberpfeile, sowie Bernd Rosemeier und Manfred von Brauchitsch waren unsere Idole. Als Österreicher schlug mein Herz allerdings für den Motorradrennfahrer Karl Gall, der leider mit seiner BMW bei den „Isle of Man TT-Races" in den Tod fuhr.

Begeistert war ich 1938 von der erfolgreichen Erstbesteigung der Eiger-Nordwand durch ein deutsch-österreichisches Viergespann. Von unserem Heinrich Harrer hast Du gewiß gehört. Er studierte ein paar Jahre vor mir in Graz, später verbrachte er sieben Jahre in Tibet als Lehrer und Freund des Dalai Lama. Der zweite Österreicher war Fritz Kasparek. Die beiden deutschen Bergsteiger Ludwig Vörg und Anderl Heckmair vervollständigten das Quartett. Nicht umsonst hieß die Eiger-Nordwand die Mordwand, denn Bergsteiger verschiedener Länder hatten an diesem Felsen ihr Leben verloren. Die NS-Propaganda benutzte den Erfolg der vier Bergsteiger und stellte ihn als ein Symbol dar für die gute Zusammenarbeit zwischen den Reichsdeutschen und den neudeutschen Ostmärkern, den ehemaligen Österreichern. Bei einem pompösen Berliner Empfang gratulierte der Führer allen vier Bergsteigern und schüttelte ihnen vor laufender Kamera kräftig die Hände. Ich sah diese Szene eine Woche später in einer Kino-Wochenschau und war zu Tränen gerührt. Mich hat der Bergsport nie gereizt, aber der Mut und das Können dieser Männer machte mich stolz, Deutscher geworden zu sein.

SCHULFREUNDINNEN

Viele der Gymnasiasten denken im späteren Leben gerne an ihre damaligen Mädchenerlebnisse zurück. Einige der Burschen lernten in dieser Zeit ihre erste große Liebe kennen. Andere vergnügten sich mit etlichen Mädchen nacheinander oder gar gleichzeitig.

Ich selbst hatte keine engen Freunde, gehörte keiner Clique an und blieb ein Einzelgänger. Engen Kontakt mit Gleichaltrigen mied ich und empfand ihn eher als belastend. Bei Resi war alles direkt und unkompliziert gewesen. Damit konnte ich umgehen. Resi war warmherzig und zeigte Verständnis, sie akzeptierte mich so, wie ich war. Bei ihr mußte ich mich nicht verstellen. Leider endete unsere Beziehung im Juni 1938.

Obwohl ich ein guter Schüler war, fehlte es mir an Selbstvertrauen. Meine Zurückhaltung wurde von anderen Schülern als Arroganz interpretiert. Das störte mich nicht weiter, und ich versteckte mich hinter der Maske des Elitären. Trotz meiner Schüchternheit nahm ich an mehrtägigen Rad- oder Bergtouren meiner Schulkameraden teil. Bei den Übernachtungen in den Berghütten lernte ich Schülerinnen der parallelen Mädchenklasse kennen. Einige von ihnen schienen mich interessant zu finden, wollten mehr über mich erfahren und verwickelten mich in Gespräche. Obgleich ich mich selbst für gescheit und schneidig hielt, brachten mich diese Begegnungen schnell aus dem Konzept. Ich war gehemmt, unbeholfen, und selbst bei nebensächlichen Themen fühlte ich mich verlegen. Direkte Erzählungen zog ich komplizierten Gedankensprüngen jederzeit vor.

Gelegentlich luden mich Mädchen zu ihren Geburtstagsfeiern ein. Einige wohnten in den noblen Villenvierteln der

Stadt, verbrachten ihre Familienurlaube in Italien oder Deutschland, und in der Einfahrt stand ein geparktes Auto. Die Eltern der Mädchen erkundigten sich neugierig nach meiner Herkunft. Ich log sie an: Mein Vater sei der Geschäftsführer einer Schlächterei in Gratkorn, und ich müsse wegen der Entfernung im Seminar wohnen. Doch selbst diese erfundene Geschichte war den Eltern nicht gut genug, und sie dämmten meine Freundschaft mit ihren Töchtern ein. Nur vage erinnere ich mich an diese Zeit, in der so viel passierte. An die Gesichter und Namen der Freundinnen kann ich mich nicht mehr erinnern.

Ging ich durch die Stadt, klammerten sich Mädchen wie Kletten an mich. Leider endete keiner dieser Flirts im Bett. Sie hatten große Angst vor einer Schwangerschaft. Die katholische Moral interessierte die Hübschen wenig, es war die Furcht, ihren Ruf in der vornehmen Gesellschaft zu verlieren, was sie vorsichtig machte.

An einem heißen Sommertag radelte ich mit einem der Mädchen in einen nahegelegenen Wald. Auf einer kleinen Lichtung stiegen wir ab und legten uns ins Gras. Unerwartet zog sie sich ihr Höschen herunter und hängte es über die Lenkstange des Fahrrads. Neckisch erklärte sie: „Ich benötige ein bißchen frische Luft. Diese feuchte Dschungelatmosphäre tut mir nicht gut." Sie legte sich neben mich und ließ sich von mir anfassen. Ich bekam Lust auf mehr, doch sie bremste mich. Enttäuscht und unzufrieden fuhr ich allein nach Hause.

Bei einer anderen Gelegenheit lud ich eine Gleichaltrige ins Kino ein. Auf unseren Sitzen befummelten wir uns, bis sie meine Hose öffnete und ihren Kopf in meinen Schoß senkte.

Sonnenaufgang über Graz.
Mit Freundinnen spazierte Sepp gelegentlich auf den Schloßberg

Es war fantastisch! Dann wischte sie mich mit einem Taschentuch sauber. Mit dem feuchten Tuch in der Hand lächelte sie mich an, beugte sich vor und flüsterte mir ins Ohr: „Heute abend schnuppere ich daran, wenn ich mich befriedige." Aber am nächsten Tag ging sie mir auf dem Schulhof aus dem Weg. Ich fühlte mich gedemütigt. Was war ich für sie, ein Objekt sexueller Begierde? War ich nichts als eine Trophäe? Würde sie meinen Namen „Sepp" zusammen mit einem Datum und der Notiz „Kino" in ihr Album schreiben?

Im Winter, ein halbes Jahr vor den Abschlußprüfungen, kam eine schüchterne Schülerin auf mich zu. Sie bat mich um Nachhilfe in Latein, da sie riesige Angst habe durchzufallen. Ihre Wohnung teilte sie sich mit ihrer Mutter, die jedoch nachmittags außer Haus arbeitete. In der Wohnung angekommen, legte sich das Mädchen auf die Couch, zog ihren Pullover hoch und entblößte ihre festen, straffen Brüste. „Küß mich", murmelte sie. Ich küßte sie, und das Mädchen begann zu stöhnen. Ihr nackter Oberkörper wand sich geschmeidig unter meinen Händen, und ich befühlte jede ihrer Kurven. Als ich meine Hand tiefer gleiten ließ, hielt sie mich auf. „Nein, bitte nicht", sagte sie, und ich ließ es enttäuscht bleiben. Aufdrängen wollte ich mich ihr nicht und mußte lernen, die Wünsche der Mädchen an ihren Gesten und der Tonlage ihrer Stimme zu erkennen. Das blieb für mich schwierig. Um ihre Ehre zu wahren, gaben sich meine Freundinnen einem Jungen nicht hin, sie versagten sich den letzten Schritt, selbst wenn sie mehr gewollt hätten.

Ehrlich gesagt, hielt sich mein Interesse an meinen Schulfreundinnen in Grenzen. Sie waren zu launisch, zu egozentrisch, und sie spielten Katz und Maus mit uns Burschen. Gespräche mit ihnen waren alles andere als intelligent und bestanden hauptsächlich aus Klatsch und Tratsch über Mitschüler.

Warum mußte es so schwer sein? Lag es an den Mädchen oder an mir? In meinem Kopf sah ich Resi, und es war offenkundig, daß keines dieser jungen Mädchen mich jemals so glücklich machen könnte, wie es Resi gekonnt hatte. Es blieb mühevoll für mich, eine Freundschaft oder Beziehung aufzubauen, weil ich die Gefühle anderer Menschen schwer entziffern und meine eigenen nicht ausdrücken konnte.

Mit dem Ende der Gymnasialzeit vor Augen setzte ich mich ans Murufer und dachte über meine Zukunft nach. Wie weit würde ich es bringen?

MATURAJAHR 1939

Einer der Höhepunkte zu Jahresbeginn 1939 war der gymnasiale Ball. Im Oktober und November nahm ich extra dafür im Stadtteil Geidorf Tanzunterricht. Mit meinen Tanzpartnerinnen brauchte ich mich glücklicherweise nicht zu unterhalten. Sie eng an mich drückend, führte ich sie schweigend über den Parkettboden und wurde ein passabler Tänzer.

Wenn ich in Lend, einem ärmeren Stadtteil auf der anderen Seite der Mur, einen Ball besuchte, konnte ich mit dem Geschwafel und dem Mutterwitz der jungen Arbeiterburschen leider nicht mithalten. Sie erzählten lustige Geschichten, redeten dummes Zeug, lachten über Nichtigkeiten und schienen ihr Leben unbekümmert und sorglos zu meistern. Während ich sie beobachtete, bedrückte es mich, anders zu sein.

Die Matura kam auf mich zu. Bisweilen setzte ich mich ans Ufer der Mur, wo ich Latein lernte oder düsteren Gedanken nachhing. Ich hatte kein Geld, war nicht in einem Sportverein, ging selten ins Theater, und musizieren konnte ich auch nicht. Dazu kam die Schließung meines katholischen Seminars, und obendrein hatte ich den Kontakt zu Resi verloren. Was würde mir die Zukunft bringen? Wie weit könnte ich sie beeinflussen? Würde ich ein Spielball der neuen Mächte werden, unfähig, mich gegen deren Entscheidungen zu wehren?

Heute, dreißig Jahre später, frage ich mich, warum ich damals so jammerte. Bedenke bitte, daß ich erst achtzehn Jahre alt war und mein Leben, so wie ich es kannte, unter meinen Füßen zerbrach. Ich war ein Bauernbub, ein

Mariahilfer Kirche in Graz, Blick auf die Koralpe.
Sepp hatte beschlossen, in Graz zu bleiben und Medizin zu studieren

Vollwaisenkind, das ohne finanzielle und emotionale Unterstützung in einer fremden Stadt lebte. Bald würde ich meine Matura in der Tasche haben. Wie würde es weitergehen?

Im Juni 1939 schloß ich das Gymnasium mit Matura ab. Ich gehörte zu den Besseren des Jahrgangs und könnte die Universität besuchen. Während meiner zwölfjährigen Schulzeit hatte ich viel Freude am Lernen gehabt und gute Leistungen im Sport erbracht. Diese beiden Eigenschaften wurden zu Prioritäten der Nazi-Agenda.

Allerdings belastete mich eine entscheidende Tatsache: Ich stand allein da und kannte niemanden, dem ich mich anvertrauen oder den ich um Rat fragen konnte. Ich fühlte mich unsicher und verloren, obwohl es vielen Achtzehnjährigen so geht. Was nun? Seit Langem hegte ich den Wunsch, eine medizinische Laufbahn einzuschlagen. Anatomie interessierte mich, und ich hielt mich für begabt. Es ging mir darum, Gutes und Sinnvolles zu bewirken und nicht in einem verstaubten Büro mein Dasein zu fristen. Diese nachhaltige Einstellung hatte ich meinen Gesprächen mit Resi zu verdanken.

Das Problem blieb die Finanzierung. Niemals hätte ich dieses Studium selbst bezahlen können. Vielleicht wäre es mir möglich gewesen, eine Beamtenanstellung zu finden, doch diese Idee gefiel mir gar nicht. Um mein Ziel zu erreichen, begann ich nach anderen Wegen zu suchen. Mädchen konnten warten. Jetzt musste ich meine Zukunft schmieden!

Die deutschen Nazis hatten eine neue Ära auch in unserem Land eingeleitet: Hakenkreuze schmückten die Gebäude, das Militär war wichtiger als je zuvor, und auf der Straße wurde an nahezu jeder Ecke salutiert. Die deutsche Ordnung und Gründlichkeit prägten unser Leben. Konnte ich von dieser Wendung profitieren?

Damit nähere ich mich einem Wendepunkt in meinem Leben. Von diesem Zeitpunkt an interessierten sich die Amerikaner in Fort Hunt für meine Geschichte. Die Gründe für das eigene Handeln sind Jahre später, selbst für mich, schwer nachvollziehbar. Damals konnte ich nicht erkennen, wohin mich der Weg führen würde, den ich einschlug.

WAFFEN-SS

Herwig, bevor Du über meine Entscheidung urteilst, versuche bitte, Dich in meine Lage zu versetzen. Ich war erst achtzehn Jahre alt, der Anschluß Österreichs an das Deutsche Reich lag ein Jahr zurück, und die Nazis faßten bei uns überall Fuß. Mir fehlte damals der Überblick. Ich konnte die politischen Ereignisse nicht richtig einordnen. Für Unbeteiligte ist es bequem, aus heutiger Sicht zu urteilen und zu richten.

Eine neue Wendung kam mir zu Hilfe:

> *„SS-Hauptsturmführer Rinech vom 2. Bataillon „Der Führer",
> ein in Graz-Wetzelsdorf stationierter Arzt, dessen Sohn ich im
> Gymnasium kennengelernt hatte, machte mich auf die in Graz zu
> eröffnende SS-Ärztliche Akademie aufmerksam. Dort war auch
> während des Krieges ein Studium möglich, das zur Ausbildung
> von Truppenärzten führte. Als Angehöriger einer SS-Einheit hätte
> ich Fronterfahrung zu sammeln." (handgeschriebener Lebenslauf).*

In meinem jugendlichen Leichtsinn trat ich in die Waffen-SS ein. Daß dieser Schritt dem Pakt mit dem Teufel gleichkam, sollte ich erst viel später erfahren. Für mich war es ein versticktes Böses. Den Versprechungen der Waffen-SS – ein finanziertes Medizinstudium, eine gesicherte Bleibe, Sold und eine schicke Uniform – konnte ich weder widerstehen noch sie durchschauen. Alles, was ich als Gegenleistung erbringen mußte, waren einige Kriegseinsätze an der Front. Wo war das Problem? Hätte ich damals nur Goethes „Faust" besser gelesen!

Zu jener Zeit glaubte ich an die Tugenden des neuen deutschen Menschen: ehrlich, loyal, strebsam und moralisch zu sein. Die Waffen-SS gab vor, diese Eigenschaften zu vertreten, ihr beizutreten erschien mir nicht von überragender

Werbeplakat:
Im September 1939 trat Sepp Salmutter der Waffen-SS bei

Bedeutung. Jahre später wurde mir klar, wie sehr man mich belogen und betrogen hatte.

Ich schob Resis Mißtrauen gegenüber dem Nationalsozialismus beiseite. Erst später, zu Kriegsende, sollte ich noch einmal auf Resi und ihre Abneigung gegen die Ziele der Nazi-Diktatur stoßen. Darauf werde ich später zurückkommen.

Im Oktober 1939 aus der katholischen Kirche auszutreten bereitete mir keine Schwierigkeiten. Im Priesterseminar war ich Zeuge von widerwärtigen Ereignissen geworden und mußte den Annäherungsversuch eines Geistlichen abwehren. Die Frage drängte sich mir auf, auf welchem Auge der liebe Gott blind sei. Wie konnte er derart abscheuliche Verhaltensweisen übersehen? Ich hatte meinen Glauben verloren. Es gab aufopferungsvolle geistliche Seelsorger, die mich von diesem Schritt abhalten wollten. Doch die Zeiten hatten sich geändert, das mußten diese Geistlichen erkennen. Resi hätte nichts gegen diese Entscheidung eingewandt. Allerdings hätte sie meine Beweggründe hinterfragt, um die Ernsthaftigkeit dieses Schrittes festzustellen. Leider trafen wir uns nicht mehr.

Mit Großmutter gab es wegen meines Kirchenaustritts heftige Diskussionen. Sie ging, wie der Rest der Landbevölkerung, jeden Sonntag in die Kirche. Die katholische Kirche übte eine gewaltige Macht aus und nahm entsprechenden Einfluß auf das Leben der Gläubigen; Großmutter glaubte an Gott und alles, was ihr die katholische Kirche verhieß. Aus diesem Grunde konnte sie meinen Kirchenaustritt nicht akzeptieren. Daß ich der SS beitrat, um an der SS-Ärztlichen Akademie Medizin studieren zu können, war für sie zu weit gegangen. Großmutter spürte die Kräfte der Verführung, die der Nationalsozialismus und die Waffen-SS ausstrahlten. Trotz langer und harter Diskussionen zwischen uns änderte ich meine Entscheidungen nicht.

Ebenso versuchte mein Lateinlehrer mich zu überzeugen, der Waffen-SS fernzubleiben. Er erinnerte mich an Senecas Schriften und Heines kritische Essays, die wir gemeinsam ins Lateinische übersetzt hatten. „Heine ist Jude", erklärte er. „Jemand, zu dem man aufschauen kann. Denk daran, Sepp."

Die SS nahm mein Abwenden von der katholischen Kirche mit Genugtuung zur Kenntnis, fühlte sie sich doch als eine Elite mit eigener Weltanschauung. Himmler sollte der SS in den kommenden Jahren mit prächtigen Riten und beeindruckender Symbolik einen pseudoreligiösen Charakter verleihen. Kerzen und Weihrauch wurden durch Fackeln, Fahnen und Märsche ersetzt.

Bei SS-Veranstaltungen unterhielt ich mich mehrfach mit dem Gauleiter Siegfried Uiberreither über Belangloses. Offiziell hatte ich keinen Kontakt zu ihm. Im amerikanischen Fragebogen schrieb ich hierzu:

> *„Er [Uiberreither] war SA-Brigadeführer und Rechtsanwalt, Gauleiter und Reichsstatthalter der Steiermark. Parteimitglied vor dem Anschluß. Wohnhaft in Graz. Mittelgroß, dunkler Teint, schmales Gesicht, Schmisse an der Wange. SA-Führer in der Steiermark vor dem Anschluß. Fanatischer Anhänger Hitlers. Von den Steirern gehaßt" (Fragebogen).*

Ich hoffte, daß meine obige Erklärung in Uiberreithers US-Kartei übernommen würde. Im Mai 1945 war er als nationalsozialistischer Fanatiker verhaftet worden, später trat er in den Nürnberger Prozessen als Zeuge auf und floh 1947 nach Argentinien, um seiner Auslieferung an Jugoslawien zuvorzukommen, wo man ihn als Kriegsverbrecher angeklagt hätte. Einige Jahre später lebte er, angeblich unbehelligt, unter einem Decknamen mit seiner Familie in Sindelfingen bei Stuttgart.

In meiner Vorstellung bestand die SS aus guten, tapferen Männern. Das Gefühl einer unmittelbar bevorstehenden Katastrophe verspürte ich nicht. Zwar glaubte ich nicht alles, was man mir eintrichterte, mitgemacht habe ich aber trotzdem. Die ganze beklagenswerte Wahrheit erfuhren wir alle erst viel später, manches wurde nach dem Krieg durch konfiszierte Dokumente enthüllt.

Nach dem Überfall auf Polen im Dezember 1939 gründete Heinrich Himmler die Waffen-SS, indem er diverse SS-Divisionen zusammenschloß. Die Division aus dem Jahr 1934 bestand aus 120 Soldaten eines kasernierten Sonderkommandos. Ihre Aufgabe war es, die höheren SS- und NSDAP-Führer zu beschützen. Außerdem nahm sie an Razzien wie auch Festnahmen politischer Gegner teil und betrieb eigene Gefängnisse. Ab 1940 wuchs die Waffen-SS zu einer eigenen militärischen Organisation mit 900.000 Mann an. Die 2. SS-Panzerdivision „Das Reich", in der ich als Sanitäter diente, wurde 1940 gegründet und bestand zu Beginn allein aus Freiwilligen.

Im Sommer 1940 wurde die SS dem direkten Oberbefehl des Reichsführers-SS Heinrich Himmler unterstellt. Einheiten der Waffen-SS kämpften an vorderster Front und sicherten eroberte Gebiete, wo sie unzählige Kriegsverbrechen verübten. Auch Wachmannschaften und Betreiber von Konzentrationslagern gehörten der SS an. Am 20. Juli 1944 wurde ein Attentat auf Hitler verübt; es scheiterte. Einige Wehrmachtsoffiziere waren am Mordversuch beteiligt gewesen. Aus diesem Grunde wurden der Wehrmacht zustehende Kompetenzen der Waffen-SS übertragen. Heinrich Himmler wurde damit zum Befehlshaber über das Ersatzheer und die Abwehr.

Die NS-Propaganda präsentierte die Waffen-SS als Elitetruppe mit dem Nimbus der Unbesiegbarkeit. Ihre Mitglieder waren hart, männlich, verwegen, unerschütterlich und treu bis in den Tod. Sie hatten den Ruf, im Krieg draufgängerisch und grausam zu sein. Vor allem gegenüber der Zivilbevölkerung besetzter Länder verhielten sie sich brutal und rücksichtslos.

Zur Ausbildung von SS-Führern errichtete die SS 1934 und 1935 militärische SS-Junkerschulen in Bad Tölz und Braunschweig. 1941 und 1942 war ich Kandidat an beiden Institutionen. Heinrich Himmler war entschlossen, seine Verbände nach und nach zu vollwertigen militärischen Einheiten zu formen, die über schwere Waffen verfügten. Wir Angehörige der SS sollten Adolf Hitler unsere volle Loyalität schwören und uns zu einer rassisch-politischen Führungsklasse entwickeln. Der unerschütterliche Glaube an den Führer und an die arische Überlegenheit wurde uns in der Junkerschule eingeimpft. Dazu kam die Pflicht, dem Deutschen Reich gegenüber loyal zu sein und im Zweifelsfall unser Leben für das Vaterland zu opfern.

Ein Angehöriger der SS mußte erbarmungslos und in der Lage sein, in einem Notfall, sollten die Bedingungen es verlangen, einem kleinen Kind die Kehle durchzuschneiden. SS-Männer wurden scharf gedrillt, wie Rottweilerhunde, indoktriniert und ideologisiert. Dazu kam noch, daß das

Kameradschaftsgefühl hochgepeitscht wurde. Diebstahl an Kameraden wurde mit Erschießen bestraft. Als Gruppe ließen sich SS-Angehörige zu Massakern hinreißen. Hinter den deutschen Linien gab es keine Gnade für Partisanen. Von SS-Gruppen wurden Greuel begangen, die Einzelmitglieder nicht ausgeführt hätten.

Die SS umfaßte sowohl die militärischen Waffen-SS-Divisionen als auch die SS-Totenkopf-Wachsturmbanne, die für die Konzentrations- und Vernichtungslager zuständig waren. Beide Gruppierungen wurden vom Oberkommando der SS befehligt.

Im Nürnberger Prozeß gegen die Hauptkriegsverbrecher wurden alle SS-Gruppierungen als verbrecherische Organisation eingestuft. Ich finde, die Waffen-SS hätte nicht mit den KZ-Wächtern in einen Topf geworfen werden dürfen. Nachkriegspolitiker machten es sich leicht; sie klassifizierten mich übereilt zum Verbrecher, obwohl ich ausschließlich an der Front meinen Dienst geleistet hatte.

Allen Angehörigen der Waffen-SS, so auch mir, wurde die Blutgruppe an die Innenseite des linken Oberarms tätowiert. Während und nach dem Krieg war es ein wichtiges Zeichen, das den Alliierten half, Zivilisten und Wehrmachtsangehörige von Angehörigen der Waffen-SS zu trennen. Ich habe mir diese Tätowierung nie entfernen lassen, denn ich habe mich bis heute für keine Verbrechen zu entschuldigen.

In den ersten Jahren fehlte es der Waffen-SS an gut ausgebildeten Generalstabsoffizieren. Erst im Laufe der Zeit wurde die SS-Führung taktischer und umsichtiger. Glücklicherweise wurde meine Division zu Kriegsbeginn 1940 in Frankreich in keinen Kampfeinsatz verwickelt. In den verschneiten Wäldern der Ardennen im Winter 1944/45 vertrauten wir auf unsere Vorgesetzten. Sie waren mittlerweile kriegserfahren, jedoch oftmals von der politischen Führung zu unnötigen Angriffen gezwungen.

Die zähesten, zuverlässigsten und loyalsten SS-Panzerdivisionen waren:
- 1. SS-Panzerdivision „Leibstandarte SS Adolf Hitler"
- 2. SS-Panzerdivision „Das Reich"
- 3. SS-Panzerdivision „Totenkopf"
- 9. SS-Panzerdivision „Hohenstaufen"
- 12. SS-Panzerdivision „Hitlerjugend"

Zurück zu meinem Leben. Ich möchte Dir beschreiben, ob und inwieweit ich in Machenschaften der Waffen-SS verstrickt war.

SS-ÄRZTLICHE AKADEMIE, 1. TRIMESTER

Nach dem Eintritt in die Waffen-SS und einer achtwöchigen militärischen Grundausbildung wurde ich im Dezember 1939 zum ersten Trimester des Studiums an der Karl-Franzens-Universität Graz zugelassen.

Ich wohnte in der neu errichteten SS-Ärztlichen Akademie am Rosenberggürtel 12 und wurde mit Studienbeginn zum Unterscharführer befördert. Die SS-Ärztliche Akademie hatte die Aufgabe, uns zu Männern zu bilden, die medizinisches Wissen, militärische Zucht und die Ideologie eines politischen Soldaten in sich vereinten. Wir Studierenden waren zugleich soldbeziehende Soldaten. Die Disziplin an der Akademie war hart. Für die kleinsten Vergehen wurden wir streng bestraft.

Später sagte ich aus:

> *„Ich war Student und Offizier zugleich. Es hat mir nie gepaßt. Sie schikanierten uns ständig. Draußen nackt herumlaufen und so ein Blödsinn. So bekam ich meine Nieren- und Blasenerkrankung"* *(handgeschriebener Lebenslauf).*

Für das Medizinstudium besuchte ich die regulären Kurse an der Universität: Anatomie, Physik, Chemie und Geschichte der Medizin. Zusätzlich ein neu eingeführtes Lehrfach: Vererbungslehre und Rassenkunde.

Alle Vorlesungen erforderten meine volle Konzentration. Es wurde weit mehr verlangt als im Gymnasium. Zusätzlich besuchte ich physikalische und chemische Praktika und einen Präparierkurs. Das Lernen bereitete mir Freude.

Morgenappell:
Die Disziplin in der SS-Ärztlichen Akademie war extrem streng

Leider blieb es lediglich bei drei Monaten. Im März wurde ich für weitere militärische Ausbildung und einen darauffolgenden Fronteinsatz abkommandiert.

Waffen-SS, Truppenarzt, Fronteinsatz – das waren die Etappen, die mir den Einstieg in meine heiß ersehnte medizinische Laufbahn ermöglichen sollten. Damals war ich mit meinem Leben zufrieden. Ich fühlte mich erwachsen und wollte mich zum Arzt qualifizieren, der von allen respektiert wurde und sich allen ihm auferlegten Verantwortungen stellte.

Großmutter und Resi hatten überreagiert – mein SS-Eintritt war nicht so schlimm, wie sie es sich vorgestellt hatten. Zumindest noch nicht.

KANONIER

Nach der kurzen, mich begeisternden Studienzeit wurde ich zur Artillerie-Waffenausbildung einberufen. Vom Februar bis zum Mai 1940 diente ich als Kanonier bei der 2. Artillerie-Ersatz-Abteilung in Berlin-Lichterfelde.

„Grundausbildung mit 2./SS Art.-Nr. Ers. Abt. In Berlin/Lichter-felde. Ausbildung zum Kanonen-Schützen" (handgeschriebener Lebenslauf).

Zusammen mit den anderen eingezogenen Rekruten absolvierte ich eine weitere militärische Grundausbildung. Wir mußten über lange Strecken marschieren. In schweiß-treibende Uniformen gezwängt und in schweren Schuhen steckend, stampften wir durch die Gegend. Auf unseren Rücken hingen schwere Rücksäcke und Sturmgewehre, die das Laufen noch mühsamer machten. Zudem waren wir den Schikanen unserer Ausbilder ausgesetzt, die versuchten uns blinden Gehorsam einzurichten. Zwei Monate lang herrschte Ausgangssperre – Kaserne pur.

Ich teilte das Zimmer mit vier weiteren Kameraden. Sie waren zwischen siebzehn und zwanzig Jahren alt und kamen aus allen Ecken des Deutschen Reiches. Es waren derbe Kerle, ohne Matura, Jungs, auf die ich mich verlassen konnte. Egal, ob bei persönlichen Dingen oder den täglichen Übungen, wir hielten zusammen.

Unser Trainingsplan begann mit dem Aufstehen um sechs Uhr morgens; nach einem eiligen Frühstück folgten die Übungen am Geschütz. Diese Übungen konzentrierten sich hauptsächlich auf die Praxis; theoretisches Wissen wurde uns wenig vermittelt. Der Tag war komplett durch-strukturiert und verging schnell. Abends unterhielten uns vor dem Schlafengehen. Natürlich ging es dabei um Weiber. Wer von uns hatte die schärfsten oder wildesten aufs Kreuz gelegt? Trotz aller hierzu berichteten Geschichten war ich mir nicht sicher, ob meine Kameraden tatsächlich sexuelle Erfahrungen gesammelt hatten. Viel wichtiger aber war, daß wir Spaß hatten, beim Erzählen und Zuhören.

Die Artillerie war ein wichtiger Teil der Bodentruppen. Sie hatte die Aufgabe, Installationen und feindliche Artillerie außer Gefecht zu setzen. Man schulte mich am 7,5 cm Infanteriegeschütz IG18. 1927 hatte die Firma Rheinmetall dieses Geschütz entworfen. Von 1932 bis 1945 wurden über zwölftausend dieses Typs produziert. Mit seinen vierhundert Kilogramm Gewicht galt es als ein leichtes Modell. Es war angenehm ausbalanciert und stand, ähnlich einem Ochsenkarren, auf zwei Holzspeichenrädern, die unabhängig voneinander gefedert waren. Die Kanonenrohrlänge betrug einen knappen Meter.

Fünf Kanoniere, vier an der Deichsel und einer von hinten schiebend, konnten das Geschütz auf hartem Boden in Position bringen. Für längere Strecken wurde es entweder von Pferden gezogen oder an ein Fahrzeug angehängt. In der Grundausbildung lernten wir eine Feuergeschwindigkeit von acht bis zehn Schuß pro Minute zu erreichen. Bei guter Kooperation schafften wir im Training, bis zu zwölf Geschosse pro Minute auf ein Ziel in einer Entfernung von dreieinhalb Kilometern abzufeuern. Trotz Ohrenschützern, die ich trug, verspürte ich bei jedem Knall einen Druck auf meinen Trommelfellen. Ich genoß den Lärm und den Geruch der Explosionen.

Das IG18 wurde in den Infanterie- und Schützenregimentern eingesetzt und später in den schweren Kompanien der

Infanteriegeschütz 18:
Kanonier-Ausbildung in Berlin-Lichterfelde, 1940

Infanterie- und der SS-Panzergrenadierbataillone sowie in der Wehrmacht. Seine Reichweite war zwar gering, dennoch zeigte es im Feld hervorragende Resultate, und es war zuverlässig. Trotz des kurzen Rohres konnten wir unter Verwendung von Sprenggranaten leicht gepanzerte Ziele, wie Panzerspähwagen, bis zu einer Entfernung von dreihundert Metern ausschalten. Für den Einsatz zur Panzerabwehr übten wir mit Hohlladungsgranaten. Mit diesen konnte acht Zentimeter dicker Panzerstahl durchschlagen werden. Das war ausreichend, um mittlere Panzer aus geringer Entfernung außer Gefecht zu setzen.

Jede unserer fünfköpfigen Kanonier-Gruppen hatte spezielle Aufgaben: das sechs Kilogramm schwere Geschoß neben dem Geschütz zu positionieren, laden, feuern und die heiße Kartusche zu entfernen. Beim Abschluß unserer Ausbildung ging das so flott, als hätten wir nie etwas anderes bewerkstelligt. Wir benutzten sogenannte getrennte Munition, bei der das Geschoß und die Treibladung getrennt transportiert und erst kurz vor dem Laden zusammengeführt wurden. Die Treibladung bestand aus fünf ringförmigen Teilladungen, die wir einzeln oder alle zusammen benutzen konnten, je nachdem, wie weit das Ziel entfernt lag.

Im tatsächlichen Fronteinsatz mußte der Einschlag observiert und das Geschütz neu auf das Ziel eingerichtet werden. Diese Aufgabe übernahmen entweder der vorgeschobene Beobachter oder ein Oberleutnant mit einem Scherenfernrohr. Er ermittelte, wie weit das Ziel verfehlt worden war, und gab uns über einen Feldmelder die Neueinstellungen vor.

Wegen möglicher Verletzungen oder des Ausfalls eines Kameraden mußte jeder einzelne in allen Positionen seinen

Mann stehen können. Wir lernten, das Geschütz zu zerlegen, zu reparieren und zu warten. Daneben gehörten Taktik, das Lesen von Karten und die Berechnung von Flugbahnen mithilfe von Schußtafeln zu unserer Ausbildung. Der Positionswechsel mußte bei Tag und Nacht schnell und reibungslos laufen. Im Ernstfall wäre dies für unser Überleben wichtig, da der Feind nach einem Abschuß wußte, wo das gegnerische Geschütz positioniert war, und es in Beschuß nehmen würde. Egal, wo man diente, die Gefahr zu fallen war überall gleich. Wie alle Soldaten erhoffte ich das Beste.

FRANKREICHFELDZUG 1940

Von Juni bis September 1940 sammelte ich, nach Abschluß
der Geschütz-Ausbildung in Lichterfelde, meine ersten
Kriegserfahrungen in der 2. SS-Panzerdivision „Das Reich".

*„Frontbewährung in Frankreich als Angehöriger des 13./SS
Art. Reg. (schwere Artillerie, nicht zum Einsatz gekommen)"
(handgeschriebener Lebenslauf).*

Während des Westfeldzuges kämpfte meine Division – und
ich ab Mai 1940 – in Frankreich, Belgien und den Niederlanden an der Seite von Einheiten der SS-Leibstandarte und
der SS-Totenkopfverbände.

Trotz meiner Ausbildung zum Kanonier wurden meine
Dienste in diesem Bereich nicht in Anspruch genommen.
Stattdessen diente ich als Unterscharführer im Sanitäts-
korps. Das bedeutete, daß ich meine Ausbildung zum
Kanonier an der Front nicht umsetzen konnte. Das paßte
mir, da ich einen Sanitäts-Einsatz allem anderen vorzog.
Im damaligen Feldzug, im Sommer 1940, war weder unsere
schwere noch leichte Artillerie in einen Kampf geraten. So
blieb diese Kampagne auch für Kanoniere ohne besondere
Vorkommnisse.

Es war ein herrlicher Sommer, als wir von Südfrankreich
nach Holland vorrückten. Ich war zum ersten Mal im Ausland.
Das Wetter war fantastisch, und vom Krieg bemerkte ich nicht
viel. Es kam mir wie ein bezahlter Urlaub vor! Der Krieg war
nicht so, wie Großmutter ihn vorhergesagt hatte. So hielt
ich meine Entscheidung für richtig. Der Pakt hatte gehalten.

Am Ende des Feldzugs wurden wir sechs Wochen lang in
Amersfoort bei Utrecht in den seit Mai besetzten Niederlanden stationiert.

**SS-Unterscharführer Sepp Salmutter, 1940:
Erste Fronterfahrung als Sanitäter in der
2. SS-Panzerdivision „Das Reich"**

„Besetzung der Niederlande bei Amersfoort"
(handgeschriebener Lebenslauf).

Meine Kameraden und ich hatten eine abenteuerliche Zeit hinter uns. Meine deutschen Kumpel hänselten mich gern mit „Ostmärker" oder „Kamerad Schnürschuh". Diese Bezeichnungen waren eine sanfte Verspottung der Österreicher, die seit dem Ersten Weltkrieg in Deutschland üblich war.

Im Sommer 1940 wuchs meine Hoffnung auf einen langfristigen Frieden in Europa. Vor einem Jahr hatten wir Polen erobert, Ende Juni Frankreich geschlagen und die Engländer aus Dünkirchen heimgescheucht. Für Juni erwartete ich eine Stabilisierung der politischen Lage. Ich hoffte darauf, schließlich mein Medizinstudium fortsetzen und beenden zu können.

SS-ÄRZTLICHE AKADEMIE, 2. TRIMESTER

Nach dem Frankreichfeldzug erlaubte mir die SS, von Oktober bis Dezember 1940 mein Studium fortzusetzen. Die ehemaligen Kommilitonen waren mir im Studienplan ein Jahr voraus, doch hatten sie, im Gegensatz zu mir, geringe Lebenserfahrung und waren ahnungslos vom Leben an der Front. Einige Studentinnen beeindruckte ich, indem ich mich in meinen ausgeschmückten Erzählungen über den Fronteinsatz als schroffer, furchtloser und hartgesottener Haudegen präsentierte.

Die Studienfächer waren ähnlich dem ersten Trimester: Anatomie, Teil II, bei Prof. Dr. Hafferl, Physik bei Prof. Dr. Rumpf, Chemie bei Prof. Dr. Lieb, Zoologie, Botanik und Histologie bei Prof. Dr. Meixner. Zudem nahm ich an Heilkräuter-Exkursionen in der Umgebung von Graz teil.

Wenn es Dich interessiert, Herwig, berichte ich Dir über meine Professoren, denen ich viel verdanke. Sie waren meine Idole. Ehrfürchtig und bewundernd schaute ich zu ihnen auf. Sie waren nahezu ausnahmslos Nazis und bemüht, uns neben fachlichem Wissen die nationalsozialistische Gesinnung näherzubringen. Damals bemerkte ich es kaum. Die Informationen, die ich aus Zeitungen oder dem Volksempfänger erhielt, waren gleichgeschaltet. Mein Gehirn und die meiner Kommilitonen wurden langsam und unbemerkt, Zelle für Zelle gewaschen. Der Nationalsozialismus war der Fortschritt, die Zukunft! Die ehrwürdigen Professoren mani-pulierten uns, sie warfen ihre Netze aus, und ich verfing mich darin.

Die Vorlesung in Anatomie, meinem Lieblingsfach, hielt einer der wichtigsten Vertreter der Wiener Anatomischen Schule,

Professor Dr. Anton Hafferl. Er war ein schlanker Mann mit hoher Stirn und einem beeindruckenden Schnauzer, der beim Vorlesen auf- und abwippte. Er veröffentlichte kritische wissenschaftliche Werke und arbeitete an einem Anatomie-Lehrbuch. Von 1933 bis 1959 war er Ordinarius des Anatomischen Instituts der Universität Graz und wurde von Studierenden hoch verehrt. Er blieb mein Lieblings-professor. Zu jeder seiner Vorlesungen erschien ich früh-zeitig mit respektvoller Erwartung.

Das Studium der Neuinskribierten begann bei Professor Hafferl nicht allein mit einer Einführung in die Anatomie, sondern in das Medizinstudium und den Beruf des Arztes allgemein. Professor Hafferl machte uns klar, welche große Verantwortung dieser Beruf von uns verlange. Wir dürften uns keine Nachlässigkeit oder einen Mangel an Kenntnissen erlauben. Bereits der kleinste Fehler würde Konsequenzen mit sich bringen, im schlimmsten Fall den Tod des Patienten. Die präzise Kenntnis der Anatomie des menschlichen Körpers, das Wissen von der Lage der Muskeln und Nerven, der Form der Knochen und ihrer Fortsätze und Vertiefungen sowie das präzise Wissen von den Gehirnpartien müßten im Laufe des Physikums erlernt werden. Jeder Student und jede Studentin hätten eine Verantwortung für sich selbst und gegenüber der Gesellschaft. Für den Seziersaal verlangte der Professor Respekt vor den Demonstrationsobjekten. Erst nach dem Ende der Naziherrschaft erfuhren wir von der ekelhaften Herkunft seiner menschlichen Präparate!

Die Grazer Universität, vor allem die medizinische Fakul-tät, war zu meiner Studienzeit stark von Nazis und von Nazi-Sympathisanten und Nazi-Mitläufern durchsetzt. Jüdische Wissenschaftler waren zu diesem Zeitpunkt bereits

Studiengang Medizinische Fakultät der Universität Graz

1. und 2. Semester:

Anatomie I + II	Hafferl
Physik I + II	Rumpf
Chemie I + II	Lieb
Chemisches Praktikum	Lieb
Vererbungslehre und Rassenkunde	Pischinger
Histologie	Pischinger
Zoologie	Meixner
Botanik	Weber
Heilkräuterexkursionen	N. N.
Geschichte der Medizin	Moro
Physikalisches Praktikum	Rumpf, Matossi

3. und 4. Semester:

Physiologie I + II	Löhner
Physiologisches Praktikum	Löhner
Anatomie III	Hafferl
Präparier Kurs I + II	Hafferl
Embryologie	Pischinger
Histologisch-mikroskopischer Kurs	Pischinger
Mikroskopische Anatomie	Pischinger
Bevölkerungspolitik	Polland
Physiologische Chemie	Lieb
Chemie der Kampfstoffe	Lieb
Physiologisch-chemisches Praktikum	Lieb
Arbeits- und Wehrphysiologie	N.N.

5. Semester:

Medizinische Klinik	Hoff
Geburtshilfe und gynäkologischer Kurs	Hoff
Chirurgische Klinik	Winkelbauer
Spezielle Pathologische Anatomie	Feyter
Pharma- und Toxikologie I	Blume
Perkussion und Auskultation	Schnetz
Hygiene	Schmidt-Lange
Bakteriologisch - seriologischer Kurs	Schmidt-Lange
Topographische Anatomie	Hafferl

6. Semester:

Chirurgische Propädeutik	Winkelbauer
Geburtshilfe Propädeutik	Hoff
Pathologie und Wehrpathologie	Feyter
Klinische Chemie Kurs	Schrade
Medizinische Propädeutik	Schnetz
Medizinische Strahlenkunde	Leb
Pharma- und Toxikologie II	Blume
Unfallchirurgie und Begutachtungen	Ehalt

Sepp Salmutters Medizinstudium 1. bis 6. Semester

113

vertrieben worden, wobei der NS-Deutsche Dozenten-
bund eine Schlüsselrolle gespielt hatte. Neben der partei-
lichen Gesinnung wurde vor allem die Rassenfrage ein
bedeutender Faktor im Hochschulwesen.

Nachdem Österreich dem Deutschen Reich einverleibt
worden war, avancierte Professor Hafferl zum Vertrauens-
mann des NS-Dozentenbundes. Er war mit dem steirischen
Gauleiter Siegfried Uiberreither und dem Leiter meiner
SS-Ärztlichen Akademie, SS-Sturmbannführer Bernward
Gottlieb, eng befreundet.

In den ersten beiden Trimestern hörte ich Physik I und II
und belegte das Physikalische Praktikum bei Prof. Dr.
Erich Rumpf. Er verlangte von uns, daß wir zu Beginn
der Vorlesung aufstanden und stramm mit gestrecktem
Arm den Hitlergruß leisteten. Dies kam mir an einer
Universität übertrieben vor. Ansonsten waren Professor
Rumpfs Vorlesungen ungezwungen und informell. Neu-
ankömmlingen gegenüber war er stets ansprechbar und
hilfsbereit. Er erinnerte mich an meine Lehrer aus dem
Gymnasium.

Bei Prof. Dr. Hans Lieb belegte ich in den ersten vier Semestern Chemie I und II, Physiologische Chemie sowie Chemie
der Kampfstoffe und besuchte sein physiologisch-chemi-
sches Praktikum. Professor Lieb war introvertiert, doch
erschien er mir trotzdem hilfsbereit. In seinen Vorlesungen
schrieb er in unfaßbarer Geschwindigkeit die schwarze Tafel
mit unendlich variablen Kohlenwasserstoff-Verbindungen
voll. Neben mir stöhnte eine Studentin: „Ich geb's auf."

Es mangelte Professor Lieb nicht an Geduld, doch merkte
man, daß er mit jeder Faser seines Wesens ein Forscher war.

Er war Schüler und Mitarbeiter des Grazer Nobelpreisträgers Fritz Pregl gewesen und hatte an der Entwicklung der Mikroanalyse chemischer Stoffe wesentlich mitgearbeitet. Daß Professor Lieb seinen ehemaligen Lehrer bewunderte, wenn er über ihn berichtete, spürte die Hörerschaft. Er würdigte die Arbeiten von Pregl in den höchsten Tönen, und seine Begeisterung für diesen Mann sprang auf uns Studenten über.

Professor Lieb war Experte für Gase, die im Ersten Weltkrieg Soldaten erblinden ließen und die bis zum Ausbruch des Zweiten Weltkriegs weiterentwickelt worden waren. Deshalb war er für die deutsche Wehrmacht ein gesuchter Fachmann. Nach Kriegsende wurde Prof. Lieb vor Gericht gestellt. Dank seiner anerkannten wissenschaftlichen Kompetenz entkam er einer politischen Strafverfolgung. In Fort Hunt reihte ich Prof. Dr. Lieb in die Liste der Anti-Nazis ein:

> *„Prof. Dr. Hans Lieb, Universitätsprofessor für medizinische Chemie, Graz, Bergmanngasse 24, christlich-sozial, röm.-katholisch (sehr guter Katholik, Kirchgänger trotz Anfeindung)"* (Fragebogen).

Bei Professor Dr. Alfred Pischinger hörte ich in den ersten vier Semestern Histologie sowie Embryologie und nahm an seinem Praktikum, einem histologisch-mikroskopischen Kurs, teil. Seine Vorlesungen galten als ungezwungen und entspannt und waren für uns attraktiv. Mit viel Temperament trug Professor Pischinger seine Schwerpunktgebiete vor, das Herstellen von Schnitten zum Mikroskopieren, das Verstehen und Auswerten mikroskopischer Bilder sowie das Zeichnen derselben. Diese Themen befaßten sich mit unmittelbar Lebendigem und Lebensnahem und fesselten uns ungemein. Im Institut und im Hörsaal herrschte eine frohgemute Stimmung, die uns anspornte, mehr lernen zu wollen. Gespannt folgte ich Professor Pischingers Worten, als er uns die neuesten Erkenntnisse über die Zelle und ihren Kern vermittelte. Er forschte im Bereich der Färbetechnik. Ihm gelang es erstmals, die physikalisch-chemischen Vorgänge bei histologischen Färbungen exakt zu erfassen. Auf diese Weise wurde er zum Begründer der Histochemie.

Im ersten Trimester belegte ich das Fach Vererbungslehre und Rassenkunde, das ebenfalls von Professor Pischinger gelesen wurde. Er war ein engagierter Experte für Rassenhygiene. Mich überraschte es nicht, später zu erfahren, daß er bereits vor 1938 ein illegales Mitglied der NSDAP und später der SA gewesen war. Durch Befolgung der Nürnberger Rassengesetze sollte die nationalsozialistische Rassenhygiene durchgesetzt werden. Wie ich Dir bereits von meiner Zeit in Fort Hunt beschrieben habe, artete die Rassenhygiene in Zwangssterilisation und Vernichtung „lebensunwerten" Lebens aus. Ich selbst erfuhr die Auswirkungen der Rassengesetze und des Eheverbotes, als ich im Februar 1943 die Ehe mit der Halbrussin Gretl Glatz schließen wollte. Auf Grund der Herkunft meiner Braut wurde unsere Heirat vom nationalsozialistischen Rasse- und Siedlungsamt in Berlin provisorisch genehmigt, und die Ehe sollte nach dem Endsieg mittels eines anthropologischen Tests von Gretl von neuem beurteilt werden.

SS-MILITÄRAKADEMIE BAD TÖLZ

Nach dem 2. Trimester an der Grazer Universität wurde ich von Februar bis März 1941 zum Besuch eines Reserveführer-Bewerberlehrgangs an die SS-Junkerschule Bad Tölz befohlen. SS-Junkerschulen waren im Jahr 1936 eingeführte Militärakademien, die als Schulungsstätten der SS die Aufgabe hatten, militärischen Führernachwuchs für die Waffen-SS auszubilden. Neben der militärischen Ausbildung wurde ich in der Etikette unterwiesen, die ein SS-Offizier in der besseren Gesellschaft zu beachten hatte. SS-Junkerschulen waren ein fester Bestandteil des militärischen Elitekonzepts des Reichsführers-SS Heinrich Himmler. Sein Befehl lautete:

„Jeder Truppenarzt der Waffen-SS muß eine Ausbildung an der SS-Offiziersakademie absolvieren" (Fragebogen).

Die im Herbst 1936 von Adolf Hitler in Bad Tölz eingeweihte SS-Junkerschule war die erste ihrer Art. Seit Sommer 1937 bestand eine zweite SS-Junkerschule in Braunschweig.

Unser Stundenplan sah wie folgt aus: Taktik, Gelände- und Kartenkunde, Gefechtsausbildung, Ausbildung an der eigenen Waffe, allgemeiner praktischer Truppendienst, Waffentechnik, Schießausbildung, Exerzieren. Hinzu kamen weltanschauliche Erziehung, Heerwesen, SS- und Polizeiwesen, Verwaltungswesen, Leibesübungen, Waffenlehre, Pionierlehre, Nachrichtenlehre, Panzerlehre, Kfz-Wesen, Sanitätswesen und Luftwaffenlehre.

Die Ausbildung der SS-Führungskader war eindeutig politisch ausgerichtet, wir sollten nicht bloß militärisch, sondern auch weltanschaulich gedrillt werden. Hierzu wurden in den Lehrfächern Germanische Geschichte und Arische Rassenkunde die Grundzüge der sogenannten „Großdeutschen Lebensraum-Philosophie" vorgetragen, die darauf zielte, große Teile Osteuropas unter die deutsche Herrschaft zu bringen. Jedes Lehrfach war von nationalsozialistischer Ideologie durchsetzt. Selbst die sportliche Ausbildung war davon betroffen, sie sollte unsere Bereitschaft zum Angriff stärken.

Die Lehrgangsteilnehmer, SS-Junker genannt, wurden nach rassischen Gesichtspunkten ausgewählt. Nur Burschen unter 23 mit mindestens 1,72 Meter Körpergröße und keine Brillenträger konnten der SS beitreten. Ein Gesundheitszeugnis und ein Arier-Nachweis, der die arische Herkunft bis ins 18. Jahrhundert belegte, mußte beigebracht werden. Meine mütterlichen Vorfahren stammten alle aus dem kleinen Ort Semriach und waren dort über Generationen hinweg seßhaft gewesen. Die Herkunft meines Vaters ließ sich nicht feststellen. Es schien allerdings ausgeschlossen zu sein, daß ein Fremder, ein Nichtarier, sich in diesem kleinen Ort hätte lange genug aufhalten können, um meine Mutter zu schwängern. So wurde davon ausgegangen, daß er ein Arier sein mußte.

Um in eine SS-Junkerschule aufgenommen zu werden, waren keine besonderen Fähigkeiten erforderlich, sportlich mußte man sein. Viele der Lehrgangsteilnehmer hatten nicht mehr als einen allgemeinen Volksschulabschluß. Ausgebildete Offiziere der Waffen-SS sollten primär eine militärische und rassische und nicht eine akademische Elite darstellen. Die SS-Junkerschulen waren nicht angesehenen Offiziersschulen wie der amerikanischen United States Military Academy in West Point oder der englischen

**Exerziermarsch durch das Haupttor
der SS-Offiziers-Junkerschule im bayrischen Bad Tölz**

Royal Military Academy in Sandhurst gleichzusetzen, wo ein Matura-Abschluß vorausgesetzt wurde.

Technische Fächer wurden in der SS-Junkerschule auf einem hohen, anspruchsvollen Niveau gelehrt. Die ideologischen Fächer, wie Arische Rassenkunde und Germanische Geschichte, verlangten mir wenig ab, und ich durchschaute ohne Mühe die Nazi-Propaganda. Um meine Vorgesetzten nicht zu irritieren, hielt ich meine Gedanken zurück.

Es war ein Privileg, eine SS-Junkerschule besuchen zu dürfen, ein SS-Junker sollte sich als auserwählter Elitesoldat fühlen. Extreme Hitler-Huldigung stand auf der Tagesordnung. Sauberkeit und Kurzhaarschnitt, Kameradschaft, Sport und die Einordnung in die SS-Bruderschaft bestimmten unser militärisches Dasein. Die Aufforderung, alle Individualität aufzugeben, empfand ich als kleingeistig. Für mich war dies übertriebene Kameradschaftsdisziplin.

> *„Nun, ich hätte ein guter Gebirgsjäger sein können, aber die SS, das paßte mir überhaupt nicht" (belauscht).*

So wurde ich von der SS-Junkerschule mit dem Verweis gefeuert:

> *„... charakterlich zum SS-Führer nicht geeignet"*
> *(handgeschriebener Lebenslauf).*

Während meiner Zeit an der SS-Junkerschule wurde mir ein dreitägiger Besuch des Konzentrationslagers Dachau befohlen.

> *„Da [Dachau] wurde nur das Gute gezeigt"*
> *(handgeschriebener Lebenslauf).*

Es wurde mir nahegelegt, in diesem Konzentrationslager einer dauerhaften wissenschaftlichen Arbeit nachzugehen. „Zum Wohle der Gemeinschaft", hieß es. Ich hätte mit dieser Arbeitsstelle dem weitaus gefährlicheren Fronteinsatz entgehen können, und ich muß gestehen, daß ich ernsthaft überlegte, dieses Angebot anzunehmen. Ich war versucht gewesen, den Versprechungen, es würde zum Wohle der Menschen und der Wissenschaft geforscht, zu verfallen und dem teuflischen Pakt zu folgen. Von der Menschlichkeit dieser Praktiken im KZ war ich jedoch nicht überzeugt – ich wußte, daß dort an Häftlingen experimentiert wurde, an Menschen, die einer solchen Forschung niemals freiwillig zugestimmt hätten. Ich meinte, das widerspreche dem hippokratischen Eid, und lehnte ab: „Interessant, aber nein danke."

SS-Junker mußten auf Adolf Hitler einen Eid leisten:

> *Ich schwöre Dir, Adolf Hitler,*
> *als Führer und Kanzler des Deutschen Reiches*
> *Treue und Tapferkeit.*
> *Ich gelobe Dir und den von Dir bestimmten Vorgesetzten*
> *Gehorsam bis in den Tod!*
> *So wahr mir Gott helfe!*

SS-MILITÄRSCHULE LAUENBURG

Obwohl ich bereits im September 1940 zum Unterscharführer befördert worden war, schickte man mich nach dem Rausschmiß aus der Tölzer SS-Junkerschule von Mai bis August 1941 auf die SS-Unteroffiziersschule Lauenburg. Ich reiste gerne und freute mich darüber, daß ich das Deutsche Reich in alle Himmelsrichtungen erkunden konnte. Lauenburg, ein Ort ohne Berge, umgeben von vielen Seen, liegt in Vorpommern. Während des schwülen Sommers badete ich mit meinen gleichaltrigen Kameraden, die aus allen Ecken des Deutschen Reiches kamen, in den umliegenden Seen. Wir verbrachten eine herrliche Zeit.

Nach Lauenburg wurde ich im September und Oktober 1941 für die Ausbildung zum Truppensanitäter nach Oranienburg versetzt. Dort diente ich als Unterscharführer in der SS-Sanitäts-Ersatz-Abteilung und mußte für vier Tage das Konzentrationslager Sachsenhausen-Oranienburg, nördlich von Berlin gelegen, besuchen.

> *„Salmutter ist ein kenntnisreicher med. Offizier, intelligent, kooperativ, gab umfangreichen Bericht über KZ ‚Oranienburg'. Sehr zuverlässig." (Office-Korrespondenz).*

Erneut fragte man mich, ob ich nicht als Arzt in diesem KZ bleiben und arbeiten wolle. Erneut lehnte ich ab.

SS-Unteroffiziersschule in Lauenburg in Ostpreußen, 1941: heißer Sommer, freie Natur mit Badeseen

SS-MILITÄRAKADEMIE BRAUNSCHWEIG

Mitten im Krieg mangelte es der Zivilbevölkerung an vielem, jedoch nicht dem Militär. Auf Kosten des Deutschen Reiches fuhr ich von Militärschule zu Militärschule, erst nach Lichterfelde, dann Bad Tölz, weiter nach Lauenburg und Oranienburg. Von November 1941 bis April 1942 besuchte ich die SS-Junkerschule Braunschweig im dortigen Schloß, direkt am mittelalterlichen Schloßplatz. Ohne daß es mir damals tief bewußt war, hatte meine katholische Zöglings-Erziehung bewirkt, daß ich mich unterordnete. Ich lernte Enthusiasmus, Verehrung des Nationalsozialismus und enge Kameradschaft vorzutäuschen, und schloß so die Offiziers-ausbildung am 2. April 1942 mit

> *„zum SS-Führer im Sanitätsdienst geeignet"*
> *(handgeschriebener Lebenslauf)*

erfolgreich ab. Mit einundzwanzig Jahren war ich nach mehr als einem Jahr militärischer Ausbildung zu guter Letzt ein SS-Offizier! Die offizielle Beförderung zum SS-Standartenjunker folgte im Februar 1942 und die zum SS-Standartenoberjunker im April 1942, was einem Oberfähnrich gleichkam.

Zur Ausbildung an der SS-Militärakademie Braunschweig gehörte eine zweitägige Exkursion in das KZ Buchenwald bei Weimar. Es war bereits das dritte Konzentrationslager, das ich besuchen mußte, und es wunderte mich nicht, daß man mir auch hier eine Dienststelle anbot. Eine saubere, gut ausgestattete Abteilung wurde mir präsentiert, in der medizinisches Personal seinen Aufgaben nachging. Der Kommandant versicherte mir, daß hier wichtige Forschung betrieben werde, doch bedrückte mich eine unterschwellige

Abschlußmedaille der SS-Junkerschule Braunschweig:
Beförderung Sepp Salmutters zum SS-Standartenoberjunker

Ahnung, daß etwas an diesem Ort nicht stimme. Ich sah nichts Verwerfliches; es war bloß die Empfindung, daß ich bei Annahme dieses Angebotes die ärztliche Ethik verletzen würde. Ich lehnte erneut ab.

Erst Jahre später erfuhr ich von den schrecklichen Verbrechen in den Konzentrationslagern. Ich war entsetzt und zugleich erleichtert, daß ich keines der mir unterbreiteten Angebote angenommen hatte.

Politische Gefangene, Juden, Homosexuelle, Zeugen Jehovas, katholische Priester, Kommunisten und alle, die nicht in die Nazi-Ideologie passten, waren in den Konzentrationslagern inhaftiert, die ich besuchen mußte. Alle drei Konzentrationslager hatten, im Gegensatz zu jenen in Polen und der Tschechoslowakei, keine Gaskammern, dennoch starben hier viele Häftlinge. Hunger, entsetzliche Arbeitsbedingungen, Krankheiten, medizinische Experimente oder schlichte Grausamkeit rafften die Menschen dahin.

SS-ÄRZTLICHE AKADEMIE, 3. BIS 6. SEMESTER

Von April 1942 bis Juni 1944 durfte ich mein Medizinstudium an der Universität Graz fortsetzen. Endlich konnte ich zwei volle Jahre ohne Unterbrechung studieren. Meine Freude darüber wurde durch eine ständige Unsicherheit getrübt – ich wußte nie, ob und wann man mich an die Front befehlen würde.

Die SS beförderte mich im Juni 1942 in den Rang eines Untersturmführers, vergleichbar mit einem Leutnant. Mit diesem höheren Dienstgrad bezog ich einen höheren Wehrsold. Vom Februar 1943 bis zum Jänner 1944 bekleidete ich an der SS-Ärztlichen Akademie zugleich die Stelle eines Adjutanten und unterstützte den Kommandanten bei Personalentscheidungen und in der Akademieverwaltung.

> *„Bei der halbjährlich erfolgenden Offiziersbeurteilung durch den Kommandanten wurde mein Benehmen als das eines weichen, gemütlichen Ostmärkers beschrieben. Meine SS-Führungsfähigkeit wurde kritisiert. Außerdem wurden mir Verstöße gegen die SS-Kameradschaft vorgeworfen, da ich den größten Teil meiner Freizeit anstatt im Offizierscasino der Akademie mit alten Grazer Bekannten und SS-verpönten Familien verbrachte. Das bereitete mir keinen Kummer, weil ich dadurch hoffen konnte, aus der SS entlassen zu werden, sobald der Krieg vorbei sei"* (Office-Korrespondenz).

So steht es in meiner Akte des US-Nachrichtendienstes. Ich hoffte, nach dem Krieg als Zivilarzt praktizieren zu können und nicht weiter als Truppenarzt dienen zu müssen.

An der Universität belegte ich die Hauptfächer Physiologie, Haut- und Geschlechtskrankheiten, Zahn-, Augen-, HNO-,

Geburts- und Kinderheilkunde sowie Pharmakologie. Ferner studierte ich die Spezialfächer Chirurgische Klinik mit Praktikum, Chirurgische Propädeutik und Unfallchirurgie, auf die ich mich später spezialisieren sollte.

Studenten der Wehrmacht, die sich in kriegswichtige Fächer eingeschrieben hatten, konnten sich für einige Semester oder, mit Glück, für die gesamte Studiendauer vom Frontdienst beurlauben lassen. Ich lernte komplette Studienkompanien kennen, deren Dienstleistende zusammen studierten und anschließend zusammen in den Krieg zogen.

Als Soldat der Waffen-SS trug ich in den Hörsälen eine schwarze Uniform. Mitstudierende reagierten darauf unterschiedlich. Einige beobachteten mich mißtrauisch und hielten sich von mir fern, wann immer es ging. Andere respektierten und bewunderten mich. Im Verlauf gemeinsamer Vorlesungen und Praktika lernte ich einige Studentinnen kennen, die mich zu Filmvorführungen und Veranstaltungen der deutschen Studentenschaft einluden. Eine Bande heißer Nazi-Mädels fand mich in meiner schwarzen Uniform derartig attraktiv, daß sie mich voller Stolz durch die Stadt begleiteten und, wenn es gut lief, abends in meine Akademiebude.

Wegen der Bombenangriffe wurde Graz verdunkelt, trotzdem blieb es nachts sicher. Während des Krieges hielt die sogenannte Volksgemeinschaft zusammen; es kam selten zu Einbrüchen, Straßen- oder Parküberfällen.

Ins Theater ging ich, wenn Stücke von Nestroy gespielt wurden, die mich zum Lachen brachten. Auf die Klassiker hatte ich keine Lust. In meiner Schulzeit mußte ich mich

Ausschuß für die ärztliche Vorprüfung

nach Erlaß des Herrn Reichs-
innenministers vom 31. I. 1941,
IV-d 3784/41/3590-

in ___Graz___

Nr. ___306___ W.Nr. _____

Übersicht 8. XII. 43
5. I. 44

Prüfungsbeginn: _____

über die ärztliche Vorprüfung de Studierenden ___Salmutter Sepp___

geboren am ___31. Jänner 1921___ in ___Semriach, Steierm.___

wohnhaft in ___Graz. Rosenberggürtel Nr. 12.___ Staatsange

Prüfungsfach	Name des Prüfers	Tag, Monat und Jahr der Prüfung	Einzelurteil (in Worten)	Eigenhändige Unterschrift des Prüfers	Anteil
1	2	3	4	5	6
I. Anatomie	Prof.Dr.Anton Hafferl	5/8.43	gut	*[Unterschrift]*	
	Prof.Dr.Alfred Pischinger	7/8.43	sehr gut	Pischinger	
Wiederholung					2 1 x5=
IIa. Allgemeine Physiologie	Prof.Dr.Leop. Löhner	8.10.1943	nicht er-schienen	Löhner	
Wiederholung		28.I.1944	genügend	Löhner	
					Summe II a + II
IIb. Physiolo-gische Chemie	Prof.Dr.Hans Lieb	8.10.1943	nicht angetreten	Lieb	
Wiederholung		26.I.1944	gut	Lieb	abgerundet 1 x5=
III. Physik	Prof.Dr.Erich Rumpf	27.7.42	genügend	Rumpf	
Wiederholung					3 6 x2=
IV. Chemie	Prof.Dr.Hans Lieb	27.7.1942	genügend	H. Lieb	
Wiederholung					3 6 x2=
Va. Zoologie	Prof.Dr.Josef Meixner	27.7.42	gut	Meixner	
Wiederholung					Summe Va + Vb
Vb. Botanik	Prof.Dr.Rud. Scharfetter	24.7.42	sehr gut	Scharfetter	2
Wiederholung					abgerundet 2 x1=
				Summe	39

Die Prüfung ist bestanden am 28. Jänner 1944 mit dem Gesamturteil: bestanden

Graz, den 28. Jänner

Der Vorsitzende

Pischinger

(Der letzte Prüfungstag ist in der Übersicht zu unterstreichen)

Vordruck zu § 20 d. Best. Wehm. f. ärzte v. 17. 7. 193.
Franz Eher, Berlin W 8, Behrenstr. 27

Bestandene ärztliche Vorprüfungen an der Grazer Universität, 1942 und 1943

andauernd mit Goethe und Shakespeare beschäftigen. Stücke von jüdischen Autoren, die interessant gewesen wären, wurden gar nicht erst aufgeführt. Sie waren verpönt und wurden totgeschwiegen.

Bei trockenem Wetter wanderte ich in kleiner Gruppe in die nahegelegenen Berge. Hier fand ich fernab menschlicher Behausungen Ruhe und Besonnenheit. Während andere die Nächte mit philosophischen Diskussionen über Gott, die Welt, die Vorsehung oder Darwin durchschwatzten, studierte ich lieber oder traf mich mit Freundinnen aus der Provinz. Diese waren – erstmals außerhalb elterlicher Kontrolle – auf der Suche nach Abenteuern. „Leb jetzt, sterben kannst du immer noch!" war das Motto für uns junge Leute, die diese ungewisse Kriegszeit durchlebten.

Auf dem Weg zur Front begleitete ich Kameraden zum Bahnhof. Um unsere Angst zu verbergen, spaßten und lachten wir bis zur Abfahrt des Zuges in Richtung Ostfront. „Nach dem Krieg sehen wir uns gesund und in einem Stück wieder", versprachen wir uns. Dann stiegen meine Kameraden in den Zug, der bald im Nachtnebel verschwand. Bedrückt blieb ich am Bahnhof zurück und blickte ihnen hinterher. In meinem Kopf kamen Bilder blutiger Schlachten auf. Ich bezweifelte, daß wir unser Versprechen halten konnten.

Bei wärmerem Wetter studierte ich im Stadtpark oder versuchte es wenigstens. Ich ließ mich weniger von vorbeispazierenden jungen Mädchen, sondern von um Futter bettelnden Eichhörnchen und Meisen ablenken. Um die Tierchen kümmerte ich mich gern. Sie ließen mich meine Sorgen vergessen, und ich genoß die Zeit, die ich allein im Park verbringen konnte. Hier vergnügte ich mich mehr als bei meinen lärmenden und saufenden Kameraden im Offizierscasino.

Bis zum Sommer 1944 konnten wir uns redlich ernähren, das Kantinenessen war zufriedenstellend; die SS-Ärztliche Akademie versorgte uns mit allem, was wir benötigten. Überdies erhielten wir Lebensmittelmarken, um in Gaststätten feiern zu können. Die Studierenden und jungen Uniformierten, ob Wehrmacht oder SS, waren froh darüber, während des Krieges an der Universität bleiben zu dürfen. Zwar schränkte der Krieg unser Leben ein; trotzdem war es hier weitaus ungefährlicher als an der Front. Wir konnten auf eine berufliche Karriere hinarbeiten. Obwohl ich mit Eifer und Freude studierte, lebte ich in fortwährender Furcht, an die Front zu müssen. Diese Angst wurde leider bestätigt.

GRETL

Herwig, an dieser Stelle möchte ich auf Deine Mutter und ihre Vorfahren näher eingehen. Gretl Glatz wurde am 1. Juli 1921 in Graz geboren. Im Fragebogen von Fort Hunt ordnete ich Gretls Vater, Dr. Hans Glatz, als Nazi-Gegner ein:

> *„Oberarzt Dr. Hans Glatz, Krankenhausdirektor in St. Pölten bei Wien, Mitglied der Freimaurerloge, nicht konfessionell, positiver Widerstand gegen die Nazis. Nach dem Anschluß Österreichs konnte er seinen Direktorenposten erst nach einer gewissen Entlassungsfrist wiedererlangen, nachdem ein Studienfreund von ihm Gauleiter geworden war (Gauleiter Dr. Jury)*"* (Fragebogen).

> * *Im März 1938 trat Dr. Hugo Jury im Rang eines Sturmbannführers in die SS ein. Im April 1938 wurde er zum Reichstagsabgeordneten der NSDAP gewählt. Im Mai 1938 ernannte ihn Hitler zum Gauleiter der NSDAP im Reichsgau Niederdonau. Hugo Jury war ein glühender Verfechter der nationalsozialistischen Rassenpolitik. Er unterstützte die Verfolgung von Juden, Sinti und Roma sowie von geistig oder körperlich Behinderten. Gegen Ende des Krieges rief Jury weiterhin zum bewaffneten Widerstand auf und befehligte persönlich eine Volkssturmtruppe gegen die sowjetischen Streitkräfte. Nach dem endgültigen Zusammenbruch Nazideutschlands, in der Nacht vom 8. Mai 1945, beging Hugo Jury Selbstmord durch Erschießen.   Er galt als einer der Liebhaber der Sopranistin Elisabeth Schwarzkopf.*

Gretls Vater wollte nicht, daß ich seine Tochter ehelichte. Ich stammte nicht aus einer bürgerlichen Familie, und er haßte meine SS-Zugehörigkeit. Von Nazis und SS-Leuten hielt er nicht viel. Für ihn waren wir ungewaschene Radaubrüder und nicht Männer, die seiner Tochter geziemten. Obwohl er die nationalsozialistische Ideologie ablehnte, wurde er ein Nazi-Mitläufer. Um weiterhin Krankenhausdirektor in St. Pölten bleiben zu können, trat er nach Überredung durch Dr. Jury der NSDAP bei.

Hans Glatz hatte in seiner Jugend das Gymnasium in Pettau besucht, das in der damaligen Untersteiermark lag. Vor dem Ersten Weltkrieg absolvierte er ein Freiwilligenjahr bei der K.-u.-k.-Armee in Riva am Gardasee. Er war Sohn wohlhabender Eltern und konnte mit guter finanzieller Unterstützung Medizin in Wien und Berlin studieren. Sein behütetes Leben endete abrupt, nachdem er sich zu Beginn des Ersten Weltkriegs freiwillig zum Militärdienst gemeldet hatte. Im Verlauf schwerer österreichischer Niederlagen in Galizien geriet er in russische Kriegsgefangenschaft.

Die Russische Revolution von 1917 verzögerte Hans Glatz' Heimkehr um Jahre. Die Möglichkeit, früher heimzukommen, hätte sich geboten, doch verzichtete er und ließ stattdessen seinen schwerkranken Freund Lauda heimfahren.

Hans Glatz wurde nach 1917 in die Kämpfe zwischen den bolschewistischen Roten und den loyalen Anhängern des Zaren, den Weißen Garden, verwickelt. Die Roten erkämpften einen Lazarettzug der Weißen, ermordeten die gesamte Besatzung dieses Zuges mitsamt den Ärzten und benannten ihn nach dem ermordeten deutschen Kommunisten Karl Liebknecht. Hans Glatz wurde in das für diesen Zug neu erstellte ärztliche Personal aufgenommen. Während seiner Tätigkeit als Arzt führte er ein Tagebuch, das zu seinem Leidwesen ihm ein mißtrauischer sowjetischer Kommissar abnahm, bevor er nach Österreich heimkehren durfte.

Im Lazarettzug lernte Glatz die junge Ärztin Maria Bytschkowa kennen, verliebte sich und heiratete sie. Maria war die Tochter eines wohlhabenden russischen Kaufmanns, der sich in Zentralasien niedergelassen hatte. Sie stammte aus Taschkent und hatte in St. Petersburg Medizin studiert.

Als sie meinen Schwiegervater kennenlernte, war sie frisch geschieden.

Nach sechs Jahren russischer Gefangenschaft kehrte Hans Glatz 1920 mit seiner Braut heim nach Leoben. Seine Mutter war entsetzt und forderte ihn auf, diese Frau sofort ohne Verzug nach Rußland zurückzuschicken. Mein Schwiegervater weigerte sich. Ein Jahr später gebar Maria ihm eine Tochter – Gretl.

Hans Glatz, nun über dreißig Jahre alt, beendete sein Medizinstudium in Graz. Er hatte die Wahl, eine Universitätsprofessur anzustreben oder die Leitung des Landeskrankenhauses in St. Pölten zu übernehmen. Mit einer jungen Familie konnte er keiner kläglich bezahlten Karriere nachgehen. Niedergedrückt verwarf er den Plan, in die medizinische Forschung zu gehen; es war ihm keine leichte Entscheidung.

Gretls Vorfahren väterlicherseits stammten aus Gottschee, einer bis 1945 deutschen Enklave in der slowenischen Teilrepublik des heutigen Jugoslawien. Gretls Großvater bereiste als fahrender Händler die Nachbarländer. Schließlich ließ er sich in Leoben nieder. Als Nachbarn ihm den Rat gaben, ein Schild an der Ladenfront anzubringen, damit man das Geschäft schneller finden könne, antwortete er angeblich trotzig: „Das wird nicht nötig sein, wer den Typen von Gottschee sucht, wird ihn schon finden."

Gretls Großvater baute den bescheidenen Leobner Laden zu einem bedeutenden Unternehmen aus: ein Feinkostgeschäft, welches das Enns-, Mürz- und obere Murtal belieferte. Sein Käsehandel führte ihn bis nach Ungarn.

Gretls Mutter, Maria Bytschkowa, Medizinstudentin in St. Petersburg, Rußland, 1912

Gerti, die zweite Gattin des Dr. Hans Glatz, Gretls Stiefmutter

Urkunde - Anerkennung 25 Jahre treuer Dienste und Übergabe des silbernen Treudienst-Ehrenzeichens im Namen des Führers

Um Krankenhausdirektor bleiben zu können, trat Gretls Vater Dr. Hans Glatz nach dem „Anschluß" Österreichs der NSDAP bei

Als wohlhabender Mann erwarb Gretls Großvater Häuser im Zentrum Leobens. Ein widerspenstiger Charakter war ihm eigen: Selbst als er alt und kränklich geworden war und im Rollstuhl geschoben werden mußte, verscheuchte er mit seinem Spazierstock Passanten, die ihm im Wege standen.

Als die katholische Kirche seine Scheidung nicht akzeptieren wollte, trat er aus. Seine frühere Gemahlin, Gretls Großmutter, war ebenso stur und borniert. Sie ignorierte die Scheidung und bediente weiter im Geschäft wie zuvor. Als er sie nach einigen Jahren ein zweites Mal heiraten wollte, gab sie ihm einen Korb.

Gretls Großeltern hatten drei Söhne. Hans war der älteste, danach kamen Andreas und Karl. Andreas studierte Rechtswissenschaften in Wien und zeugte zwei Söhne; einer fiel 1942 in Stalingrad und der jüngere, Heinz, wurde ebenfalls Rechtsanwalt in Wien. Karl erbte nach dem Tod des Vaters einen Großteil der Liegenschaften in Leoben und das Feinkostgeschäft. Er war geschäftlich weniger erfolgreich als sein Vater und verpachtete das Geschäft schließlich an die Fischrestaurant-Kette „Nordsee". Die imposante Familiengruft auf dem Leobner Friedhof läßt noch heute die Bedeutung der Familie Glatz in ihrer Blütezeit erahnen.

Hans Glatz' russische Frau Maria mußte sich für vier Semester in Österreich immatrikulieren, bevor sie an der Grazer Universität nochmals promovierte. Gretl war acht Jahre alt, als ihre Mutter 1929 kurz nach Eröffnung der eigenen Zahnarztpraxis an einer Infektionskrankheit starb.

Zwei Jahre später heiratete der verwitwete Hans Glatz die schöne und von ihm vergötterte Gertrude, genannt Gerti. Sie war vierundzwanzig und Hans dreiundvierzig Jahre alt.

Sie stammte aus Olmütz in Mähren; nach dem Zusammenbruch der österreichisch-ungarischen Monarchie war sie mit ihren Eltern nach St. Pölten übergesiedelt.

Gerti war weltoffen, erfahren, charismatisch und übernahm nach der Heirat die Familienfinanzen. Für sie war ich ein verachtenswerter Emporkömmling.

Bei ihrer Heirat war Gerti nur dreizehn Jahre älter als ihre elf Jahre alte Stieftochter Gretl. Beide kamen von Anfang an nicht gut miteinander aus, da Gerti unvorbereitet auf die überraschende Rolle einer Stiefmutter die Ehe geschlossen hatte. Nach einem Jahr Ehebund gebar sie 1934 Gretls Halbschwester Annemarie. Bis Anfang 1945 wohnte die kleine Familie in St. Pölten in der Direktorenwohnung des Landeskrankenhauses.

Gerti schaffte es, ihren Mann davon zu überzeugen, daß es für Gretl das Beste sei, in Graz bei den katholischen Ursulinen das angeschlossene Gymnasium zu besuchen. Damit hatte sie ihre unliebsame Stieftochter aus dem Haus. Von Zeit zu Zeit besuchte Gretl ihre Familie in St. Pölten, wo auch während des Krieges frohe Feste gefeiert wurden.

Wegen ihrer langen Abwesenheit von zu Hause, der ewigen Streitereien mit der Stiefmutter und ihres pubertären Starrsinns fühlte sich Gretl von Gerti mehr und mehr aus der Familie gedrängt. Trotzdem unterstützte ihr Vater sie finanziell während des Studiums und noch nach dem Krieg.

Nach ihrer Matura entkam Gretl den katholischen Ursulinen, blieb in Graz und begann ein Medizinstudium. Hier lernte ich sie, ein gut behütetes, bürgerliches Mädchen, kennen – sie war noch Jungfrau.

HEIRAT

In Fort Hunt wurde ich zu meiner Ehe befragt. Im „Moral Questionnaire" schrieb ich damals:

> „Einreichung eines Gesuchs um Genehmigung der Heirat mit Fräulein Gretl Glatz, Studentin der Medizin, Tochter des Obermedizinalrats Dr. Hans Glatz aus St. Pölten bei Wien und seiner Frau Maria, geborener Bytschkowa aus Taschkent, Turkestan, Rußland.

Meine Braut konnte den geforderten Nachweis ihrer arischen Abstammung mütterlicherseits nicht erbringen, und ich litt unter ständigen Vorwürfen meiner SS-Vorgesetzten und SS-Kameraden wegen meines SS-ungemäßen Verhaltens in der Heirats-Angelegenheit.

> Das SS-Rasse- und Siedlungshauptamt Berlin wollte meine Braut einer anthropologischen Untersuchung unterziehen. Ich bestand darauf, meine Braut zu heiraten, und bat als Konsequenz um Entlassung aus der SS. Daraufhin intervenierte der Kommandant der SS-Ärztlichen Akademie und erreichte, daß ich vorläufig heiraten dürfe, ohne den Beweis der arischen Abstammung meiner Braut erbracht zu haben. Ich wurde aber darauf hingewiesen, daß sofort nach Kriegsbeendigung dieser Nachweis zu erbringen sei, anderenfalls unsere Ehe ungültig erklärt werden würde." (Office-Korrespondenz).

Alles gelogen. Meine Lüge sollte helfen, mich als einen unwilligen Nazi-Mitläufer zu identifizieren. Die Amis konnten mir ohnehin nicht das Gegenteil beweisen. Ich sprach von einer Liebesheirat, die sich über die Rassengesetze hinwegsetzte, ich mußte schließlich meine Haut retten! Die Nürnberger Prozeßvorbereitungen waren in vollem Gange, und ich war als Mitglied einer Verbrecherorganisation eingestuft worden.

Verehelichung in Wien am 27. Februar 1943
Hans Glatz, Karl Glatz, Gretl und Sepp Salmutter

Was würde mir passieren? Den Amerikanern berichtete ich, daß ich versuchte, der SS zu entkommen, indem ich mich zu meiner Braut bekannte. In Wirklichkeit war ich dem Pakt mit dem Bösen verpflichtet, den ich bewußt eingegangen war. Zu jener Zeit hatte ich alles den Vorteilen untergeordnet, welche die SS mir bot. Um die Liebesheirat glaubwürdiger zu schildern, berichtete ich nichts über Dich, Herwig, und darüber, daß Du nur sieben Tage nach unserer Hochzeit auf die Welt kamst. Hätten die Amis diesen Sachverhalt herausgefunden, hätte ich die späte Heirat mit einer langsam arbeitenden Nazibürokratie während der Kriegsjahre erklärt.

Die Wahrheit war eine andere! Nach meiner Rückkehr von der SS-Junkerschule in Braunschweig im April 1942 setzte ich mein zweijähriges Medizinstudium in Graz fort. Währenddessen wohnte ich in der SS-Ärztlichen Akademie. Ich hatte viele Freundinnen, Gretl war eine von ihnen. Wir vergnügten uns ein paar Wochen miteinander.

Jedem Stundenten [in der SS-Akademie] wurde erlaubt einmal wöchentlich einen weiblichen Gast über Nacht in seine Schlafkammer einzuladen. (belauscht).

Ich brachte beinahe jedesmal ein anderes Mädchen mit. Meine letzte Begegnung mit Gretl lag drei Monate zurück, und ich hatte sie bereits vergessen, als sie sich unerwartet bei mir meldete und andeutete, daß sie von mir schwanger sei. Ich war fassungslos. So nahm alles seinen Lauf.

Unter diesen Umständen hatte Gretls Vater nichts mehr gegen meine Einheirat in die Familie Glatz einzuwenden, wenngleich er mich nicht leiden konnte. Meinerseits wollte ich mein Junggesellendasein noch nicht beenden, doch schließlich gab ich dem auf mich ausgeübten Druck nach.

ᛋᛋ-ärztliche Akademie
Der Kommandeur

Graz, den 4.Januar 1942.

Sehr geehrter Herr.Dr. G l a t z !

Erst am 31.Dezember 1942 ist auf vielen Umwegen Ihr
Schreiben vom 21.12. in meine Hände gelangt. Man hat
mir seinerzeit, unmittelbar im Anschluß an den Brief
Ihrer Frau Gemahlin an mich, gemeldet, daß Ihr Fräulein
Tochter keinerlei Wert mehr darauf legt den ᛋᛋ-Unter-
sturmführer S a l m u t t e r zu heiraten. Ich hatte
S a l m u t t e r den strikten Befehl zur größtmöglichen
Beschleunigung der Eheangelegenheit gegeben. Angeblich
bestehen jedoch seitens Ihres Fräulein Tochters Bindungen
zu einem anderen Manne, der auch, wie mir gesagt wurde,
die Tatsache, daß Ihr Fräulein Tochter ein Kind von
S a l m u t t e r erwartet, ohne weiteres mit in Kauf
zu nehmen gewillt ist.

Unter diesen Umständen halte ich es für richtig, sehr geehrter Herr Doktor, daß Sie sich vielleicht zunächst einmal mit Ihrem Fräulein Tochter unmittelbar ins Benehmen
setzen und feststellen, ob die von mir eben geschilderten
Verhältnisse den Tatsachen entsprechen. Ich persönlich
hatte und habe keinerlei keinerlei Veranlassung an der
Wahrheit der mir gemachten Meldung zu zweifeln.

Sollten sich irgendwelche Unstimmigkeiten ergeben, so wäre
ich für eine Benachrichtigung Ihrerseits dankbar, damit
ich dann den erforderlichen Druck auf S a l m u t t e r
ausüben kann.

Mit dem Ausdruck der vorzüglichsten Hochachtung und

            Heil Hitler!

ᛋᛋ-Obersturmbannführer

**Brief des Kommandeurs der SS-Ärztlichen Akademie,
SS-Obersturmbannführer Dr. med. Kaether, an Sepp Salmutters
zukünftigen Schwiegervater Dr. Hans Glatz**

Obgleich Gretl einen älteren Herrn gefunden hatte, der sie heiraten und Dich als sein Kind annehmen wollte, schlossen wir die Ehe.

Mein Vorgesetzter an der SS-Ärztlichen Akademie hatte Druck auf mich ausgeübt, indem er sagte: „Du läßt eine junge Frau mit Kind nicht im Stich!" Insgeheim hoffte ich darauf, mich in Anwendung der Nürnberger Rassengesetze aus dieser Verantwortung herauszuwinden. Zumindest sollte die Heirat nur bis zum Kriegsende legal sein. Dann könne man weitersehen.

All dies habe ich den Amis verschwiegen und zu meinen Gunsten verdreht. Sie akzeptierten, daß ich eine Frau geliebt und geheiratet hatte, die womöglich keine vollwertige Arierin war und daß ich ein Gegner des Nazi-Rassismus gewesen sei.

Am 27. Februar 1943 heiratete ich Fräulein Gretl Glatz in Wien. Gretls Vater Hans Glatz und ihr Onkel Karl Glatz kamen zur Vermählung. Gretls Stiefmutter zog es vor, zu Hause zu bleiben. Sie hielt mich für unwürdig, ihr Stiefsohn zu sein. Ich erschien in SS-Paradeuniform mit hängendem Degen. Gretls Onkel, ein feuriger Nazi, war von meiner Uniform begeistert. Er war der einzige von Gretls Verwandten, der mich leiden konnte. Gretl war hochschwanger und mußte ihren beleibten Bauch unter einem dicken Mantel verbergen. Alle machten gute Miene zum bösen Spiel.

Nach Deiner Geburt, Herwig, wohnte Gretl mit Dir weiterhin in ihrer Studentenwohnung und besuchte, so gut es ging, die Vorlesungen. Ich logierte wie gewohnt in der SS-Ärztlichen Akademie und traf mich mit Gretl mehrmals die Woche. Ich konnte ihr lange nicht verzeihen, daß ich sie wegen der Schwangerschaft heiraten mußte.

FRANKREICHFELDZUG 1944

Im Juni 1944 warst Du fünfzehn Monate alt, und ich hatte das 6. Semester an der Grazer Uni abgeschlossen. Der Befehl, den ich so lange gefürchtet hatte, überraschte mich nicht. Als Untersturmführer kommandierte man mich nach Südfrankreich. Ich sollte als Hilfsarzt am Hauptverbandsplatz der 2. Sanitätskompanie der 2. SS-Panzerdivision „Das Reich" dienen. Als ich Dich das nächste Mal sah, warst Du vier Jahre alt.

Die 2. SS-Panzerdivision „Das Reich" setzte sich aus folgenden Regimentern und Abteilungen zusammen: Panzer-, Panzergrenadier-, Infanterie- sowie Artillerie-Regiment, Flak-, Sturmgeschütz-, Nebelwerfer-, Aufklärungs-, Jäger-, Pionier- und Nachrichten-Abteilung sowie Versorgungseinheiten. Den Divisionen waren Sanitätskompanien zugewiesen, die einem Divisionsarzt unterstanden.

Während meines zweijährigen Studiums hatte meine Panzerdivision einen verheerenden Krieg an der Ostfront geführt. Im Februar 1944 wurde diese Division nach dem brutalen Fronteinsatz zur „Auffrischung" – in der Wortwahl der Armee: „Ersetzen gefallener durch neue Soldaten" – zurück in die Gegend von Toulouse verlegt. Allein für den Transport der gesamten Division waren siebzig Eisenbahnzüge notwendig.

Die Kampfeinsätze und Gewalttaten im Osten hatten die Offiziere und Unteroffiziere brutalisiert. Viele von ihnen waren überzeugte Nationalsozialisten. In der von ihnen gewohnten Vorgehensweise aus dem Vernichtungskrieg gegen die Sowjetunion wollten sie Frankreich in die Knie zwingen. Die SS-Panzerdivision „Das Reich" hinterließ überall, wo sie kämpfte, eine regelrechte Blutspur. Der Kommandeur dieser Division befahl kompromißlose Vergeltungsaktionen gegenüber Partisanen. In diesem Zusammenhang wurde ich mehrmals Zeuge von Vorfällen, die gegen die Genfer Konventionen verstießen. Auch gegenüber amerikanischen Gefangenen habe ich abscheuliche Taten erlebt:

„Wir waren eine Sanitätskompanie, wir sind aus dem Kessel noch herausgerutscht, da kam ein Raketenbomber und bombardierte den Panzerwagen, der da am Wege lag, und dummerweise ist da von unserer Sanitätskompanie einer, der die Raketen herunterkommen hörte, der wußte aber nicht, wo die hinzielen, konnte das nicht sehen, und der lief immer hinter dem Panzerwagen her ... und dadurch ist der in die Raketenbombardierung hineingelaufen. Wir sind von dem Panzerwagen weggelaufen und sind verschont geblieben, denn sie haben uns nicht angegriffen, nicht die Sanitätskompanie, sondern den Ort, wo Panzerkolonnen waren ... Ein paar Minuten später kommen wir dahin, tot war der von unserer Sanitätskompanie. Da wurde unser Obersturmführer so böse. Wir hatten ein paar amerikanische Verwundete mitgeschleppt, die hatten wir mitgenommen, unsere Sanitätskompanie. Und dieser Obersturmführer wollte jetzt sofort Repressalien gegen die Amis. Wenn man objektiv sein will, die Amis haben den Ort bombardiert, unser Sani ist hingelaufen zum Ort und hat dadurch etwas abgekriegt. Allen, die bei unseren Fahrzeugen geblieben waren, ist nichts passiert. Wir waren da im offenen Feld aufgefahren ... Der Obersturmführer hat sofort zwei Amerikaner, einen Offizier und einen anderen, heruntergeholt von unserem Sani-Wagen, wo sie drauf waren auf Stroh, hat sie dort hingeführt an die Stelle, wo unser Sani getroffen wurde, er hatte noch seine Rotkreuzarmbinde gehabt. Er hat dem Ami gesagt, da schaut her, einer vom Roten Kreuz! Eure Kameraden haben den getötet. Dann hat er die beiden Amis umlegen wollen. Zum Glück kam der Hauptsturmführer daher und hat den Obersturmführer gewaltig zusammengeschissen" (belauscht).

SS-Untersturmführer Sepp Salmutter, 1944

Nach der alliierten Invasion in der Normandie am 6. Juni 1944 wurde unsere Division dorthin befohlen. Auf ihrem Weg verübte sie als Vergeltung für den wachsenden französischen Widerstand massive Kriegsverbrechen an der Zivilbevölkerung, die der Kooperation mit der Résistance bezichtigt wurde. Hervorzuheben sind die Verbrechen von Tulle, wo neunundneunzig verdächtige Zivilisten an Laternen und Balkonen aufgehängt wurden, und Oradour, wo sechshundertzweiundvierzig Zivilisten in eine Kirche gepfercht wurden, welche die SS in Brand steckte. Alle Eingesperrten kamen in den Flammen um.

Ich unterstützte weder eine inhumane Kriegsführung noch die Ermordung von Zivilisten. Einer dieser harten SS-Kommandeure tadelte mich:

> *„Ich war als weicher Österreicher bekannt, weil Fanatismus mir nie lag, man ist doch ein kultivierter Mensch, kein Barbar. Mein Kommandeur hat mich angeschissen, weil ich verwundeten belgischen Zivilisten medizinisch geholfen habe, das ist doch rein menschlich! So eine Barbarenbande" (belauscht).*

Meine Taktik, nichts zu hören, zu sehen und zu sagen, begann zu bröckeln. Ich fing an, zu sehen, zu hören und vor allem zu denken. Sagen konnte ich allerdings nichts, meine Vorgesetzten hätten mich in ein Himmelfahrtskommando im Osten versetzt und in den Tod getrieben. Wie lange sollte ich den Pakt mit dem Bösen noch einhalten? Wie konnte ich ihm entkommen? Würde ich jemals mit meinem Gewissen ins Reine kommen? Ich war wie gelähmt.

Während der Schlacht um die Normandie sowie beim Rückzug aus Frankreich und Belgien wurde meine Division pausenlos angegriffen. Wir erlitten erhebliche Verluste an Soldaten und Material, so daß die Division im Oktober 1944 aus Frankreich und Belgien abgezogen und nahe der ehemaligen Reichsgrenze an der Siegfriedlinie, dem Westwall, aufgefrischt werden mußte.

Von Beginn an stand die Waffen-SS bezüglich Personal und Waffenausrüstung in Konkurrenz zur Wehrmacht. Die deutsche Rüstungsindustrie konnte den Bedarf aller Fronttruppen nicht decken. Dank ihrer Verläßlichkeit und Kampfmoral wurde die Waffen-SS bevorzugt beliefert. Die innerhalb der Panzerdivisionen selbständig operierenden schweren Panzerabteilungen der Waffen-SS verfügten mit den hochgeschätzten Tiger- und Königstiger-Panzern über die schlagkräftigsten Panzereinheiten des Krieges. Die Vorzeigeverbände Leibstandarte-SS „Adolf Hitler", meine Division „Das Reich" und die Totenkopfeinheiten wurden zu Elite-Einheiten hochgerüstet.

SS-Verbände waren an Kampfschwerpunkten im Einsatz und erlitten dabei teils gewaltige Verluste. Für die Ausrüstung der SS-Einheiten mußten neue Quellen erschlossen werden und, wenn möglich, wurden alliierte Beutebestände genutzt. So fuhr ich in den Ardennen in einem erbeuteten US-Jeep über die Schlachtfelder, um Verwundete aufzusammeln und ins Lazarett zu transportieren.

Obwohl wir große rote Kreuze auf unsere Jeeps gemalt hatten und damit leicht als Sanitäter erkennbar waren, explodierten überall um uns Granaten. Einmal mußte ich mich auf den Boden werfen. Mit den Armen versuchte ich meinen Schädel zu schützen; ein Granatsplitter traf mich im rechten Oberschenkel, nahe dem Gesäß. Die zwölf

Zentimeter lange Fleischwunde wurde desinfiziert, genäht und verbunden. Das hieß, zwei Wochen lang im Zeltlazarett zu bleiben, Verwundete zu operieren, zu verbinden und zu betreuen. Meine Wunde verheilte unterdessen ohne besondere Komplikationen.

Ende 1944 keimten in mir die ersten Zweifel am Endsieg. Anfang September gerieten wir in heftige Kämpfe mit den im Juni in den Krieg eingetretenen Amerikanern. Viele meiner Kameraden fielen. Wir verloren unsere schweren Waffen. Die Amerikaner bombardierten uns täglich; unaufhörlich und unerbittlich drängten sie uns zurück.

Die Wehrmacht befand sich in der schwierigen Lage, an zwei Fronten gleichzeitig kämpfen zu müssen. Die Alliierten waren uns weit überlegen. Aachen war die erste deutsche Stadt, die im Oktober 1944 kapitulierte.

Bestimmt interessiert es Dich, Herwig, ab wann ich mit dem Gedanken einer Fahnenflucht spielte. Wann erkannte ich zum ersten Mal die Sinnlosigkeit dieses Krieges? Oder hatte ich Angst, am Ende auf der Verliererseite zu stehen? Wenn Du weiterliest, wirst Du sehen, daß alles viel schneller geschah, als ich erwartete.

SONDERURLAUB

Während meiner Stationierung am Westwall wurde mir im November 1944 ein Sonderurlaub nach Graz genehmigt. Kurz zuvor hatten die Alliierten mit ihren Bombenangriffen dort ausgedehnte Zerstörungen angerichtet. Meine Familie sollte ich in Sicherheit bringen und mich nach einer neuen Wohnung umschauen. Ich reiste in Uniform.

Am Kölner Bahnhof bestieg ich den Zug nach Graz, der auf die Minute pünktlich einfuhr. Wenn die Deutschen eines beherrschten, dann war es Organisation! Während der Fahrt kam ich problemlos an Essen und Wasser; problemlos schlief ich im Zug. Ich war dreiundzwanzig Jahre alt und froh, noch am Leben zu sein. Meinen Soldatenausweis trug ich bei mir, da er für mich das gesetzlich vorgeschriebene Ausweisdokument darstellte. Darin waren Grund und Zeitraum meiner Reise angegeben: zehntägiger Heimaturlaub von Köln nach Graz und zurück.

Am Grazer Hauptbahnhof ausgestiegen, bot sich mir ein Bild der Verwüstung. Zerstörte Häuser, Straßen, die von den Bomben aufgerissen worden waren, und Leute, die in dreckigen Kleidern versuchten, eine Art von Ordnung in die Trümmer und den Schutt zu bringen. Die Amerikaner wollten mit den Bombardierungen ihre eigene Macht und die Schwäche der deutschen Verteidigung demonstrieren. Graz war die am stärksten angegriffene Stadt Österreichs. Wenn die Alliierten ihre Bomben über den Flugzeugwerken in Wiener Neustadt wegen Wolkenbedeckung nicht abwerfen konnten, bogen sie nach Graz ab und lieferten dort ihr Feuerwerk.

> *„Bombenschäden sind die Folge des Angriffs vom 1. November 1944. Das sah der Häftling während seines Urlaubs in seiner Heimatstadt"* (Office-Korrespondenz).

In Graz war ich für ein paar Tage der Front entkommen. Wie sollte es danach weitergehen? Noch fand ich keinen für mich geeigneten Plan, mich der Waffen-SS zu entziehen, um den Krieg zu überleben. Ich versuchte, meine Gedanken und Zweifel beiseite zu schieben und die freigestellten Tage in der Heimat so gut wie möglich zu genießen.

Fünf Tage blieb ich in Graz. Ich suchte nach Deiner Mutter und Dir, Herwig. Wegen Eurer zerstörten Wohnunterkunft konnte ich Euch nicht finden. Um den näherrückenden Russen nicht in die Hände zu fallen, war Deine Mutter mit Dir in westliche Richtung geflohen.

Ich meldete mich bei der SS-Ärztlichen Akademie, um dort ein paar Nächte zu verbringen. Hier traf ich auf Carl Edmund Schlink, SS-Oberführer und Arzt. Ich salutierte, und er fragte mich, ob ich am nächsten Tag um 19 Uhr zum Abendessen kommen könne. Er lade ein paar Bekannte ein und höre gerne von meinen jüngsten Kriegsabenteuern. Ich sagte zu.

Zu Fuß marschierte ich nach Niederschöckl. Es war eine zweistündige Wanderung, die mich vom Maria-Troster Stadtbezirk hinauf zum Sternwirt am Berg und danach hinunter ins Dorf führte. Überall im Dorf herrschte getrübte Stimmung. Alle kampftauglichen Männer waren einberufen worden. Um den Bauern zu helfen, hatte man verschleppte Landarbeiter aus Osteuropa verteilt. Ein minderjähriges polnisches Dienstmädchen arbeitete für meine Großmutter und meinen Onkel, der aufgrund einer Sehschwäche für den Kriegseinsatz untauglich geschrieben worden war. Ich wußte bereits, daß mein von mir angehimmelter Knecht Alois 1940 zum Polenfeldzug rekrutiert worden und zwei Jahre später bei Stalingrad gefallen war. Diese Nachricht hatte mich

SALMUTTER, Sepp
SS Obersturmfuehrer
I./SS Pz Art Regt "Das Reich"
21 Jan '45, GOUVY, Belgium

6 June 1945.

SECRET

Capt. Brown

P/W is a young and intelligent Austrian medical officer who deserted to the American forces. He is most cooperative and friendly. Believed to be very reliable. P/W worked for FID in NAMUR from the latter part of January to 6 April 1945.

(Numbers in parentheses indicate approximate ages.)

Additional Report on PERSONALITIES:

SCHLINK, Carl-Edmund: (40) SS Oberfuehrer and physician. C.O. of the SS Medical Academy in GRAZ from April '44 until the present. Resides at Rosenbergguertel 12 in GRAZ. Party member and fanatical Nazi, but as a human being righteous and honorable. Was always having difficulty with his superior, Brigadefuehrer, Dr. Genzken, of the SS Sanitaets Hauptamt. During the occupation of France, in Toulouse as Div. Surgeon for SS Div "Das Reich." An extremely heavy drinker. Tall, dark blonde, excellent military posture, sabre wounds in face. Last seen November 1944 in GRAZ.

POESCHL, Walter: (55) SS Hauptsturmfuehrer and physician. Director of a course at the SS Medical Academy in GRAZ. Party member prior to the Anschluss. Resides in GRAZ, Zinzendorfgasse. Medium-size, dark, red face, Native Austrian, not active politically. November 1944, still in GRAZ.

OKUSCH, Walter: (37) SS Sturmbannfuehrer and physician. Director of a course at the SS Medical School in GRAZ. Resides in GRAZ in Rosenbergguertel. Party member; 100% Nazi, but known to be extremely stupid. Tall, blonde, blue eyes, heavy-set. Eats and drinks excessively. In November 1944 still in GRAZ.

ERRLINGER, Helmut: (27) SS Obersturmfuehrer and former student at the SS Medical Academy in GRAZ. Received Iron Cross I class while medical officer with Leibstandarte "Adolf Hitler" in Normandy. Party member; resides in Jungfrauengasse in GRAZ. Tall, dark blonde, thin. Speaks Swabian dialect. Stool pigeon for the officers in charge of the academy; watched over and secretly judged fellow students. Father is a high SS officer. Last seen in November 1944 in GRAZ.

SCHIELE, Horst: (27) SS Obersturmfuehrer and medical student at the SS Medical Academy in GRAZ. Party member. Married; resides in Humboldtstr in GRAZ. Very tall, dark blonde; stupid and Prussian. 100% Nazi. Last seen in GRAZ in November 1944.

BAUMECKER, Martin: (29) SS Obersturmfuehrer and physician. Student at the SS Medical Academy in GRAZ. Party member; residence unknown. Tall, dark, soft voice. Lukewarm Nazi; kept postponing taking doctors' exam so he would not be sent to the front. Shipped to front in November 1944.

SS-Offiziere an der Ärztlichen Akademie in Graz im November 1944

für Tage bedrückt. Andere Dorfbewohner trugen Spuren des Krieges. Ein Mann humpelte auf Krücken durch das Dorf; ein Bein war am Oberschenkel abgetrennt.

Großmutter war jetzt gute siebzig Jahre alt. Die Feldarbeit war für sie zu schwer geworden, weswegen sie sich um die Hühner und Hasen kümmerte. Sie war, was ich befürchtet hatte, weiterhin ungehalten darüber, daß ich der Waffen-SS angehörte. Großmutter kochte für uns Polenta, Sterz und Ersatzkaffee. Dabei steckte sie Holz in den Ofen, der die Küche angenehm aufheizte. Das Schweinefleisch hatte sie in der Scheune gelagert, vergraben im Fett, versteckt vor dem Naziverwalter, einem Reichsdeutschen.

Trotz des Krieges bereiteten sich die Dorfbewohner auf das Weihnachtsfest vor. An Frontberichten waren die Nachbarn nicht interessiert. Jetzt hörte man nur noch von Verlusten und Rückzügen und, am schlimmsten, von Bekannten, die gefallen waren. Wie anders war es im Jahr 1940 gewesen, als ich von Erfolgen berichtete und alle von mir wissen wollten, wie es in Frankreich mit den scharfen Französinnen gewesen sei. Das einzige, was die Dorfbewohner jetzt noch interessierte, waren die Nachrichten über ihre Freunde, Familienmitglieder und Bekannte, die auf europäischen Kriegsfeldern dem Vaterland dienten.

Das Dorf Niederschöckl verharrte weiterhin abseits des Fortschritts: gedrungene Häuser mit kleinen Fenstern, kein fliessendes Wasser und kein Strom. Die Dorfbewohner hatten seit Generationen so gelebt und konnten damit umgehen. Ob Krieg oder Frieden, sie verbrachten ihre Tage damit, die Familie zu ernähren, die Kinder aufzuziehen und die Kirchenmesse nicht zu versäumen. Die Niederschöckler stammten aus alteingesessenen Familien. Ihr Leben nahm auch 1944 wie gewohnt seinen unabwendbaren Lauf. Selten ging jemand von hier fort, und selten kam jemand hinzu. Wie überall im Dritten Reich lebten Nazi-Fanatiker Seite an Seite mit jenen, die den Krieg satt hatten.

Am nächsten Tag machte ich mich auf den Weg zurück nach Graz. Es wurde früh dunkel und frostig; Schnee rieselte auf mich herab. Während ich mich der Stadt näherte, ging mir Alois nicht aus dem Sinn. Ich dachte an unsere gemeinsame Zeit in meiner Kindheit und wieviel Gaudi wir zusammen gehabt hatten.

Der Abend, an dem ich zum Essen in Schlinks Haus eingeladen worden war, stand bevor. Ich möchte davon ausführlich berichten, damit Du einen Eindruck erhältst, wie Offiziere mitten im Krieg die Zeit in der Etappe verbrachten und wie sie Ende 1944 dachten.

Schlink wohnte in einem Gründerzeithaus, errichtet in der Mitte des 19. Jahrhunderts am Rosenberggürtel. Es lag Minuten von der Grazer Universität entfernt. Das beeindruckende Stiegenhaus überraschte mit breiten Marmortreppen, die sich um ein offenes, in Säulen gefaßtes Viereck drehten. Jetzt war es hier kalt, doch im Sommer sind solche eleganten Steinstiegen ein Ort der kühlen Erholung. Die Tür wurde mir von Schlinks Frau, einer eleganten Dame im mittleren Alter, geöffnet. „Guten Tag, Herr Untersturmführer. Im Wohnzimmer warten ein paar Herren auf Sie." Nach mir kamen noch zwei weitere Männer; insgesamt waren wir sieben Personen, Ärzte respektive angehende Ärzte. Einige waren in Zivil erschienen, wie der SS-Oberführer Schlink. Andere trugen Uniform. Ich kam in Uniform, da ich nichts anderes anzuziehen hatte. Im Wohnzimmer gab es zunächst Obstschnaps in Stamperln zum Aufwärmen sowie Zigaretten. „Zigarren darf ich in meiner eigenen Wohnung nicht rauchen", erklärte Schlink, „weil meine Frau den Gestank nicht ausstehen kann."

Nach einiger Zeit wurde die Trennwand von einem jungen Zimmermädchen geöffnet. Sie trug eine weiße Schürze über ihrem kurzen dunklen Kleid und Baumwollstrümpfe in der gleichen Farbe. Sie fragte Schlink, ob sie das Essen servieren dürfe.

„Klar", antwortete Schlink und wandte sich uns zu, „das Abendessen hat meine Frau gekocht."

Das Mädchen führte uns in das Speisezimmer und servierte uns Frittatensuppe, gefolgt von Schweinebraten mit Sauerkraut und Salzkartoffeln, dazu auf Wunsch Gösser Bier oder Weißwein, beide im Schnee auf dem Balkon gekühlt. Anschließend brachte sie einen Gurkensalat in steirischem Kürbiskernöl. Zum Nachtisch wurde uns warmer Apfelstrudel mit Vanillesoße serviert. Zum krönenden Abschluß dieses Herrenabends reichte Schlink uns Cognac und Zigaretten.

Carl Edmund Schlink, unser Gastgeber, war ein kräftiger Mann mit dunkelblonden Haaren und vernarbten Schmissen im Gesicht. Er war um die vierzig Jahre alt und sowohl SS-Oberführer als auch Arzt. SS-Oberführer ist ein Offiziersrang, der sich zwischen SS-Standartenführer und SS-Brigadeführer einreiht, ein hohes „Tier" mit Laub im Kragenspiegel und geflochtenem Schulterstück.

Seit April 1944 war Schlink, NSDAP-Parteimitglied und fanatischer Nationalsozialist, amtierender Offizier der

SS-Ärztlichen Akademie in Graz. Er galt als gerecht und ehrenhaft, aber auch als schwer dem Alkohol verfallen. Zu seinem Vorgesetzten, Brigadeführer Dr. Genzkon, vom SS-Sanitätshauptamt hatte er ein problematisches Verhältnis. Erstmals war ich Schlink 1940 während der Frankreich-Besetzung begegnet. Er diente damals hoch über mir als Divisionsarzt in der 2. SS-Panzerdivision „Das Reich".

Zwei Kameraden, mit denen ich mich duzte, saßen mit am Tisch. Der eine war Horst Schiele, ein siebenundzwanzig-jähriger SS-Obersturmführer und Medizinstudent der SS-Ärztlichen Akademie in Graz. Horst, ein großer, dunkel-blonder Preuße, wohnte zusammen mit seiner Frau in der Grazer Humboldtstraße. Er war Mitglied der NSDAP, ein Nazi mit Leib und Seele und hochgradig dumm.

Der andere Kamerad, neunundzwanzig Jahre alt, hieß Martin Baumecker. Er war ebenfalls SS-Obersturmführer und Student an der SS-Ärztlichen Akademie in Graz. Obwohl Mitglied der NSDAP, schätzte ich ihn eher als einen „lauwar-men" Nazi ein. Um dem Frontdienst zu entgehen, zögerte Baumecker seine Promotion fortwährend hinaus.

Wir unterhielten uns über belanglose Dinge. Martin berich-tete über einen Fackelzug zum Adolf-Hitler-Platz, dem früheren Hauptplatz, als Schlink mit einem Weinglas in der Linken laut rülpste. Für einen Moment herrschte peinliche Stille. Dann schlug sich Schlink mit der freien Hand auf die Brust und rief: „Ich erkläre den Basar für eröffnet!"

Wir grölten alle mit, ob aus Befangenheit oder spontaner Freude, kann ich heute nicht mehr sagen. Die Atmosphäre eines Offizierscasinos hatte uns und das Speisezimmer eingenommen. Es fehlte noch, daß einer von uns laut furzte und den Hund beschuldigte, den Schlick gar nicht besaß. Dann wären wir alle dicke Kameraden geworden. Ich gab vor, mich sauwohl zu fühlen und mich in angenehmster Gesellschaft zu befinden. Dabei haßte ich solche Situationen und hatte in der Vergangenheit Casinos wie die Pest gemieden.

Nachdem Schlink mich als eingeladenen Ehrengast um einen Situationsbericht von der Front gebeten hatte, erklärte ich zunächst, warum ich hier war. Wegen des starken alliierten Bombenangriffs suchte ich eine neue Wohnung für meine Frau und meinen Sohn, führte ich aus. Überdies erwähnte ich, daß meine Frau mit dem Sohn bereits an einen unbekannten Ort Richtung Westen vor den Russen geflüchtet sei.

Schlink hob sein Glas und sagte: „Die Engländer und Amerikaner greifen den Bahnhof an, nicht die Wohnviertel hier im östlichen Stadtzentrum. Wir sind in Sicherheit, also trinkt aus!"

Als nächster ergriff Helmut Ehrlinger das Wort, Sohn eines hochrangigen SS-Offiziers, dunkelblond, groß, schmächtig. Mit seinen siebenundzwanzig Jahren war er SS-Obersturmführer, NSDAP-Mitglied und früher Student an der SS-Ärztlichen Akademie in Graz gewesen. Als Offizier der 1. SS-Panzerdivision Leibstandarte „Adolf Hitler" in der Normandie hatte man ihn mit dem Eisernen Kreuz erster Klasse ausgezeichnet. Allerhand, dachten wir! Er wurde verdächtigt, seine Kameraden und Kommilitonen in der SS-Ärztlichen Akademie beobachtet und geheime Berichte über sie erstellt zu haben. Mit schwäbischem Dialekt drohte er: „Wartet, bis mir unsere Vergeltungswaffe habe, dann schmeiße mir die Amerikaner zurück ins verdammte Meer!"

Ich kam auf meine Verwundung zu sprechen. „Im September explodierte eine Granate direkt über mir, und ein Splitter traf meinen Oberschenkel. Dabei hatte ich Glück; der arme Kerl neben mir hat's nicht überlebt."

„Sepp, hängen deine Eier noch ...?", erkundigte sich Schiele. Laut lachend warteten sie auf meine Antwort.

„Ja, ja, funktioniert noch alles."

Danach erzählte ich ihnen von einem Vorfall an der Front, bei dem einer unserer Sanitäter bei einem amerikanischen Bombardement getötet wurde. „Als Vergeltung stellte unser Obersturmführer zwei gefangene Amerikaner an die Wand. Er wollte sie erschießen, aber ein Hauptsturmführer griff ein."

„Na, ich hätte die Amis umgelegt!" bellte Walter Jokusch. Er war ein Angeber, der es liebte, sein großes Maul aufzureißen, um sich als rauher Kerl zu profilieren. Dabei drückte er sich seit langem vor dem Frontdienst. Als SS-Sturmbannführer hatte Jokusch eine hohe Position inne, er unterrichtete an der SS-Ärztlichen Akademie, die ein paar Minuten von seinem Haus entfernt lag. Seine Manieren ließen zu wünschen übrig. Er fraß und soff exzessiv und schluckte sein halbzerkautes Essen nicht einmal hinunter, bevor er mit uns sprach.

„Na, na, Herr Sturmbannführer!" rief Schlink sich zu Jokusch umdrehend. „Schließlich sind wir keine Bolschewiki, und die Hinrichtung von Gefangenen verstößt gegen die Ehre eines jeden Soldaten. Es war allein wichtig, daß sie außer Gefecht gesetzt wurden."

Ich blieb im Gespräch wachsam. Es konnte gefährlich werden, zu viel Kritik an der Kriegsführung zu äußern. Zum Glück blieben meine Gedanken frei, und ich wagte noch zu sagen: „Unsere Luftwaffe schützt uns nur vereinzelt. Der Ami fliegt, wann und wohin er will."

„Diese Yankee-Flieger", lallte Jokusch. Er hatte im Laufe des Abends bereits Unmengen an Alkohol in sich hineinge- schüttet. „Wen wundert das? Der Göring vögelt lieber seine Filmsternchen, anstatt sich um die Luftwaffe zu kümmern. So ein unfähiger Fettsack! Stalingrad hat er damals nicht versorgt, und jetzt hat er bald keine Flugzeuge mehr. Die Amis sitzen schon in Aachen!"

Ich war überrascht, denn die ganze Gesellschaft schien Jokusch, wenn auch nicht offen, zuzustimmen. So weit war es also gekommen; sie suchten einen Schuldigen für den zu erwartenden Zusammenbruch.

Die Eingeladenen kannten sich untereinander gut. Offiziell mußten wir streng an den Endsieg glauben, und so sprach niemand seine Zweifel offen aus. Ich war der Kleinste und Jüngste in dieser Runde. Obwohl mir alle gespannt zuhörten, während ich meine Kriegserlebnisse schilderte, konnte man ihren Gesichtern entnehmen, daß diese Weicheier froh waren, nicht in meiner Haut zu stecken. Ich berichtete von meinem erbeuteten Jeep und daß ich, wenn möglich, verwundete Amerikaner auf die Motorhaube lege, um nicht beschossen zu werden. Von den Beutemedikamenten, besonders dem Penicillin der Amerikaner, informierte ich anschließend die Runde.

An dieser Stelle meldete sich der fünfunddreißigjährige SS-Hauptsturmführer und Arzt Walter Pöschl: „Hört her,

Kameraden! Ich habe aus zuverlässiger Quelle erfahren, daß sie unserem Führer nach dem Attentat auf der Wolfsschanze amerikanisches Penicillin spritzten. Wenn das die Amis wüßten!" Pöschl leitete wie Jokusch einen Studiengang an der SS-Ärztlichen Akademie. Er war Österreicher und der NSDAP bereits vor dem Anschluß beigetreten. Ansonsten betätigte er sich nicht aktiv politisch. Sein rötliches Gesicht wurde von dunklen Haaren eingerahmt.

„Mein Hauptsturmführer", stammelte Schlink, während er sich sein fünftes Glas Rotwein einschenkte, „das ist unter uns Medizinern kein Geheimnis." Dann drehte er sich zu mir: „Herr Untersturmführer, denken Sie beim nächsten Mal daran, eine kleine Packung Penicillin-Ampullen mitzubringen!"

Ich reagierte nicht weiter darauf und fuhr mit meinem Bericht fort: „Während des Rückzugs an den Westwall mußten wir nochmals in Richtung US-Army vorrücken, um eine Division der Wehrmacht aus einer nahezu aussichtslosen Lage zu befreien. Unsere Waffen-SS rettete damit tausende vor der Gefangenschaft."

„Ach, die Wehrmacht ... wären sie wie wir, dann hätten wir diesen Krieg längst gewonnen!" warf Ehrlinger ein. Wir verstrickten uns für eine Weile in eine Diskussion über die Sonderstellung der Waffen-SS.

„Da wir kaum noch in Kontakt mit befreundeten Zivilistinnen kommen, sind Geschlechtskrankheiten rückläufig", fuhr ich fort.

Baumecker grinste schief, als er sagte: „Na ja, so betrachtet kann man das durchaus positiv sehen."

So kamen wir auf meine Frau zu sprechen. „Du brauchst dir keine Sorgen um sie zu machen", beruhigte mich Schiele, „die Mutter-Kind-Betreuung funktioniert bestens. Egal, wohin sie geflüchtet sind, es wird ihnen geholfen werden. Hat sie nicht ihre Eltern in St. Pölten in Niederdonau?"

„Das sehe ich ebenso, Herr Untersturmführer", schaltete Ehrlinger sich gewandt ein. „Eine junge deutsche Frau mit Kleinkind, das ist doch unsere Zukunft! Da wird geholfen. Ihr Sohn wird das Glück haben, im glorreichen deutschen Vaterland seine Bestimmung zu finden."

Der Abend neigte sich dem Ende zu, und ich war froh, als ich Schlinks Haus schließlich verlassen konnte. Ohne Umwege lief ich zurück in meine Unterkunft und legte mich verstört ins Bett. Was für eine irrational-surreale Gesellschaft! Würden wir mit solchen Typen noch den Krieg gewinnen können? Ich zweifelte. Also was tun? Da kam mir nur ein Gedanke in den Sinn.

RESI

Zwei Tage blieben mir noch, bis ich an die Westfront zurückkehren mußte. Mir war klar, mit wem ich diese Zeit verbringen wollte. Als ich vor Resis Wohnungstür stand, rangen
Gefühle der Angst und der Erwartung in mir. Das letztemal
hatten wir uns vor fünf Jahren gesehen. Ich hoffte, daß Resi
mir helfen würde, über meine Zukunft zu entscheiden. Sollte
ich bei der SS bleiben oder desertieren?

Ängstlich klingelte ich. Resi öffnete mir, und für einen
Moment flog ein Hauch von Überraschung über ihr Gesicht,
dann faßte sie sich und eine gewisse Verlegenheit legte
sich über sie. „Resi, darf ich dich besuchen?" fragte ich. Sie
zögerte, bevor sie mich hineinbat. „Du kannst deine Uni-
formjacke, die Kappe und deinen Ranzen im Vorraum lassen.
Ich hole dir einen von Karls Wollpullovern; in der Wohnung
ist es kalt."

Wir saßen am Küchentisch; der Herd spendete kaum Wärme.
„Es gibt keine Briketts aus dem Keller zu holen", sagte Resi
schmunzelnd. Sie hielt einen Moment inne, bevor sie fortfuhr:
„Ich bin allein in der Wohnung. Mein Mann kämpft an der
Ostfront und mein Sohn an der Front in Italien. Er ist erst
neunzehn." Resi verstummte für einen Moment, sah aus dem
Fenster und sprach leise weiter: „Ich hoffe, daß er zu den
Amerikanern überläuft. Wenn das draußen jemand hören
würde, könnte ich am nächsten Laternenpfahl hängen, mit
einem Schild um den Hals ‚Zweifel am Endsieg'. So weit hat
dieser verdammte Krieg die Menschen getrieben!"

„Resi, wir haben so lange nicht miteinander geplaudert. Eine
Medizinstudentin wurde von mir schwanger. Ich mußte sie
heiraten, mein Sohn ist zwei Jahre alt. Meine Division ist

zurzeit am Westwall, und ich habe Sonderurlaub bekommen, um mich nach der Bombardierung um meine Frau und meinen Sohn zu kümmern. Aber ich konnte sie nicht finden; sie sind vor den Russen Richtung Westen geflohen. Danach war ich bei meiner Großmutter in Niederschöckl, und jetzt habe ich noch zwei Tage meines Urlaubs übrig."

Ich erinnerte mich zurück an den Sommer 1939, als ich Resi nach langer Pause zuletzt besucht hatte. Karl freute sich damals, mich zu sehen, Resi nicht. Sie hatte mich mit jungen Mädchen durch die Stadt streifen sehen und war enttäuscht, daß ich sie so schnell vergessen hatte. Trotzdem war Resi seinerzeit bereit gewesen, mir zuzuhören.

Ich hatte ihr erzählt, daß ich ein kostenloses Studium an der SS-Ärzte-Akademie antreten könne. Dafür müsse ich eine SS-Uniform tragen, eine militärische Ausbildung absolvieren und nach Uni-Abschluß einige Jahre als Truppenarzt arbeiten. „Halte dich da raus!" hatte Resi mich flehentlich gewarnt. „Wenn du ihnen den kleinen Finger reichst, werden sie dir die ganze Hand abbeißen. Das wird nicht gutgehen." Lange hatte ich über Resis Warnung nachgedacht, entschied mich aber trotzdem, der SS beizutreten.

Resi erfuhr es trotzdem. Obwohl ich in meiner schwarzen Uniform sie ab und zu in der Stadt gesehen hatte, gingen wir einander aus dem Weg. In den fünfeinhalb Jahren ohne Kontakt zueinander war viel passiert: der Krieg mit seinen Gräueltaten, meine Heirat und die Schrapnellverletzung in meinem Oberschenkel.

Resi wurde wütend. Sie stand auf und marschierte vor dem Herd auf und ab, während sie mich anfauchte: „Die Nazis sind

Schlossberg mit Uhrturm

Mörder! Sie haben keine Kultur. Alle liberalen Intellektuellen
sind eingesperrt. Graz wird bombardiert, und ich könnte
jederzeit im Bombenhagel sterben. Wie sieht die Zukunft
meines Sohnes aus? Soll er an der Front zerfetzt werden?
Und das alles wegen feiger Komplizen wie dir! Jetzt sitzen
wir hier in der Scheiße!" Resi schlug die Handflächen auf die
Tischplatte. „Du bist so ein Idiot! Bald wird man mich zwingen, meine Wohnung mit ausgebombten Fremden zu teilen."

Resi pendelte zwischen ihrem Optimismus, daß der Krieg
bald enden würde, und ihrer Angst vor dem, was danach
käme. „Ja, ich habe Angst vor den Russen! Niemand weiß,
was mit uns passieren wird. Ob sie uns in Ruhe lassen oder
nach Sibirien verschleppen werden ..."

Um mich zu rechtfertigen, entgegnete ich: „Ich bin bei den
Sanitätern. Ich rette Leben – auch das von Feinden! Ich ziehe
Granatsplitter aus Bäuchen und hin und wieder muß ich
sogar ein Bein absägen. Glaubst du, das gefällt mir? Ich hätte
mich in einem Konzentrationslager verkriechen können,
weit weg von der Front. Während meiner Offiziersausbildung
mußte ich drei verschiedene Konzentrationslager besuchen.
Jedesmal bot man mir eine Stelle an; stets lehnte ich ab.
Anstatt zu kämpfen, hätte ich in aller Ruhe forschen,
Impfstoffe testen und Experimente an Häftlingen für den
‚Fortschritt der Menschheit' – wie die Nazis es nannten
– durchführen können. Ich wollte das nicht. Ich habe an
unsere langen Gespräche und deine Warnungen gedacht. Da
blieb mir dann nur noch das Militär. Ich will nicht auf den
Feind schießen, auf junge Männer wie ich. Es ist bei Gott
nicht einfach. Beinahe wäre ich selbst draufgegangen, als
mich vor zwei Monaten während des Rückzugs aus Belgien
ein Granatsplitter im Oberschenkel erwischte!"

Es war ein verzweifelter Versuch, mich vor Resi und auch vor mir selbst für meine Taten zu rechtfertigen. Dabei spürte ich, daß etwas in mir zu bröckeln begann. Konnte ich weiterhin meine moralischen Bedenken beiseite schieben, nur der Vorteile wegen? Es dämmerte mir, daß in mir noch eine andere Kraft lag, die langsam wuchs. Genieße den Moment, dachte ich und nahm mir vor, später darüber nachzudenken.

Resi legte ein Soulalbum auf, und ein schwarzer Solist begann zu singen. „Seit ich schwermütig geworden bin, habe ich keine Musik mehr gehört", sagte sie traurig und wiegte den Kopf im Rhythmus der Melodie. Einige Zeit hörten wir beide dem Gesang zu, dann ergriff Resi das Wort: „Ich habe dich geliebt, Sepp. Ich will mit dir abhauen, raus, weg, in ein sizilianisches Bergdorf, wo wir auf einem Balkon in der untergehenden Sonne Tomatensalat in Olivenöl genießen."

Resi strich mit ihren Fingern über meinen Handrücken, dann legte sie ihre Hand in meine. Ich spürte ihre Wärme, und mein Blick traf den ihren. Das reichte aus. Wir rissen uns die Kleider vom Leib, und sie zog mich ins Schlafzimmer.

Danach lagen wir erschöpft, aber glücklich in den Laken. Dieses Mal verbot Resi mir nicht, mit ihr eine Zigarette zu rauchen. „Du bist älter geworden", gab sie zu. „Ich freue mich, daß sich nichts geändert hat." Mit einem Lächeln blickte sie an meinem Körper hinunter. „Vor allem da unten nicht. Zum Glück hat die Granate dir nichts abgetrennt."

Jetzt waren wir ebenbürtig. Ich war der Kindheit und der Pubertät entwachsen und hatte den Krieg erlebt. Resi war unaffektiert, nett, klug und ungezwungen wie damals. Man sagt, daß man die erste Liebe nie vergesse. Doch Resi war für mich mehr als das! Obwohl sie fünfzehn Jahre älter war, hätten wir unter anderen Umständen Partner fürs Leben werden können.

Mit meinen Essenmarken ging Resi einkaufen. Während sie kochte, tranken wir Wasser und Obstschnaps. Die restliche Zeit verbrachten wir im Bett. Am Ende des zweiten Tages packte ich Proviant und Zigaretten in meinen Rucksack und schlüpfte in meine Uniform.

Anstatt mir bis zur Tür zu folgen, blieb Resi in der Küche stehen und lehnte sich an den Herd. „Sepp, paß auf dich auf. Triff die richtige Entscheidung!"

„Warte auf mich, Resi, bitte", flüsterte ich, als ich die Tür zum Treppenhaus öffnete. „Ich nehme dich mit nach Sizilien, und wir bleiben für immer dort", versprach ich ihr. Dann zog ich die Tür hinter mir zu.

Die zwei Tage mit Resi zwangen mich, meine Lage zu überdenken. Hatte sie nicht angedeutet, daß ich zu den Amerikanern überlaufen solle, ohne es offen auszusprechen? War sie so vorsichtig gewesen, weil sie Angst um mein Leben hatte – und um ihres?

Nach dem Krieg suchte ich vergeblich nach Resi. Waren ihr Mann und Karl von den Fronten zurückgekehrt? Wartete Resi auf Sizilien auf mich? Es klingt kitschig, aber so denken und empfinden viele Menschen, wenn sie von der großen Liebe überwältigt werden. So fühlte ich damals, und so fühle ich noch heute.

Ich erwähnte Resi weder in den amerikanischen Verhören noch in meinen Antworten auf den Moralfragebogen.

Es erschien mir besser, an der Geschichte einer Liebesheirat mit einer halb russischen und allenfalls Nicht-Arierin
festzuhalten, und ich habe bis heute niemandem von Resi
erzählt.

Resi war die faszinierendste Frau, die mir je begegnet ist.
Wir fühlten uns magisch zueinander hingezogen. Als wir
uns das letztemal trafen, war ich dreiundzwanzig und sie
achtunddreißig Jahre alt. In jeder Hinsicht wäre sie die
perfekte Frau für mich gewesen.

ENTSCHEIDUNG

Auf der Rückfahrt zur Front am Westwall hatte ich Zeit, über mein Leben nachzudenken. Grübelnd schaute ich aus dem Fenster und nahm unbewußt wahr, wie flache Hügel die Berge ersetzten. Resis Gespräche, die wir vor Jahren geführt hatten, kreisten in meinen Gedanken. Als ich siebzehn war, gab sie mir die Geburtstagsrede von Louis Pasteur, in der er sagte: „Ob das Schicksal die Arbeit eines Mannes begünstigt oder nicht, am Ende seines Lebens sollte er sich sagen können: Ich habe getan, was ich konnte." Während des Krieges konnte mein Leben jeden Moment vorbei sein. War mein Ende nahe? Ich fragte mich, ob ich alles getan hatte, was ich konnte. Wenn ja, war es das Richtige? Ich befragte mich, ob ich schuld sei an den miserablen Umständen meiner Mitmenschen.

Im Zug saß mir ein älterer Mann gegenüber, der seine Augen auf ein Buch gesenkt hielt. Ab und an schaute er auf und ließ seinen Blick kurz über mich oder aus dem Fenster schweifen. Er schien sich nicht an meiner SS-Uniform zu stören, ganz anders als ein Ehepaar, dem ich schon auf meiner Hinfahrt begegnet war. Als sie mich sahen, betrachteten sie mich angewidert, setzten sich und begannen miteinander zu tuscheln, aber laut genug, daß ich hören konnte, wie sie über mich sprachen. Ich ließ mich davon nicht beeindrucken, denn mittlerweile wußte ich, wie ich damit umzugehen hatte.

Während mich der Zug immer näher zu meinem nächsten Fronteinsatz brachte, würgte mich die Ungewißheit. Was würde mit mir passieren? Würde ich überleben? Es war an der Zeit, eine Entscheidung zu treffen.

Ich dachte an mein anfängliches Ziel: die Freiheit. Was war aus ihr geworden? Mein Schicksal hatte mich bisher nie dazu

Familie Salmutter, Weihnachten 1943:
Ehefrau und Kind waren nicht in Sepp Salmutters Plan gewesen

erwählt, wahre Freiheit zu genießen. Meinen Weg durfte ich nicht selbst wählen. Zuerst Zögling im katholischen Seminar bei den Franziskanern, dann die Waffen-SS, bei der ich kaserniert wurde und Befehlen folgen mußte. Seit meiner Kindheit befand ich mich in den Fängen einer Institution. Darin konnte ich nichts Gutes sehen, es behagte mir nicht. Wie lange sollte es noch dauern, bis ich durch eigenes Handeln mein Leben selbst bestimmen konnte?

Das letztemal, vor fünf Jahren, als ich mein Medizinstudium begann, war ich zufrieden gewesen. Ich durfte Medizin studieren, was mich interessierte, hatte keine Lernschwierigkeiten und sah mich in der Rolle eines erfolgreichen Arztes. Doch nach drei Monaten riß mich die SS aus dem Studium. Daraufhin durfte ich mir nicht das Wissen aneignen, nach dem ich strebte, sondern mußte vielmehr eine Kanonierausbildung absolvieren, drei idiotische Militärschulen besuchen und am Frankreichfeldzug teilnehmen. Das alles durchkreuzte mein Studium und entfernte mich weit von meinem Ziel. Obendrein mußte ich mir mindestens einmal im halben Jahr von meinem Kommandanten anhören, daß ihm meine beschauliche und unmilitärische Lebensführung nicht paßte. Gut, ich erhielt ein Offiziersgehalt und freie Unterkunft, aber das war es.

Wäre ich der SS nicht beigetreten, hätte ich weder die Uni noch die Junkerschulen besuchen können und wäre letztlich ebenfalls an der Front gelandet. Warum beschäftigte mich das so, warum dieses Gejammer? Nun, weil ich zurück zur Westfront fuhr! Kanonenfutter für die US Air Force! Wäre ich ein fanatischer Nazi gewesen, bereit, meinen letzten Atem auf dem Schlachtfeld fürs Vaterland zu hauchen, hätte ich einem baldigen Tod mit Trotz entgegengeschaut. Aber so war ich nicht, und ich würde mich nicht für das Dritte Reich opfern wollen. Ich wollte einfach überleben, das konnte doch nicht zu viel verlangt sein!

Der Ernst der Lage wurde mir langsam bewußt; die Gefahr, jung zu sterben, schwebte über mir, und ich durfte über meine verbleibende Lebenszeit nicht frei entscheiden. Ich war Soldat, mußte, ohne zu diskutieren, Befehlen meiner Vorgesetzten gehorchen. Dieses Dasein paßte mir nicht. Resi hatte mich in meiner Gymnasialzeit vor dem Eintritt in eine hierarchische Organisation gewarnt, die mir meine Freiheit rauben würde. Als Soldat konnte ich dem Militär nicht kündigen. Resi hatte leicht reden. Sie wußte nicht, wie tief ich im Dreck steckte. Ich haßte das Soldatenleben, ich haßte es wie die Pest!

Und dann noch Gretl und ein Sohn! Ich hatte eine Frau, die ich nicht liebte, und ein Kind, das nie geplant gewesen war. Auch sie schränkten meine Freiheit ein. Selbst wenn ich unversehrt aus dem Krieg heimkäme, würden beide wie ein Klotz am Bein an mir hängen. All diese Gedanken schwirrten mir im Kopf herum, während der Zug weiter in Richtung Westfront ratterte.

Mit meinem Onkel war ich gut ausgekommen, mit meiner Großmutter weniger. Mit dreiundsiebzig Jahren war sie eine gebrechliche und kränkliche Frau. Die vielen Jahre harter Arbeit hatten ihr einen krummen Rücken beschert. Wegen des großen Altersunterschieds zwischen Großmutter und mir, ihrer Arbeit als Bäuerin von Sonnenauf- bis Sonnenuntergang und meines Umzugs mit zehn Jahren in das Franziskanerkloster hatten wir nie eine innige Beziehung zueinander aufgebaut. Hinzu kamen mein Eintritt in die

Waffen-SS und Austritt aus der katholischen Kirche, womit ich für meine Großmutter einen Schritt zu weit gegangen war. Aber sie war die Frau, die mich aufgezogen und sich um mich gekümmert hatte. Zu ihr spürte ich trotz allem eine starke Bindung und war ihre einzige Hoffnung auf Nachkommen. Mich in die Gedankenwelt meiner Großmutter hineinzudenken und sie zu verstehen fiel mir schwer.

Doch ich unterdrückte ich meine Grübeleien und riß mich zusammen, die schlimmste Schlacht meines Lebens stand mir bevor.

ARDENNENOFFENSIVE UND FAHNENFLUCHT

Im Dezember 1944 wurde ich zum Kampf in der Ardennenoffensive, Deckname „Unternehmen Wacht am Rhein", befohlen. Diese Offensive war der letzte Versuch des Deutschen Reiches, sich gegen den übermächtigen Feind aufzubäumen und die westalliierten Armeen mit einem vernichtenden Schlag zu besiegen. Den See- und Luftkrieg hatte Deutschland zu diesem Zeitpunkt bereits verloren. Sowohl an der Front als auch über dem Reichsgebiet hatten die Alliierten die volle Lufthoheit erlangt. Ich fragte mich, ob das Schicksal des Dritten Reiches nach all diesen Rückschlägen noch gerettet werden könne, und zweifelte am Endsieg immer mehr. Nach der Invasion der Amerikaner in der Normandie im Juni 1944 hielt ich eine Niederlage Deutschlands und damit das Ende des Krieges für wahrscheinlich.

Zweihunderttausend unserer Soldaten sollten im Dezember 1944 durch das Hügelland der Ardennen vorstoßen und die bis in das südliche Holland vorgedrungenen anglo-amerikanischen Streitkräfte von ihren rückwärtigen Basen abschneiden. Hitler plante, einen Keil zwischen die britischen und amerikanischen Divisionen zu treiben, die Mosel zu überqueren, den Hafen von Antwerpen zurückzuerobern, die Atlantikküste zu erreichen und Teile der gegnerischen Streitkräfte zu vernichten. Außerdem sollten Brüssel erobert und das alliierte Nachschublager im Hafen von Antwerpen erbeutet werden. Hitler überwachte die Planung und Durchführung der Ardennenoffensive höchstpersönlich mit der riskanten Hoffnung auf schlechtes Wetter, das die feindlichen Bomber zwingen würde, am Boden zu bleiben.

In der Heimat war alles auf den Krieg ausgerichtet. Um die letzten menschlichen und materiellen Kräfte zu mobilisieren, hielt Propagandaminister Joseph Goebbels mitreißende Reden. Mit einer Mischung aus Versprechungen, Halbwahrheiten, Lügen und Drohungen wollte er das deutsche Volk moralisch stärken. „Der Endsieg wird gewonnen!" schrie Goebbels im Berliner Sportpalast.

Ähnlich dem Feldzug von 1940 sollten sich deutsche Panzerverbände einen Weg durch die Eifel und das unwegsame Gelände der Ardennen bahnen und die feindlichen Truppen zurückdrängen. Vier SS-Panzerdivisionen, die „Leibstandarte SS Adolf Hitler", „Das Reich", „Hohenstaufen" und „Hitlerjugend" lagen südwestlich von Köln zum Angriff bereit.

Die Alliierten glaubten im Winter 1944/45 nicht mehr daran, daß das Deutsche Reich in der Lage sein könne, in einem Gegenangriff zurückzuschlagen. Sie wähnten sich bereits siegessicher. So plante der britische Feldmarschall Montgomery, nach Hause zu fliegen, um mit seiner Familie das Weihnachtsfest zu feiern. Der US-Oberbefehlshaber Eisenhower entspannte sich am Morgen des 16. Dezember 1944 in Paris beim Golfspiel.

Doch prompt an diesem Tag begann die großangelegte deutsche Offensive. Morgens lag das Grenzgebiet von Deutschland, Luxemburg und Belgien unter einer Nebelschicht und war von dichten Wolken bedeckt, aus denen vereinzelt ein paar Schneeflocken fielen. Während Artilleriefeuer die Offensive einläutete, stießen wir über kurvige Waldwege und gefrorene Felder vor. Wir durchquerten Dörfer, die deutsche Namen trugen. In den letzten hundertfünfzig Jahren waren sie im Wechsel in preußischem, französischem, flämischem und deutschem Besitz gewesen. Wir nannten die seßhaften Bauern „Rucksack-Deutsche". Als Frontläufer spionierten sie für uns.

Meine Division kämpfte in der Gegend von Gouvy, deutsch Geilich, und La Roche-en-Ardenne. Hitlers Strategie war mir unbekannt, und ich empfand diesen Krieg nicht als den meinen. Ich stellte nichts weiter dar als einen von zweihunderttausend Uniformierten. Meine Aufgabe bestand darin, verwundete Männer zusammenzuflicken. So tat ich mein Bestes, um ihr Leben zu retten.

Zunächst rückten wir gut voran. Die Infanterie und Panzer zogen vorweg, und wir folgten den Truppen mit einem mobilen Feldlazarett in Geländewagen. Ich saß in einem Sanitätsfahrzeug, das von einem achtzehnjährigen Mecklenburger, einem SS-Fanatiker, gelenkt wurde. Ein Sanitäter, zwanzig Jahre alt, der SS neu beigetreten und ich, ein dreiundzwanzigjähriger SS-Obersturmführer und Zweifler, vervollständigten das Team.

Nach meiner Rückkehr aus Graz hatte man mich zum SS-Obersturmführer befördert. Dieser Dienstgrad war gleichbedeutend mit dem eines Oberleutnants und Stabsarztes, mit drei Sternen und einem Silberbarren am Kragen. Darüber folgten die Dienstgrade Oberstabsarzt, Generalarzt, Generalstabsarzt und schließlich Generaloberstabsarzt.

Auf engstem Raum kämpften wir einen gnadenlosen und schmutzigen Krieg. Panzerfäuste und Abwehrgranaten wurden gegen feindliche Panzer eingesetzt, während unsere auf ähnliche Weise beschossen wurden. Scharfschützen kletterten auf Bäume und versteckten sich zwischen den Ästen.

Mit angelegter Waffe warteten sie auf Soldaten, die über den Boden krochen, um sie wie Feldhasen zu erlegen. Andere Soldaten versteckten sich zwischen den Bäumen und Sträuchern, warteten auf Gegner und töteten sie im Nahkampf. Es war ein brutaler Kampf, doch die Grausamkeit endete nicht auf den Schlachtfeldern. Später erfuhr ich, daß die SS ein Massaker in Malmedy verübt hatte, wo vierundachtzig Amerikaner erschossen wurden, die nach ihrer Gefangennahme einen verzweifelten Fluchtversuch unternommen hatten.

Ganz wie es das deutsche Oberkommando erhofft hatte, hielt bewölktes Wetter an. Am 19. Dezember 1944 umfuhren unsere Panzer den Ort Bastogne und rollten auf die Mosel zu. Dieser Panzervorstoß sollte sicherstellen, daß die Offensive schnell vorwärtskam, und wurde von Artilleriefeuer und dem Durchbruch unserer schweren Infanterie unterstützt.

Die 106. US-Infanteriedivision fuhr sich östlich von St. Vith im schneebedeckten Eifelgebirge fest und geriet in eine Falle. Unsere Truppen nahmen diese Division mit allen verfügbaren Waffen unter heftigen Beschuß. Unerfahrene US-Offiziere gerieten in Panik und versuchten sich zurückzuziehen – erfolglos. In den Feuerpausen spielten wir Musik von Benny Goodman, Artie Shaw und anderen amerikanischen Bandleadern über riesige Lautsprecheranlagen. In diese Beschallungen wurden die Versprechungen auf „showers, warm beds and hot cakes for breakfast – falls ihr euch ergebt" eingeflochten.

Unsere pausenlosen Angriffe zwangen die Amerikaner, sich zu ergeben. Ein US-Offizier schwenkte eine Schneeuniform,

Ardennenoffensive:
„... Ich erfahre von der Zurücknahme der Infanterie um zwei Kilometer und verlasse nachts den Abteilungsgefechtsstand bei Beho und schlage mich ca. fünf Kilometer nach vorne durch die Infanterie hindurch ...
... 21.1.1945: Gouvy wird von der US-Armee eingenommen.
Melde mich und komme in Gefangenschaft."
[aus dem handgeschriebenen Lebenslauf Sepp Salmutters]

während er auf die Deutschen zuging und erklärte, daß seine Division kapitulieren wolle. Es war eine der zahlenmäßig massivsten Kapitulationen in der amerikanischen Militärgeschichte. Achttausend Amerikaner wurden hier von den Deutschen auf einen Schlag interniert.

Die Ausrüstung der Amerikaner war für uns eine wertvolle Beute. Mir wurde ein Jeep zugeteilt, mit dem wir zu dritt etliche schwer verwundete deutsche und amerikanische Soldaten aufsammelten und ins Lazarett überführten.

In den folgenden Tagen gelang es den deutschen Panzern nicht, St. Vith zu umgehen, da sie auf heftigen Widerstand stießen. Dennoch schien sich die Lage für die alliierten Streitkräfte am Abend des 19. Dezember deutlich verschlechtert zu haben.

Südlich der Stadt Bastogne fanden die Deutschen eine Lücke in der Verteidigung der Gegner. Auf einer Länge von dreißig Kilometern gab es keine amerikanischen Streitkräfte. Der Weg war frei. So nutzten die deutschen Panzer diese Situation und rollten auf die Mosel und die nahezu unverteidigte Stadt Namur zu. Bastogne selbst war zu diesem Zeitpunkt von unseren Infanteristen voll umzingelt.

Der Ardennen-Überraschungsangriff war zu großen Teilen erfolgreich geführt worden. Dennoch gelang es den Deutschen in fünf Tagen nicht, Bastogne einzunehmen. Die Stadt, ein wichtiger Verkehrsknotenpunkt, war von den Amerikanern schwer verteidigt worden, denn dort lagerten drei Millionen Gallonen amerikanischen Treibstoffes, die für die Deutschen von kriegswichtiger Bedeutung waren.

Bei St. Vith hielt uns ein Verkehrschaos auf. Um weiter voran-
zukommen, mußten wir nach Süden ausweichen. Wegen des
Umweges wurde unser Benzin knapp, und wir unterbrachen
unsere Offensive für einen Tag. Solche Pannen können im
Krieg vorkommen. Unbekanntes Gelände, unvorhersehbares
Wetter, ausfallende Nachrichtenverbindungen, über Minen
explodierende Fahrzeuge sowie unberechenbare Gegner
lassen sich militärisch nicht voraussehen und sind dazu
angetan, die besten Pläne zunichte zu machen.

Es war am 22. Dezember, als uns der Himmel eine dünne
Schneeschicht bescherte und sich danach aufklarte. Das gute
Wetter spielte unserem Feind in die Hände, und die Amerikaner konnten ihre Luftwaffe einsetzen, Bomben regneten
auf unsere Stellungen und Panzer. Zwei Korps der Armee
von General Patton eröffneten einen kraftvollen Angriff und
brachten unsere Offensive zum Stillstand – fünf Kilometer
vor der Mosel. Einige Tage darauf gelang es Pattons Truppen,
unseren Belagerungsring um Bastogne zu durchbrechen.
Sie hatten die Stadt bis dahin erbittert verteidigt und aus
der Luft versorgt.

Nach einsetzenden eisigen Nächten behandelte ich bald mehr
Erfrierungen als Kriegswunden. Durch das Tragen nasser
Kleidung bei Temperaturen unter null froren vielen Soldaten
die Finger oder Zehen ab. Selten war es möglich, unsere
Klamotten zu trocknen. So stürzten wir uns auf die von den
Amerikanern erbeutete wärmere und trockenere Kleidung.

Gegen Ende des Krieges zeigte eine neue Wunderdroge bahn-
brechende Erfolge: Penicillin, mit dem die Alliierten Wunden
und Infektionen erfolgreich behandeln konnten. Sepsis oder
Blutvergiftungen bedeuteten nicht weiter den sicheren Tod.

Eine Revolution in der medizinischen Behandlung rettete zehntausenden Amerikanern das Leben. Die deutschen Truppen hatten keinen Zugriff auf dieses Medikament. Das wenige Penicillin, das wir in die Finger bekamen, stammte aus erbeuteten amerikanischen Vorräten.

Zu Weihnachten 1944 lagen die Temperaturen um den Gefrierpunkt. Es fiel kein Schnee, dafür schien die Sonne. Das war niederschmetternd für uns und erfreulich für die Alliierten. Sie beherrschten die Luft und erschwerten unsere Bodenoperationen. Der deutsche Vormarsch in Richtung Mosel scheiterte aufgrund der massiven Verteidigung durch General Pattons Armee. Hinzu kam, daß wir mehr und mehr unter akutem Treibstoffmangel litten.

Am ersten Weihnachtsfeiertag startete unsere Frontpartie um drei Uhr einen erneuten Angriff. Bis zum Tagesanbruch schlugen wir zwei Breschen. Achtzehn deutschen Panzern gelang der Durchbruch. Kurz danach wurden sie alle von den Amis in die Luft gesprengt. Unsere Infanterie erlitt erneut schwere Verluste.

Die Offensive entwickelte sich zu einem erbarmungslosen Kampf mit tapferen Kämpfern auf beiden Seiten. Am Nachmittag dieses Weihnachtsfeiertages war die amerikanische Front abermals hergestellt. Das Gemetzel setzte sich am nächsten Tag fort. Noch immer fehlte uns der Treibstoff.

Am Tag vor Silvester verschlechterte sich das Wetter erneut – endlich fiel Schnee. Den Angriff der sechs Divisionen von Pattons Armee bei Bastogne beantworteten die Deutschen mit vier Panzerdivisionen, die vom Nordflügel in den Süden verlegt worden waren.

Die Schlacht des 3. und 4. Jänner war die erbittertste und verlustreichste der gesamten Offensive. Die Deutschen verloren viele gute Kämpfer, und die amerikanischen Divisionen, aus neuen und unerfahrenen Soldaten bestehend, beklagten ebenfalls viele Tote.

Am 5. Jänner begann der deutsche Ansturm auf Bastogne nachzulassen, jeder Gedanke an eine Eroberung der Stadt wurde aufgegeben. Die dortigen Truppen wurden mittlerweile dringend zur Abwehr der alliierten Gegenoffensive gebraucht.

Ab dem 7. Jänner 1945 erlebten wir erhebliche Schneefälle. Der starke Frost in den folgenden Tagen behinderte die Kämpfe beider Seiten. Dank dichten Nebels und der damit fehlenden Luftunterstützung kamen die Alliierten bei ihrer Gegenoffensive nur schleppend voran. Deutsche Soldaten verloren ihre Angst vor feindlichen Panzern, schlichen sich an die Fahrzeuge heran und zerstörten sie mit Panzerfäusten. Für mittlere Entfernungen benutzen sie das „Ofenrohr", das seinen Namen wegen der Form und der starken Rauchentwicklung trug, um feindliche Panzer außer Gefecht zu setzen. Sobald ein Panzer bewegungsunfähig war, kam der gesamte Verkehrsfluß zum Stehen. Die Wege waren zu eng und beschädigte Panzer zu groß, um sie umfahren zu können.

Am 12. Jänner umgingen zwei Divisionen Pattons die Stadt Bastogne, um sich danach zu vereinigen und fünfzehntausend deutsche Elitesoldaten einzukesseln. Damit war die Schlacht um Bastogne endgültig für die Deutschen verloren.

Am 19. Jänner tobte in den Ardennen ein heftiger Schneesturm. Die leblosen Körper von gefallenen Soldaten lagen wie starre Puppen im Schnee. Einige der gefangenen Alliierten wurden ermordet und ihre Leichen in der Kälte zurückgelassen.

Viele unserer Soldaten, die wir aufsammelten und ins Lazarett brachten, überlebten keinen weiteren Tag. Langsam stieg die Verzweiflung in mir auf. Vor fünf Wochen sah die Offensive noch vielversprechend aus. Jetzt empfand ich dieses Gemetzel nur noch als letztes, sinnloses Aufbäumen der deutschen Armee. Die letzten Monate verlangten mir nicht allein physisch, sondern auch psychisch einiges ab. Den Sieg stellte ich mehr und mehr in Frage, und der erste Gedanke an eine Flucht keimte in mir auf.

> *„Im Oktober 1944 hörte der Kriegsgefangene häufig ,Sendungen für Österreich', die vom alliierten Radiosender in LUXEMBURG ausgestrahlt wurden. Lange Zeit hegte der Kriegsgefangene den Wunsch, aus der SS auszutreten und für Österreich zu kämpfen. Nachdem der Kriegsgefangene diese Programme gehört hatte, beschloß er nach einer Möglichkeit zu desertieren zu suchen"* (Office-Korrespondenz).

Zu spät stellte ich mir die Frage: Darf man einer Organisation angehören, die Kriegsverbrechen begeht? Als ich in die Waffen-SS eingetreten war, konnte ich meine militärische Zukunft nicht erahnen. Ich wollte lediglich beruflich weiterkommen. Hätte ich 1944 gesagt, daß ich nicht mehr dienen wolle, wäre das in einem befohlenen Himmelfahrtskommando an der Ostfront mein sicheres Todesurteil gewesen. Eine Lösung mußte es doch geben! In mir kämpften die bösen und guten Seiten. Ich mußte den Pakt mit dem Bösen brechen, selbst wenn der Ausgang mehr als ungewiß sein würde. Im tiefsten Inneren spürte ich, daß nicht ethische Bedenken den Ausschlag für mein Handeln gaben, sondern daß es mir schlicht ums Überleben ging. Am Tag darauf beschloß ich, eine günstige Gelegenheit zum Desertieren zu nutzen.

Ich hatte erfahren, daß französische Zivilisten und Partisanen sowie amerikanische Gefangene in Massakern ermordet worden waren. Deshalb war ich mir nicht sicher, wie die Amerikaner mich behandeln würden. Woran ich nicht zweifelte, war, daß mich meine eigene Division standrechtlich erschießen würde, sollte mein Fluchtversuch fehlschlagen.

Ich spielte ein mögliches Flucht-Szenario durch: Wie konnte ich mich von den deutschen Truppen absetzen? Wo würde ich mich verstecken? Was sollte ich den Amerikanern aussagen, um nicht sofort erschossen zu werden? Ich war überzeugt, daß die Amerikaner mit Gefangenen nicht zimperlicher umgehen würden als die Deutschen. Resi hatte mir Pasteurs Rede zitiert, in der er seine Studenten ermahnte: „Sie sollten sich am Ende Ihres Lebens sagen können: ‚Ich habe getan, was ich vermochte.'" In meiner Lage ergab dieser Satz für mich immer mehr Sinn. Ich dachte nicht mehr an meinen Eid auf Adolf Hitler. Meine Treue galt allein meinem eigenen Leben.

Die Gelegenheit, auf die ich wartete, kam am 20. Jänner 1945. Um mich tobte der Kampf; die tödliche Gefahr war groß. Im Schutz der Dunkelheit begab ich mich auf den Weg zum Feind. Jeden meiner Schritte überdachte ich zweimal, denn das Gelände um mich herum war mit Minen gespickt. Häufig blieb ich stehen und verschnaufte. Um herauszufinden, wo sich meine Division und die Amerikaner befanden, lauschte ich in die Dunkelheit. Ich mußte unverzüglich einen Platz finden, an dem ich mich verstecken konnte. Der Rest würde sich ergeben. Am Waldrand fand ich eine verfallene Jägerhütte und beschloß, hier für eine Weile unterzukommen.

„Ich erfuhr vom Rückzug der Infanterie um 2 km und verließ nachts den Divisionskommandoposten Beho und machte mich durch die

Infanterie etwa 5 km vorwärts nach Gouvy, wo ich mich versteckte"
(handgeschriebener Lebenslauf).

Die deutsche Armee zog sich zurück, und Gouvy wurde von
der 1. US-Armee eingenommen. Ich wartete noch eine Weile
ab, bis ich mir sicher sein konnte, daß die Amerikaner das
gesamte Gebiet erobert hatten. Dann wagte ich mich aus der
Hütte heraus und ergab mich. So geriet ich am 21. Jänner
1945 in Gefangenschaft.

*„Ich trug ein Hemd und Schuhe der US-Armee, als ich gefangen
genommen wurde" (handgeschriebener Lebenslauf).*

Der obige Eintrag steht so in den US-Akten. Heute kann ich
ihn mir nicht mehr erklären. Zog ich diese Kleidung an, um
von den Amerikanern nicht erschossen zu werden? Ich kann
mich nicht mehr erinnern, woher ich die Kleidung hatte.

Die Frage, ob ich zu den Guten gehören wollte, stellte sich
mir im Moment der Fahnenflucht nicht. Erst die Gefangenschaft gab mir Zeit, darüber nachzudenken. Würde es für
mich nach der Fahnenflucht eine Absolution geben, oder
sollte ich später meinen Tribut zahlen müssen?

Während ich von den Amerikanern verhört wurde, ging die
Ardennenoffensive weiter. Bis zum Februar 1945 verloren
die Deutschen das Gebiet, das sie in der Offensive erobert
hatten, vollständig an die Alliierten. Insgesamt war mehr als
eine Million Soldaten an dieser Schlacht beteiligt gewesen.
Für die USA war die Ardennenoffensive, die *Battle of the Bulge*,
mit rund zwanzigtausend Toten die blutigste Landschlacht
des Zweiten Weltkriegs. Auf deutscher Seite fielen siebzehn-
tausend Soldaten.

Nach der gescheiterten Ardennenoffensive wurde die SS-Panzerdivision „Das Reich" im März 1945, zusammen mit anderen SS-Divisionen, nach Ungarn verlegt. Hier kämpfte sie in der Operation „Frühlingserwachen" bis zum Kriegsende gegen die vorrückende Rote Armee.

In der SS-Panzerdivision „Das Reich" diente ich, stets als Sanitäter, insgesamt in drei Kampagnen: dem Frankreich-Belgien-Holland-Feldzug im Sommer 1940, bei dem wir in keine Kämpfe verwickelt worden waren, dem französisch-belgischen Feldzug im Sommer und Herbst 1944 und der darauffolgenden Ardennenoffensive 1944/45.

Ich möchte mit dem unangenehmsten Kapitel meines Lebens abschließen. Mein Pakt mit dem Bösen, dem Nationalsozialismus und der Waffen-SS, war endgültig gebrochen. Daß mein Handeln nicht immer richtig war, ist mir bewußt. Doch wie konnte ich mit meinen damals begrenzten Informationen wissen, was denn „richtig" gewesen wäre? Mit zunehmendem Alter und größer werdendem Abstand zu den Ereignissen wird man klüger.

Herwig, während ich über die Ardennenoffensive schrieb, erinnerte ich mich an unser letztes Treffen im Oktober des vergangenen Jahres. Du besuchtest mich für zwei Tage in Deutschland und erzähltest mir von Deinen Kriegserlebnissen in Biafra. Obwohl ich es damals unterließ, muß ich Dich diesbezüglich berichtigen.

BIAFRA-KRIEG

Von Deinen Erzählungen interessierte mich insbesondere die Schilderung des Biafra-Krieges. Ich konnte Parallelen zum Zweiten Weltkrieg ziehen. Daß ich noch einen Konflikt – in Vietnam – erleben würde, konnte ich nicht wissen. Du schwärmtest glühend von Deinen Kriegserlebnissen. Ich war mental und emotional nicht bereit gewesen, Dir von meinen Kriegserlebnissen an der Westfront zu erzählen. Über Deinen Mut, Dein Draufgängertum, Deine Überheblichkeit habe ich innerlich nur lächeln können. Du meintest es gut, ohne eine Ahnung vom wahren Krieg zu haben.

Wie sah Dein Krieg aus? 1967 führtest Du für sechs Monate geophysikalische Vermessungen für die Erdölservicefirma Schlumberger auf Meeresbohrtürmen vor Dahomey aus. Dann transferierte man Dich in das Nachbarland Nigeria. Biafra wollte sich von Nigeria abspalten, was einen Konflikt entfacht hatte, der das Leben einer Million Menschen forderte. Ich kann mich an die Bilder verhungernder Kinder erinnern, die damals im Fernsehen ausgestrahlt wurden. Schlumberger hatte seinen Hauptsitz in Port Harcourt. Nachdem dieser Ort von den Streitkräften des abgespaltenen Biafra erobert worden war, zog Deine Firma nach Warri um. Beide Orte liegen im Nigerdelta. In Biafra warst Du nie. Du warst auf der Seite der Restrepublik mit der korrupten Elite in der Hauptstadt Lagos tätig. Mit Schlumberger als Zulieferfirma für Shell hattest Du Zugang zu allen sozialen Einrichtungen, die ein europäisches Unternehmen bieten konnte: Supermärkte, medizinische Versorgung, Kinos und Tennisplätze.

Die Bohrtürme waren nahe der Frontlinie, erzähltest Du. An den Checkpoints haben junge Burschen mit geladenen

Maschinenpistolen Deinen Jeep zur Inspektion angehalten. Sie richteten den Lauf der Waffe auf Dich, durchsuchten den Wagen und steckten sich dabei dann und wann ein Hemd oder ein Handtuch ein. Trotz der Waffen und des harten Tons hattest Du keine Angst vor ihnen. Stattdessen verspürtest Du Verständnis und Sympathie für die Nigerianer, die erst in jüngster Vergangenheit der Kolonialzeit entkommen waren.

Die Brücken über die unzähligen Deltaverzweigungen waren im Verlauf der Kriegshandlungen gesprengt worden. Du mußtest Deinen Jeep mittels provisorischer Holzfähren auf die andere Uferseite bringen. An einem italienischen Bohrturm, wo Du für mehrere Tage Deinen Job verrichtetest, plünderten eines Nachts hungrige Biafra-Soldaten den Proviant-Container. Du verschliefst die Plünderung, ohne aufzuwachen. Sechs Monate später wurden elf Italiener auf demselben Bohrturm umgebracht. Der Papst las ihnen in Rom eine Messe zum Begräbnis. Zum Glück warst Du nicht mehr dort.

Dein Krieg, daß ich nicht lache! Das nennst Du Krieg? Du weißt nicht, wie ein echter Krieg aussieht. Deine Bude lag gegenüber einer Disko mit hübschen, jungen, schwarzen Mädchen, wo Du ihnen Getränke spendiertest. Ab und an nahmst Du eines der Mädchen mit in Deine Wohnung und schliefst mit ihr. „Girlfriend experience" nanntest Du das. Hin und wieder, wenn Du einige Tage im Dschungel oder auf einer Bohrinsel arbeitetest, kamst Du zurück in Deine Bude und fandest eines der Disko-Mädchen im Bett. Der Hausdiener ließ sie bei schlechtem Wetter und Regen dort übernachten. Du mochtest die Mädchen – Du warst jung, frei, ungebunden und wurdest bald mit Tripper und

Sackratten* infiziert. Wie ich damals! Auf der Medizinstation der Shell jagte Dir eine humorvolle Krankenschwester die Spritzen wie einen Domino-Fünfer in den Arsch. Die Arbeit und das Geschehen darum machten Dir Spaß, und Du verdientest gutes Geld.

* Filzläuse

In „unseren" Kriegen waren wir annähernd gleich alt. Du vierundzwanzig Jahre und ich im Ardennenkrieg ein Jahr jünger. Dennoch waren unsere Situationen und die Voraussetzungen für den Krieg gegensätzlich. Du mußtest unter achtundzwanzig Jahre alt sein, ledig, tropentauglich sowie eine Uni, eine Firmenschulung und einen Überseevertrag abgeschlossen haben, der Dich eineinhalb Jahre ohne Urlaub halten sollte.

Deine Tropentauglichkeit mußtest Du im American Hospital in Cluny in Paris feststellen lassen. Die Hälfte der Kandidaten bestand die nach zweimonatiger Firmenausbildung zu absolvierende Prüfung. Du gehörtest zu den erfolgreichen. Ihr fühltet Euch wie eine auserkorene Elite und wart bereit, Eure Seele einer Firma zu verkaufen.

Meine Einstellungskriterien waren andere: Für die Waffen-SS mußte man jung sein, 1,72 Meter groß (schwierig für uns kleiner gewachsenen Süddeutschen), gesund, ledig und eine positive Einstellung zum Nationalsozialismus zeigen. Ein Matura-Abschluß war nicht notwendig. Meine Schulen waren die SS-Junkerschulen in Bad Tölz und Braunschweig.

Dein Krieg war für Dich wie ein Abenteuer. Zusammen mit Ingenieuren aus Amerika, England, Frankreich und der Schweiz warst Du bei Deiner Firma tätig. In der SS waren

Herwig Salmutter in Westafrika, 1967, wo er als Erdölingenieur im nigerianischen Kriegsgebiet arbeitete

wir alle deutschstämmig und litten unter ständiger Lebens-
gefahr. Ich hatte Glück, überlebte und holte mir in Belgien
nichts weiter als einen Granatsplitter.

Im letzten Teil meines Briefes möchte ich Dir von meiner Zeit
in der amerikanischen Gefangenschaft, über mein Leben im
Nachkriegsösterreich, in Ost- und Westdeutschland und in
Vietnam berichten. Zuvor muß ich auf Fort Hunt zurückkommen, um Dir zu erzählen, warum ich länger dort blieb
als andere Kriegsgefangene.

ÜBERSETZUNGSDIENST – GEHEUERT

Über einen Zeitraum von drei Wochen wurde ich täglich in Fort Hunt verhört. Danach transferierten mich die Amerikaner nicht wie alle anderen deutschen Kriegsgefangenen in ein Lager anderswo in den Weiten der USA. Sie hielten mich weitere neun Monate in Fort Hunt fest – im Übersetzungsdienst. In einem abseits gelegenen unscheinbaren Gebäude half ich die heimlich mitgeschnittenen Gespräche der deutschen Gefangenen zu übersetzen. Während dieser Zeit ging es mir gut: akzeptable Armeerationen, regelmäßige Arbeitszeiten und saubere US-Army-Uniform.

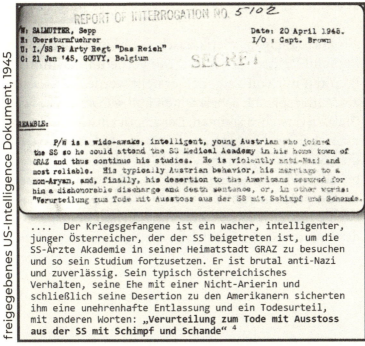

freigegebenes US-Intelligence Dokument, 1945

REPORT OF INTERROGATION NO. 5102

N: SALMUTTER, Sepp
R: Obersturmfuehrer
U: I./SS Pz Arty Regt "Das Reich"
C: 21 Jan '45, GOUVY, Belgium

Date: 20 April 1945.
I/O : Capt. Brown

SECRET

PREAMBLE:

P/W is a wide-awake, intelligent, young Austrian who joined the SS so he could attend the SS Medical Academy in his home town of GRAZ and thus continue his studies. He is violently anti-Nazi and most reliable. His typically Austrian behavior, his marriage to a non-Aryan, and, finally, his desertion to the Americans secured for him a dishonorable discharge and death sentence, or, in other words: "Verurteilung zum Tode mit Ausstoss aus der SS mit Schimpf und Schande."

.... Der Kriegsgefangene ist ein wacher, intelligenter, junger Österreicher, der der SS beigetreten ist, um die SS-Ärzte Akademie in seiner Heimatstadt GRAZ zu besuchen und so sein Studium fortzusetzen. Er ist brutal anti-Nazi und zuverlässig. Sein typisch österreichisches Verhalten, seine Ehe mit einer Nicht-Arierin und schließlich seine Desertion zu den Amerikanern sicherten ihm eine unehrenhafte Entlassung und ein Todesurteil, mit anderen Worten: „Verurteilung zum Tode mit Ausstoss aus der SS mit Schimpf und Schande" [4]

Sepp Salmutter wird als zuverlässig eingestuft und dem Übersetzungsdienst des US Nachrichtendienstes überstellt

Der Hitlergruß war einem lässigen Salutieren mit zwei Fingern gewichen – ich diente der gegnerischen Seite! Über diese glückliche Wendung dachte ich nicht lange nach, sondern paßte mich schnell an.

Die Gründe für das geheime Abhören und die persönlichen Vernehmungen der Kriegsgefangenen wurden mir jetzt klar. Die Amerikaner wollten wissen, wie stark die Nazi-Ideologie in die Hirne der Wehrmachtsangehörigen und der Mitglieder der SS eingedrungen war. Sie wollten herausfinden, was wir über die Einstellung der deutschen Zivilbevölkerung, unserer Familien, Verwandten und Freunde dachten, um einschätzen zu können, wie und ob die deutsche Zivilbevölkerung die amerikanische Nachkriegsbesatzung akzeptieren würde.

Alle hochrangigen amerikanischen Verhöroffiziere mußten fließend Deutsch sprechen. Die Vernehmungsprotokolle konnten nur von Personen erstellt werden, die Deutsch als Muttersprache beherrschten und schwer verständliche Dialekte verstehen konnten. Der amerikanische Nachrichtendienst griff insbesondere auf deutsche Juden zurück, die in die USA geflohen waren. Sobald die Gefangenen Interessantes oder Wichtiges ausplauderten, schnitten die Lauscher das Gespräch mit und dokumentierten es anschließend auf Papier. An der Wand der Abhörstation hing ein Hinweis mit der Anweisung: „Im Zweifelsfall die Aufnahmetaste drücken".

FRAGEBOGEN

Nachdem ich sechs Monate fleißig und zufriedenstellend für den Übersetzungsdienst Verhöre deutscher Kriegsgefangener übersetzt hatte, sollte ich im Oktober 1945 Essays über meine privaten und politischen Ansichten, Erfahrungen, Hoffnungen und Ängste niederschreiben – einen erweiterten „Moral Questionnaire". Eine kürzere Version hatte ich bereits im April nach meiner Ankunft in Fort Hunt ausgefüllt. Ich würde mit den Amis kooperieren, mußte aber aufpassen, mir dabei nicht zu schaden. Um meine Essays verfassen zu können, erhielt ich eine zweiwöchige Beurlaubung von meiner Übersetzertätigkeit.

Der Krieg war an allen Fronten beendet. Die deutsche Wehrmacht hatte im Mai 1945 kapituliert, und Japan war durch den Abwurf zweier Atombomben auf Hiroshima und Nagasaki im August 1945 zur Kapitulation gezwungen worden. Deutschland und Österreich durchlebten eine Zeit der Hungers- und Wohnungsnot. Beide Länder wurden voneinander getrennt und in jeweils vier Besatzungszonen geteilt. Die Russen hatten sich in Osteuropa und so auch in Ostdeutschland und Ostösterreich etabliert und waren bestrebt, ihren Machtbereich auszuweiten. Die westlichen Alliierten waren die Besatzer auf der anderen Seite.

Die politische Entwicklung nach dem Jänner 1945 kannte ich aus amerikanischen Zeitungen. Die Berichte waren einseitig, denn Sieger interpretieren Vergangenheit und Gegenwart in ihrem Sinne. Ich wollte versuchen, die Essays zu schreiben und meine Perspektive dabei authentisch einzubringen. Mit meinen vierundzwanzig Jahren war ich auf medizinischem Gebiet spezialisiert. Hier sollte ich meine Gedanken zu den Themen Geschichte und Wirtschaft niederschreiben.

Das interessierte mich, und ich fühlte mich geehrt, daß mein Bericht für die Amis interessant sein könnte.

Was verlangten die Amerikaner von mir? Während Du heute mit ihnen in Freundschaft lebst, waren sie für mich ehemalige Feinde gewesen, denen ich mich ergeben hatte.

Die zu schreibenden Essays würden mich zwingen, Klarheit über katholische und nationalsozialistische Indoktrinationen in meine Gedankenwelt zu bringen. Doch wer wollte lesen, was ein junger Deserteur geschrieben hat? Würden Kopien herumgereicht werden?

Wenn ich das von mir Verfaßte nach so langer Zeit lese, bin ich einerseits stolz auf das Geschriebene, andererseits empfinde ich manches als naiv und ungenügend durchdacht. Ende 1945 wußte ich es nicht besser! Wie sollte ich denn? Ich möchte Dir, Herwig, meine damaligen Ansichten nicht vorenthalten. Ich kürzte den Originaltext ein wenig und teilte überlange Sätze in zwei oder drei, ohne dabei den Sinn der jeweiligen Aussage zu verändern.

Historische Ereignisse, die den Zweiten Weltkrieg auslösten

Nach dem Ersten Weltkrieg stellten die Verträge von Versailles und Saint-Germain eine Demütigung für Deutschland und Österreich dar. Zudem waren sie katastrophal für die Volkswirtschaften beider Länder. Die Mehrheit der Historiker ist sich heute darüber einig, daß sich eine Demokratie unter den damaligen Umständen schwer etablieren konnte. Der Aufstieg Hitlers war zu einem großen Teil die Folge dieser erbarmungslosen Friedensverträge. Damals schrieb ich:

SECRET

Report of Interrogation :   5 November 1945
                                                        I/O : Capt. HALLE
P/W   : SALMUTTER, Sepp
Rank : 1st Lt. SS
Unit : 1 Obt.Pz.Arty.Regt.Das Reich
Captd : Gouvy/Belgium, 21 January 1945.

Veracity : Believed reliable.

Report : Answers to Questionaire submitted by Propaganda Branch 23 October 1945

Note : Before answering the questionaire, P/W wants to emphasize that he is an
Austrian, 25 years of age and that he therefore will discuss the Austrian
situation. It can generally be likened to Germany's situation of today, however
except for nominal and insignifiant differences.

Verhörbericht: **GEHEIM**   5. November 1945
Gefangener: SALMUTTER, SEPP   Verhöroffizier: Capt. HALLE
DIENSTGRAD: Oberleutnant
Einheit: 1 Abt.Pz.Art.Reg. 'Das Reich'
Gefangen: Gouvy/Belgien, 21.1.1945
Wahrhaftigkeit: eingestuft als zuverlässig
Bericht: Antwort auf Fragebogen der Propagandaabteilung vom
23. Oktober 1945
Hinweis: Vor der Beantwortung des Fragebogens möchte der
Kriegsgefangene betonen, dass er Österreicher ist, 25 Jahre
alt, und deshalb die österreichische Situation besprechen
wird. Sie lässt sich jedoch im Allgemeinen mit der heutigen
Situation Deutschlands vergleichen, mit Ausnahme nominaler
und unbedeutender Unterschiede.

**Salmutter erhält den Befehl, einen ausführlichen Fragebogen
über militärische und politische Themen und Zukunftsvisionen
zu verfassen**

195

Man muß zwischen den grundlegenden und nahen Ursachen des Krieges unterscheiden. Die tieferen Ursachen dieses Krieges und des Ersten Weltkriegs resultieren aus den Spannungen zwischen den industriellen und progressiven mitteleuropäischen Ländern auf der einen Seite und der Landwirtschaft in den konservativen osteuropäischen Ländern auf der anderen Seite, also hauptsächlich zwischen Deutschland und Rußland. Man darf nicht die panslawische Tätigkeit vor dem Ersten Weltkrieg vergessen.

Was die unmittelbaren Ursachen dieses Krieges betrifft, so ist Hitler schuldig, nicht versucht zu haben, die Probleme durch Verhandlungen zu lösen. Deutschlands Kriegsführung war, insbesondere im Falle Rußlands, eine abrupte und riskante Entscheidung, die durch die überwältigende Arroganz der Nazi-Führer angesichts der guten Beziehungen zu Rußland zu dieser Zeit gefördert wurde.

Die Weimarer Republik war meiner Meinung nach darauf ausgelegt, eine echte Demokratie zu werden. Ihre Mängel hätten rechtzeitig geheilt werden können, wenn es nicht die ernsten wirtschaftlichen Bedingungen nach dem Ersten Weltkrieg gegeben hätte. (Fragebogen)

Hitlers Kampf gegen den Bolschewismus

Hitlers Ziel war es, Europa vor dem Bolschewismus zu schützen. Dieses Ziel rechtfertigte für ihn den Krieg gegen Rußland und hätte europaweite Unterstützung erhalten können. Der Krieg begann zu früh, und so blieb die Unterstützung aus. An anderer Stelle erkläre ich, daß ich meinen Unterricht an den SS-Militärakademien nicht als Ausbildung, sondern als eine Erfahrung betrachtete. Heute weiß ich, daß mich die nationalsozialistische Gehirnwäsche geprägt hatte. Selbst nach dem Kriegsende blieb ich noch einige Zeit in der nationalsozialistischen Denkweise gefangen. In meinem Bericht hielt ich fest:

Auf der anderen Seite, vor allem in Bezug auf die Beziehungen zu Rußland, war es auch ein Kampf um Lebensphilosophien. Der Bolschewismus wurde in ganz Europa von der überwiegenden Mehrheit der Bevölkerung gefürchtet. Rußland war ein Riesenland und bildete eine mächtige Armee aus. Lange Zeit hatten die Deutschen versucht, die Bolschewiki daran zu hindern, in Europa an Boden zu gewinnen. Hitler träumte davon, Europas Retter vor dem Bolschewismus zu werden. Die Eroberung anderer europäischer Länder war in Hitlers Augen die Vorbedingung für einen erfolgreichen Krieg gegen die angeblichen Expansionsbemühungen des bolschewistischen Rußlands. Seine Versuche, die europäischen Länder davon zu überzeugen, sich den Deutschen in diesem Kampf um eine Lebensphilosophie anzuschließen, waren nur teilweise erfolgreich gewesen.

Viele Nichtkommunisten in ganz Europa glaubten Hitler jedoch und schlossen sich den deutschen Streitkräften an. Die Bedrohung, die Hitler in Rußland sah, existierte noch nicht, und alle seine damit verbundenen Spekulationen mögen ähnlich unbegründet gewesen sein. So hatte sein Kriegsbeginn nur aus Ehrgeiz keine Grundlage. Doch mit dem Krieg zwang er Millionen von Europäern seinen Willen auf, indem er ihnen Meinungsfreiheit und Freiheit nahm, ihre eigene Politik zu bestimmen. Hitler ließ sie die Deutschen hassen. Hätten die Bolschewiki später wirklich eine Aggression gegen das übrige nichtkommunistische Europa begonnen, wäre Deutschland unter den verteidigenden Nationen viel besser platziert gewesen.

Zusammenfassend möchte ich sagen: Trotz der politischen, wirtschaftlichen und ethnischen Spannungen zwischen Ost- und Westeuropa hätte ein Krieg absolut nicht das Mittel sein dürfen, sie zu lösen. Außerdem war der Lebensstandard in Deutschland im Vergleich zu anderen europäischen Ländern damals hoch. Ich betrachte diesen Krieg als einen Konflikt, der sich sowohl aus materiellen Situationen als auch aus moralischen Fragen ergibt.

Ein demokratisches Deutschland hätte keinen Krieg begonnen

Die Deutschen als solche sind in der Regel friedliebend. Wäre das deutsche Volk zu der Zeit, als der Krieg begann, im demokratischen Sinne frei gewesen, das heißt, wenn es Einsicht in die wirklichen internationalen Probleme gehabt hätte, wäre es nicht bereit gewesen, in den Krieg zu ziehen. Bisher war das deutsche Volk geneigt zu glauben, daß ein Krieg eine unvermeidliche Tatsache in der internationalen Politik sei, wie in Clausewitz' Aussage: „Krieg ist Politik mit anderen Mitteln." Deutschlands Führung ist für den Krieg verantwortlich, sie weckte durch Propaganda die Bereitschaft der Deutschen, das Land zu verteidigen, nachdem den Deutschen gesagt wurde, daß im Krieg „Offensive die beste Verteidigung" sei. Ebenso wird die allgemeine Grausamkeit der Kriegsführung als natürlich, wenn auch unangenehm angesehen.

Die Rolle der katholischen Kirche vor dem Krieg

Der unmittelbar einflußreichste Geistliche ist unzweifelhaft der mit der Bevölkerung in Berührung stehende Pfarrer. In Österreich setzt sich der geistliche Nachwuchs aus Bauern- und Arbeitersöhnen zusammen, deren Studienkosten hauptsächlich von der Pfarrgemeinde bestritten werden, und aus Angehörigen der mittleren Schichten. Ich war ein typisches Beispiel gewesen: Als aufgewecktes Waisenkind war ich auf Kosten der Kirche zum Pfarrer auserkoren worden. Die gehobenen und höchsten Schichten sind nur in Ausnahmefällen an der Erstellung von Priesternachwuchs beteiligt. (Fragebogen)

Untergrundbewegungen gegen Hitler

Es ist kaum anzunehmen, daß die Sozialdemokraten mit anderen Untergrundbewegungen zusammenarbeiteten, da die Furcht vor fingierten Untergrundbewegungen, geleitet von der Gestapo oder dem Sicherheitsdienst, zu groß war. Nur Parteigänger, die sich lange und gut kannten, fanden sich zusammen.

Die Mitgliedschaft der kommunistischen Untergrundbewegung hat sich in letzter Zeit aufgrund einer seelischen Revolution vieler deutscher Menschen zu einem antinazistischen Radikalismus erweitert, bedingt durch ihre Gegnerschaft zu dem als Wahnsinn betrachteten Weiterführen dieses bereits seit geraumer Zeit verlorenen Krieges. Als Sammelpunkt solcher antinazistischer Radikalisten kristallierte sich hauptsächlich die kommunistische Bewegung heraus, weil diese den Wünschen politischer Aktivisten am ehesten entspricht.

Es besteht in Österreich eine kommunistische Untergrundbewegung, und diese ist wohl die stärkste organisierte Bewegung in Österreich überhaupt. Die früheren kommunistischen Parteimitglieder arbeiteten hauptsächlich in den großen Industriegebieten.

Während die Mitglieder anderer Parteien, die nicht fast ausschließlich der Arbeiterbevölkerung angehörten, in weitem Umfang früh zum Wehrdienst eingezogen wurden, blieben die Arbeiter durchschnittlich länger in ihren Betrieben. Eine nicht unerhebliche Zahl von Arbeitern, die gewisse Schlüsselstellungen innehatten, wurde überhaupt nicht eingezogen. Ebendarum hat die Kommunistische Partei nicht so viele Mitglieder einer aktiven Parteiuntergrundarbeit entzogen bekommen wie andere Parteien. Sie hat sich daher in ihrem Gerippe erhalten können. Dazu kommt noch, daß diese Parteianhänger als eingefleischte Nazigegner ihrer politischen Anschauung treu geblieben sind, und nicht zuletzt haben die Kommunisten mit viel größerem Risiko und mehr Energie als andere Parteien ihre zwar gut getarnte, aber doch sehr gefährliche Tätigkeit ausgeübt. (Fragebogen)

Österreichischer Nationalismus

Die Gesamtheit all der Österreicher, die ein freies und selbständiges Österreich anstreben, sah sich trotz der mit dem Kommunismus *gemeinsamen Feindschaft gegen den nationalsozialistischen Bedrücker des Landes als Gegner des Kommunismus. Zwar kämpfte der österreichische Nationalist zusammen mit dem österreichischen Kommunisten, wie etwa unter Marschall Titos Befehl für die Befreiung Österreichs vom Nazi-Joch. Ab diesem Punkt aber ist ihr gemeinsames Erstziel erreicht, und es tritt eine Scheidung der Geister ein. Für den um die Freiheit und die Selbständigkeit Österreichs besorgten Nationalisten bedeutet ein kommunistisches Österreich dasselbe wie ein nach kürzerer oder längerer Zeit seine Selbständigkeit verlierendes und in das Fahrwasser Rußlands geratenes Österreich.*

Konzentrationslager

Während meiner Offiziersausbildung mußte ich die Konzentrationslager in Dachau, Sachsenhausen und Buchenwald für jeweils einige Tage besuchen. Angebote, in diesen Konzentrationslagern zu arbeiten, lehnte ich ab. Dort hätte man mich gezwungen, medizinische Versuche an Häftlingen durchzuführen. Nach meiner Gefangennahme lieferte ich den Amerikanern „extensive Information" über das KZ Oranienburg-Sachsenhausen. Um mich weiteren Verhören zu entziehen, gab ich falsch an, ich hätte die Konzentrationslager jeweils nur für Stunden besucht.

KZs, die nur für Juden bestimmt sind, sind mir keine bekannt. Die üblichen KZs hielten die verschiedensten Nationalitäten für verschiedene Arten von „Vergehen" inhaftiert. Ich selbst habe im Rahmen einer kurzen Besichtigung im März 1941 das KZ Dachau bei München und im März 1942 das KZ Buchenwald bei Weimar besucht. Das bei diesen Besichtigungen Gezeigte stand aber zu den tatsächlichen Verhältnissen, wie ich sie erst nach meiner Gefangen-nahme von authentischen Zeugen in Namur erfuhr, im krassen Gegensatz.

Es gab in Deutschland eine große Anzahl von KZs, besonders in den letzten Jahren sind viele neu gegründet worden. Die alten bekannten sind Dachau, Buchenwald bei Weimar, Sachsenhausen bei Oranienburg bei Berlin, Mauthausen bei Linz, Auschwitz in Oberschlesien. Von diesen Lagern aus wurden meist „geschulte und eingearbeitete Kräfte" abgestellt zum Aufbau neuer Lager.

Ein großer Teil der Lager stand unter der Verwaltung einer speziellen Gruppe der SS. Diese bemühte sich, Dinge, die unter jeglicher Menschenwürde in KZs verbrochen wurden, ängstlich geheimzuhalten. Selbst innerhalb der SS war nur ein geringer Teil Mitwisser der dort begangenen fürchterlichen Verbrechen.

Lagerkommandanten:
von Angelo, Dachau um 1935,
Oberführer von Baranowski, Sachsenhausen 1941,
Obergruppenführer Eicke, maßgebend am Aufbau der KZs nach 1933 beteiligt

Die österreichischen Sozialdemokraten wünschen sicherlich die Rückkehr ihrer vormaligen Führer aus den Konzentrationslagern, da dieselben zweifelsohne wegen ihrer politischen und organisatorischen Fähigkeiten und aus „Sicherheitsgründen" weggeschleppt worden sind. Ebendieser Fähigkeiten wegen werden diese Männer für einen Neuaufbau und Führung der Sozialdemokratischen Partei dringend gebraucht. Ihre sozialdemokratische Gesinnung dürfte in den Konzentrationslagern nur noch gesteigert worden sein.(Fragebogen)

Russische Kommunisten versuchen Kontrolle zu erlangen

Vor allem hat sich Rußland durch die Organisierung und Unterstützung deutscher Kriegsgefangener im Nationalkomitee „Freies Deutschland" eine zukünftige politische Beeinflussung Deutschlands *gesichert. Rußlands zielstrebiger Realismus muß hoch in Rechnung gestellt werden.*

Man darf es wohl als sicher annehmen, daß der östliche Alliierte Rußland in der politischen Beeinflussung der deutschen Kriegsgefangenen in seinem Sinne ganze Arbeit geleistet hat. Zweifellos weist die russische Nazi-Umerziehung eine Linkstendenz auf, denn unter den deutschen Kriegsgefangenen in Rußland befindet sich eine große Anzahl kommunistischer Überläufer.

Deutschland: Wenn an diesem kritischen und entscheidenden Punkt, an dem das Leben vieler Deutscher auf dem Spiel steht, die deutschen Kommunisten, unterstützt von Rußland, in der Lage sein sollten, Hilfsmaßnahmen zu ergreifen, dann werden sie sehr erfolgreich in ihrer politischen Absicht sein, ein Sowjetreich [auf deutschem Boden] aufzubauen. Umso mehr, wenn die Russen gleichzeitig die Absicht der westlichen demokratischen, „kapitalistischen" Mächte anprangern, Deutschland nicht zu helfen, indem sie auf die oft geäußerte Aussage „Laßt die Deutschen in ihren eigenen Säften schmoren" oder auf die Forderung „Laßt die Vereinigten Staaten nicht den Weihnachtsmann für Europa spielen" verweisen, vor allem nicht für Deutschland.

Deutschland braucht sich nicht darum zu bemühen, den Kommunismus zu unterstützen, sondern es muß nur dazu kommen, aktive kommunistische Verbände im Land austreiben zu lassen, die unter den deutschen Parteien von heute gepflanzt wurden. Sie sind in der Lage, den starken Mann unter den Schutz des Marschalls Schukow zu stellen. Die Kommunisten haben in ganz Deutschland Einfluß. Ja, ich fürchte, Deutschland wird in naher Zukunft kommunistisch. Ich weiß nicht, ob die Amerikaner Deutschland passiv diesen Kurs erlauben werden.

Nach dem jetzigen Stand sehe ich, daß Deutschland ernsthaften Gefahren ausgesetzt ist. Die deutsche Situation der Gegenwart ist mir nur durch die amerikanische Presse bekannt. Meiner Meinung nach wird Rußland seine Chance voll ausschöpfen, um sich dem bereits 1921 verkündeten Ziel zu nähern, ein rotes Deutschland zu schaffen, als wichtigster Schritt zur Kontrolle ganz Europas. Heute zielt der politische Trend auf die Errichtung großer Staatsblöcke oder sogar kontinentaler Blöcke hin, mit der Abschaffung der Politik kleiner Länder. Die Sowjetregierung verfolgt dementsprechend eine klare und rücksichtslose Linie. Bei allen russischen Aktionen muß man hinter die Kulissen schauen und darf sich nicht von äußeren Erscheinungen täuschen lassen.

Österreich: Im Laufe einer geschickt durchgeführten russischen Besatzung eines Teils von Österreich könnte sogar eine prorussische Stimmung aufkommen und die ursprüngliche Antipathie in ihr Gegenteil umschlagen. Wenn dazu noch die ohnehin als problematisch zu beurteilende katholische Kirche mit ihrer gläubigen Landbevölkerung als Gegengewicht gegen die kommunistischen Arbeitermassen versagt, dann ist der Sieg der Gegenseite ein zweifacher, ein Sieg des österreichischen Kommunismus im besonderen und des Bolschewismus im allgemeinen.

Das Wort „Bolschewismus" jedoch ruft bei einem bedeutenden Teil der österreichischen Bevölkerung vorläufig noch ein gewisses Unbehagen hervor. Rußland ist für die derzeit lebende österreichische Generation bisher nur als Gegner Österreichs in Erscheinung getreten, und die nationalsozialistische Propaganda hat sich alle erdenkliche Mühe gegeben, den russischen Bolschewismus als den schrecklichsten der Schrecken zu schildern.

Wenn allerdings der Russe, der sich derzeit in Österreich befindet, sich so benimmt, daß die nationalsozialistische antirussische Propaganda in auffallender Weise als Lüge entlarvt wird, dann mag die für viele vorläufig noch unsympathische wachsende kommunistische Bewegung in Österreich ihre beängstigende Zukunftswirkung verlieren.

Man sollte nicht die Augen vor dem bolschewistischen Sinn für Politik und der Fähigkeit eines totalitären Staates verschließen,

seinen Kurs plötzlich und unerwartet zu ändern, wenn eine
solche Änderung seinerzeit als zweckmäßig angesehen wird.
(Fragebogen)

Deutschlands schwieriger Weg zur Demokratie

Das deutsche Volk ist durch systematisches Eintrichtern von Nazi-
Propaganda in weiten Schichten zu seiner eigenen politischen
Meinung und Willensbildung unfähig gemacht worden. Es wurde
gezwungen, so zu leben, zu handeln und zu denken, daß man es
als politisch unmündig bezeichnen kann. Das trifft auf die jungen
wahlberechtigten Jahrgänge voll zu, die sich an kein Parteiensystem
erinnern können.

Ich denke, Deutschland kann eine Demokratie werden. Überhaupt
hat das deutsche Volk die soziale und psychologische Grundlage,
auf der die Umerziehung zur Demokratie beruhen kann. Die
Dauer, in der dieses Ziel erreicht werden kann, hängt von den
eingesetzten Mitteln ab.

Ich denke, Demokratie wäre die beste Regierungsform für Deutsch-
land. Aufgrund der geografischen Lage Deutschlands und der
internationalen politischen Lage von heute wäre Totalitarismus
die einzige Alternative zur Demokratie, und Totalitarismus wird
dann entstehen, wenn der Versuch, ein demokratisches Deutschland
wiederherzustellen, mit unangemessenen Mitteln unternommen
wird oder wenn dieser Versuch nicht bald genug begonnen wird.

Ich denke, daß die amerikanische Demokratie ein praktikables
Modell für Deutschland sein kann. Der wirkliche Geist dieser
Demokratie kann jedoch erst nach einer gewissen Zeit und nach
einer gründlichen und geduldigen Erziehung eingeflößt werden.
Eine Rückkehr zum politischen System der Weimarer Republik ist
zu betrachten und zu prüfen.

Besonders im Sinne des künftigen Verlaufes der Weltgeschichte muß aber weiters dafür gesorgt werden, daß das deutsche Volk nicht so sehr unterdrückt wird, daß es dem Kommunismus als reife Frucht in den Schoß fällt. Abgesehen von der notwendigen Bestrafung der Kriegsverbrecher sollten dem deutschen Volk Lebensmöglichkeiten gegeben werden, die zu einer inneren Befriedung führen können. Die Alliierten müssen schon jetzt beginnen, eine demokratische Erziehung des deutschen Volkes auf dem oben beschriebenen Wege einzuführen. Die USA, als Beispiel und Gewährleister einer echten und wahren Demokratie, sollten sich nicht der Verantwortung vor der Welt für die Herstellung eines wirklichen Weltfriedens durch eine „splendid isolation" gegenüber allen europäischen Problemen entziehen.

Die wichtigsten Merkmale der Demokratie sind am besten in den Vier Freiheiten zu finden, die der verstorbene Präsident Roosevelt in einer Rede vor dem Kongreß am 6. Jänner 1941 verkündete: Redefreiheit, Religionsfreiheit, Freiheit von Bedürftigkeit und Freiheit von Angst. (Fragebogen)

In meiner unsicheren Lage hielt ich es für vorteilhaft, mich bei den Amerikanern einzuschmeicheln, indem ich ihre Demokratie lobte.

Die Proklamation dieser Freiheiten in Deutschland sowie die wirkliche Zusicherung an das deutsche Volk, sie auf effektive und sichtbare Art und Weise zu verwirklichen, würde das deutsche Volk sehr beeindrucken und es auf dem Weg hin zu einer echten Demokratie voranbringen.

Das Staatsgefüge Österreichs nach diesem Kriege könnte man sich als eine vormalige demokratische Republik vorstellen. Eine Monarchie unter Otto von Habsburg, wie sie von den konservativen klerikalen Kreisen in Österreich schon vor dem Kriege angestrebt wurde, dürfte jedoch für das kleine und verhältnismäßig arme Österreich eine zu kostspielige Angelegenheit sein. Eine konstitutionelle Monarchie wäre nur möglich, wenn zumindest eine enge Zusammenschließung mit Ungarn oder die Bildung einer Donau-Konföderation stattfände. Eine Zusammenschließung mit Ungarn im engeren oder weiteren Maßstab wäre aus wirtschaftlichen Erwägungen heraus sehr zu begrüßen, weil Ungarn mit seinen fruchtbaren Agrargebieten und Österreich mit seiner verhältnismäßig starken Industrie, aber armen Landwirtschaft sich sehr gut wechselseitig befriedigen könnten. Denkbar wäre eine Habsburgermonarchie über ein zusammengeschlossenes Staatsgebiet aus den katholischen deutschen Ländern, das sind Bayern, das Rheinland und Österreich. (Fragebogen)

Bestrafung nationalsozialistischer Verbrechen

Die Nürnberger Kriegsverbrecherprozesse waren im Gang. Das Ausmaß der damit an die Öffentlichkeit gelangenden Nazi-Verbrechen schockierte die ganze Welt. Als junger, Befehlen gehorchender Offizier, der lediglich an der Front gedient und sich keiner Verbrechen schuldig gemacht hatte, entging ich einer Strafe. 1947 wurde ich aus der Kriegsgefangenschaft entlassen und konnte in meine Heimat Österreich zurückkehren, was de facto meine Entnazifizierung bedeutete. Ich würde frei und „unbelastet" sein und eine zivile Laufbahn einschlagen können.

Der Kontakt des deutschen Volkes zur Demokratie hat, glaube ich, bis zu diesem Zeitpunkt viel Ernüchterung gebracht. Die Notwendigkeit von Entnazifizierungsmaßnahmen ist natürlich unbestreitbar. Aber wenn diese so durchgeführt werden, daß die Mehrheit der Deutschen, denen versprochen wurde, vom Hitler-Joch befreit zu werden, jetzt das Gefühl haben muß, daß eine Art Vernichtung versucht oder zumindest nicht bekämpft wird, dann können diese Maßnahmen nicht erfolgreich sein.

206

Ich denke, es wäre notwendig, dem deutschen Volk vom kriminellen Charakter der Nazis zu erzählen, was die führenden Nazis und kriminell schuldigen Nazis betrifft. Aber weiterhin dem ganzen deutschen Volk als kriminelle Nation die Schuld zu geben verursacht einen verhängnisvollen Haß, der niemals zu einem Weltfrieden beitragen kann. Vor allem würde es zeigen, daß die Siegernationen nicht das geringste Verständnis für die Bedingungen haben, die in einem diktatorischen Staat bestehen.

Eine gerechte und harte Bestrafung der Nazi-Führer, die Deutschland von Vorbeginn an in eine so schreckliche Situation geführt haben, wird von der gesamten deutschen Nation gebilligt werden. Dasselbe gilt für diejenigen, die sich der Verletzung der internationalen Kriegsregeln schuldig gemacht haben. Andernfalls muß die große Mehrheit des deutschen Volkes zu dem Schluß kommen, daß das Ziel der Sieger die Vernichtung der Deutschen ist. Die Sieger hatten einmal weithin erklärt, daß sie als Befreier von Hitlers Diktatur, aber nicht als Eroberer kommen würden.

Daß dieser Krieg an sich kriminell war, ist bisher nie proklamiert worden. Aber das ist es, was von allen verfügbaren Medien getan werden muß. Hitler scheint mit seiner „Politik der verbrannten Erde", das heißt der Hinterlassung von nichts als Tod und Zerstörung in die Hand des Feindes, ein Experiment durchgeführt zu haben, das die meisten Deutschen schon heute als Verbrechen verurteilen.

Man stelle sich vor, eine einzelne Person, die nur das gewöhnlichste Mitglied der NSDAP gewesen war, vielleicht sogar dazu gezwungen wurde und die ohne Vorstrafen ist, muß nun aus einer lebenswichtigen Position entfernt werden. Man stelle sich weiter vor, dies geschieht trotz des Fehlens einer anderen Person, der diese Position anvertraut werden könnte, so daß ein bitter benötigtes Organisationssystem zusammenbricht. In diesem Fall könnte das deutsche Volk an dem guten Willen der Besatzungsbehörden zweifeln. Ich glaube, daß die Russen dieses Problem besser verstehen und daß sie ein praktikableres System in ihrer Besatzungszone haben. Sie haben sicherlich die höheren Nazis in ihrer Region ohne viel Skrupel liquidiert, aber sie haben die kleinen Parteimitglieder die notwendige Arbeit leisten lassen, für die sie gerüstet sind und von der es sicherlich viel zu tun gibt.

Nazis: Insbesondere die hauptberuflichen Nazis, das heißt von Kreisleitern an aufwärts, müssen unschädlich gemacht werden, ebenso eine ganze Reihe von Ortsgruppenleitern, die dieses Amt zwar nebenberuflich ausübten, aber in ihren Beurteilungen über Volksgenossen großen Einfluß auf deren persönliche und wirtschaftliche Stellung hatten und sich dabei große Ungerechtigkeiten zuschulden kommen ließen.

Parteimitglieder-Bestrafung: Parteizugehörigkeit ist a priori kein Kriterium, ein Nazi zu sein, da man in sehr vielen Fällen der NSDAP beitreten mußte, um seine Stellung nicht zu verlieren. Kritisch zu betrachten sind solche Fälle, wo der Parteieintritt erfolgte, um sich in den Genuß einer besseren Stellung zu bringen, ohne in vielen Fällen dazu geeignet gewesen zu sein. Bei der Ausschaltung und Bestrafung von hohen Parteifunktionären und Regierungsmitgliedern wird schon ein Großteil höherer SS-Führer mitbetroffen.

SS-Bestrafung: Die Mitglieder der SS sind auf persönliche Verbrechen hin zu untersuchen. Sofortige harte Strafen müssen über verantwortliche SS-Mitglieder, die in Konzentrationslagern tätig waren, ein verhältnismäßig nicht großer Teil der gesamten SS, verhängt werden. Bei Angehörigen der Waffen-SS, vor allem bei Truppen, ist nach Gräueltaten und Gewalttaten zu fahnden. (Fragebogen)

Ich war damals überzeugt, daß Soldaten der Waffen-SS, die sich im Krieg nicht schuldig gemacht hatten, ohne Verzug entnazifiziert werden sollten.

SA-Führer-Bestrafung: Eine individuelle Untersuchung muß erfolgen. SA-Angehörige waren oft harmlos, ebenso NSKK-Mitglieder

[NS-Kraftfahrkorps, eine paramilitärische Unterorganisation der NSDAP mit über einer halben Million Mitglieder], NSFK-Mitglieder [NS-Fliegerkorps, eine paramilitärische Unterorganisation der NSDAP, Segelflieger usw.], NS-Frauenschaft, meist biedere Volksgenossen ohne besondere politische Ambitionen.

HJ-Bestrafung: Hitlerjugend-Führer, vor allem die hauptberuflichen, haben rigoros unschädlich gemacht zu werden, denn bei ihnen handelt es sich meist um dreißigjährige ausgereifte Menschen. Die übrige Hitlerjugend sollte man zunächst versuchen umzuerziehen, doch Unverbesserliche sind unschädlich zu machen.

Bei allen Schuldigen mit schweren Vergehen sind die Täter zu liquidieren, mittlere Fälle sind in einem Straflager mit mehrjähriger harter Arbeit zu bestrafen, um zum Beispiel zerstörte wichtige öffentliche Gebäude (Schulen, Krankenhäuser ...) wiederaufzubauen.

Alliierte Hilfe

Die Lebensbedingungen in Deutschland und in Österreich waren in den Wintern der Jahre 1945/46 und 1946/47 katastrophal. Ich lebte zu dieser Zeit noch in Amerika und wußte nicht genug von den Tragödien, die sich in meiner Heimat abspielten.

Meine Landsleute waren nicht mehr in der Lage, sich aus eigenen Kräften am Leben zu erhalten. Eine schreckliche Hungersnot lag über dem Land, Menschen verzehrten selten mehr als achthundert Kalorien pro Tag. Die Produktivität der österreichischen Landwirtschaft war seit 1937 um sechzig Prozent zurückgegangen. Die Rote Armee hatte hunderttausende Österreicher sowie Millionen Deutsche aus den ehemalig deutschsprachigen Ostgebieten vertrieben. Sie benötigten dringend Hilfe.

Die United Nation Relief and Rehabilitation Administration versorgte Europa mit Nahrungsmitteln, Medikamenten, Saatgut, Düngemitteln und Textilien. Die Vereinigten Staaten lieferten siebzig Prozent dieser Produkte. Die übrigen Anteile stellten Kanada, Südamerika, Australien und Indien bereit.

Christliche amerikanische Hilfsorganisationen sowie Privatpersonen aus den USA begannen C.A.R.E.-Pakete nach Europa zu schicken. Mehr als die Hälfte davon gingen nach Deutschland. Die US-Navy beförderte diese insgesamt hundert Millionen Pakete kostenfrei. Es handelte sich dabei um Standardpakete, jedes für „eine hungrige Person in Europa", mit Rationen für jeweils zehn Tage.

Nachdem ich nach Österreich heimgekehrt war, verspürte ich tiefe Dankbarkeit gegenüber dem amerikanischen Volk und seiner Regierung. Die Hilfspakete, der Marshallplan und die Freundlichkeit der amerikanischen Besatzer hinterließen im Nachkriegsösterreich einen positiven und bleibenden Eindruck.

Meine folgenden Warnungen im Fragebogen zu Beginn des Winters 1945/46 fielen eventuell auf fruchtbaren Boden.

> *Abgesehen von meiner Hoffnung und dem Wunsch, daß Deutschland zu einer echten Demokratie wird, fürchte ich, daß die für den Winter in Deutschland vorhergesagte schreckliche Situation viel zum kommunistischen Weg Deutschlands beitragen könnte. Die Nachwirkungen dieses Krieges werden in diesem Winter den Höhepunkt erreichen.*

> *Wenn man davon absieht, daß Rußland das große Fragezeichen darstellt, hinter dem die Nachkriegszustände in Deutschland*

noch verborgen sind, muß festgestellt werden, daß Deutschland
mit denen Zusammenarbeit suchen wird und auf jene angewiesen
sein wird, die dem Land langfristige Kredite geben werden und
Deutschland dadurch seinen Wiederaufbau ermöglichen werden.
Damit ließe sich ein besserer Lebensstandard erreichen, der den
Kommunismus abwehren würde. Zwangsläufig wird Deutschland
natürlich eine Kolonie dieser Helfersmacht und von dieser leicht
beeinflußbar sein. Ein Großteil Deutschlands rechnet mit haupt-
sächlicher Hilfe vonseiten der USA.

Der realistisch denkende Arbeiter und der vor dem Nichts stehende
Beamte und Bürger werden mit dem Gedanken, daß mit der Trauer
über die Vergangenheit und mit dem Gebet für eine gute Zukunft
allein nichts aufgebaut werden kann, ohne viel Sentimentalität
an die Arbeit gehen und aufzubauen versuchen, was die ihrer
Anschauung nach zweifelhafte christliche „göttliche Gerechtigkeit
und Vorsehung" ihnen zertrümmert hat. Die über den katholischen
Glauben spottenden Realisten werden sich vor allem an denjenigen
halten, der ihnen Arbeit und Baumaterial gibt. Hilft die Kirche
dabei wirkungsvoll mit, dann wird ihr diese Bevölkerungsgruppe
ebenfalls Achtung und unter Umständen eine große Gefolgschaft
leisten. Anderenfalls werden diese Menschen in der Zeit, in der die
Gläubigen in der Kirche beim Gottesdienst knien, eher in einem
revolutionären Vereinslokal sitzen und radikale Pläne zum Aufbau
einer anderen Lebensmöglichkeit schmieden. (Fragebogen)

Globale Gerechtigkeit
kann einen neuen Krieg verhindern

Eine Antikriegspropaganda wird ohne Erfolg sein, wenn es keine
gerechte Verteilung des Reichtums der Welt gibt. Wenn der Lebens-
standard eines Landes viermal so hoch ist wie der eines anderen
Landes, wo die Menschen den gleichen Grad an Kultur und Zivi-
lisation haben, würde eine solche Situation einen verständlichen
Neid erzeugen. Das ist es, was die Kommunisten heute in ihrer
antikapitalistischen Haltung so stark macht, der Neid auf die

Reichen. Ein Gefühl des Neids treibt notwendigerweise zu einem Krieg um einen Ausgleich. Mit der Atombombe jedoch würde ein neuer Krieg die Zivilisation ruinieren. Das bedeutet, daß Hungersnöte nicht die grundlegenden Ängste und die Gier hervorbringen dürfen, die zu Kriegen führen. Da die Zivilisation keinen weiteren Krieg aushalten kann, darf sie den Hunger nirgendwo auf der Welt tolerieren.

Es ist eine wissenschaftliche Tatsache, daß die Welt genug Nahrung und Kleidung für alle produzieren kann. Aber es muß einen allgemeinen Anstieg des Lebensstandards geben, damit alle Menschen auf dem Weltmarkt kaufen und verkaufen können und folglich genug Geld zum Kauf notwendiger Lebensmittel verdienen. Daher muß die Freiheit vom Mangel an Nahrungsmitteln verwirklicht werden, um die Antikriegspropaganda wirksam zu machen. Der beste Weg, den Massen zu zeigen, daß Krieg vermeidbar ist, besteht darin, ihnen zu zeigen, wie bedrohliche Fragen durch Konferenzen friedlich gelöst werden können. (Fragebogen)

Die katholische Kirche im neuen Österreich

Die Geistlichkeit Österreichs hat eine unmißverständliche Haltung gegen den Krieg eingenommen. Die Eingliederung Österreichs in das Reich im Jahre 1938 wurde im Hinblick auf die von der nationalsozialistischen Regierung der Kirche gegenüber verhängten Einschränkungen von der Geistlichkeit zwangsweise akzeptiert. Mit starker Zurückhaltung in ihrem Inneren und ebenfalls nach außen hin mußte sie aus Zweckmäßigkeitsgründen meist gute Miene zum bösen Spiel machen.

Prinzipiell befand sich von der Geistlichkeit niemand in einer besonderen Übereinkunft mit den Nazis, jedoch war in vielen katholischen Gegenden, in denen der Ortsgruppenleiter der NSDAP selbst ein guter Kirchgänger war, das Verhältnis zwischen ihm und dem Pfarrer ein ungetrübtes.

Die Mithilfe der österreichischen katholischen Geistlichkeit an der Wiedererweckung eines freien Österreich war bereits bisher und wird in Zukunft noch viel mehr eine hundertprozentige sein.

Es bestehen starke Anzeichen und bereits sichtbare Ansätze für ein stärkeres Wiedererwachen religiösen Gefühls in allen katholischen Ländern Deutschlands und Österreichs. Grund hierfür ist die Tatsache, daß dieser Krieg dem deutschen Volke tiefe Wunden geschlagen hat, die vom einfachen Volk in erster Linie gefühlsmäßig erfaßt werden. Dazu muß die Tatsache des verlorenen Krieges vor allem düster unterstrichen werden. Mit jedem Jahr des Krieges sich steigernd, haben sich Frauen und ältere Männer in der Heimat in der Besorgnis um ihre Angehörigen an der Front zu häufigeren Kirchgängern entwickelt. Wenn dann in den Wochen und Monaten nach Beendigung des Krieges die große Zahl der Opfer dieses Krieges erst richtig ins Bewußtsein dringen wird, werden alle von Leid Betroffenen, und das ist wohl das gesamte deutsche Volk, nach irgendeinem Trost suchen. Zweifellos wird die Kirche der gläubigen Bevölkerung den ersten und gleichzeitig sehr wirksamen Trost geben können, mit ihrem Hinweis auf die „göttliche Gerechtigkeit und die notwendige Unterwerfung" des Menschen unter diesen göttlichen Willen. Die „weit vorausblickende Weisheit Gottes allein" kann wissen, warum diese furchtbare Prüfung über das deutsche Volk kommen mußte. Die gläubige Landbevölkerung und die Bewohner kleinerer Landstädte werden in diese Bevölkerungskategorie einzureihen sein.

Sowohl die höhere als auch die niedere Geistlichkeit besitzt in Österreich unter der gläubigen Bevölkerung beträchtliches Ansehen. Da die höhere Geistlichkeit aus dem öffentlichen Leben verdrängt wurde, ist die niedere Geistlichkeit durch ihre nähere Berührung mit der Bevölkerung natürlich populärer. (Fragebogen)

Die Christlich-Soziale Partei

Die Christlich-Soziale Partei ist eine der stärksten Parteien des demokratischen Österreich vor dem Anschluß ans Reich gewesen. Ihren Hauptanhang besaß sie in den Landgegenden und den mittelgroßen Städten, also unter Bauern, Handwerkern und im Bürgerstand. Eine Möglichkeit, ihre vormalige dominante Stellung wieder zu erreichen, liegt in der Ermöglichung eines dem österreichischen Volke einigermaßen entsprechenden Lebensstandards. Ehemalige Funktionäre der Christlich-Sozialen Partei sowie die Geistlichkeit werden diese Partei in ihrem Gerippe unschwer wiederaufbauen können, wenn die vorhin geschilderten Bedingungen [steigenden Lebensstandards] zutreffen.

Das mit Papst Pius XI. abgeschlossene Konkordat würde nach Beseitigung der von den nationalsozialistischen Gesetzgebern eingeführten Änderungen hinsichtlich Religionsunterrichts in den öffentlichen Schulen, in der Heirats- und Scheidungsgesetzgebung und so weiter in einem demokratischen Österreich wieder zu ratifizieren sein. Zu erwägen wäre in diesem Falle allerdings die Frage, ob man den Dualismus zwischen Staat und Kirche hinsichtlich der formalen verwaltungs- und registraturtechnischen Angelegenheiten, wie Geburten, Heiraten, Todesfälle usw., nicht besser zu einer reinen Aufgabe des Staates macht und der Kirche nur das Religiöse an diesen Dingen überläßt. Ein besonderes Hervortreten des Klerikalismus in der Regierung würde in einem demokratischen Österreich nicht zu befürworten und zwangsläufig auch gar nicht in besonderem Maße möglich sein. (Fragebogen)

Die Rolle des Großbürgertums beim Wiederaufbau

Beim Ausfüllen des Fragebogens im Oktober 1945 hatte ich die Nachkriegslage des Großbürgertums falsch eingeschätzt. Obwohl im Krieg Großteile der Industrie und der Mietshäuser zerstört worden waren, besaß das Großbürgertum noch genügend Vermögen, um Einfluß und Macht ausüben zu können. War meine Fehldiagnose ein Wunschdenken, die ehemals Reichen leiden zu sehen?

Es besteht kein Zweifel, daß sich das Verhältnis zwischen der kapitalistischen Bourgeoisie und der Arbeiterklasse nach dem Krieg grundlegend ändern wird. Von einer eklatanten Trennung zwischen diesen beiden ehemaligen Klassen wird man nicht mehr sprechen können. Der Krieg – vor allem die Zerstörung großer Städte durch Luftangriffe und nicht zuletzt die Inflation nach dem Krieg – wird die Klassenunterschiede zwischen Arm und Reich verwischen. (Fragebogen)

Entwicklungsmöglichkeiten in naher Zukunft

Die Schaffung immer chaotischerer Zustände im Reich bereitet unlösbare Probleme für die Alliierten, die eventuell schließlich zu einem Punkt führen könnten, an dem sich das deutsche Volk nach Jahren oder sogar Jahrzehnten bei Betrachtung der ganzen fatalen Entwicklung sagen könnte: „Hitler hatte recht, seine Feinde wollten nicht ihn und sein System vernichten, es war die Absicht [der Alliierten], das ganze deutsche Volk nie mehr zu einem menschenwürdigen Dasein emporsteigen zu lassen." Ob die deutsche Seele Hitler dann nicht zu einem nationalen Märtyrer stempeln wird? Einer solchen Entwicklung muß vorgebeugt werden.

Wenn diese „politisch ausgerichteten" deutschen Kriegsgefangenen aus Rußland heimkehren, auch die von westlichen Alliierten besetzten Gebiete an Deutschland zurückgegeben werden, werden sie einen für linksgerichtete Tendenzen fruchtbaren Boden vorfinden. Dies gilt nicht nur für die Arbeiterschaft in den zum Teil restlos zerstörten Industriegebieten, sondern auch für eine große Zahl von Angehörigen des deutschen Bürgerstandes und der besitzenden Schichten, die durch Bombardierungen oder auf andere Weise Bettler geworden sind. Ein Zusammenfinden dieser früher entgegengesetzten sozialen Schichten im Sinne einer Volksfront ist denkbar. Ob die konservative Kraft der katholischen Kirche, die als Faktor in diese Betrachtungen miteinbezogen werden muß, stark genug ist, die revolutionäre Flut radikaler Richtungen ein- zudämmen, ist sehr fraglich, es sei denn, sie erführe eine gewaltige Stärkung in der nahen Zukunft. Die Entwicklung der innerdeut- schen Verhältnisse zu einer gemäßigten Demokratie erscheint also noch sehr problematisch.

Ich glaube nicht, daß das deutsche Volk in der Lage sein wird, sein politisches und wirtschaftliches Leben unter der alliierten Besatzung wiederaufzubauen. Ein Deutschland unter alliierter Besatzung wäre ein ohne jegliche Koordinierung regiertes dezen- tralisiertes Land. In einem solchen Deutschland wird es von Anfang an unmöglich sein, etwas im demokratischen Sinne erfolgreich neu aufzubauen.

Ich glaube, eine dauerhafte Dezentralisierung Deutschlands ist weder für Deutschland noch für Europa eine Lösung. Die Alternative ist entweder Ost oder West. Zonen mit diametral entgegengesetzten Einflüssen auf deutschem Boden sind ganz und gar hoffnungslos. Selbst ein westlicher Block eines geteilten Deutschlands kann aus verständlichen Gründen nur für eine begrenzte Zeit gegen den starken Widerstand Rußlands und der deutschen Kommunisten bestehen.

Einer generellen Aufteilung des Großgrundbesitzes ist zu widerraten, da die Großgrundbesitzer in den Bewirtschaftungs-Methoden naturgemäß stets am fortschrittlichsten sind, doch sind sie im Verhältnis zum Kleinbauern stärker zu besteuern.

Die deutsche Schwerindustrie ist zu verstaatlichen, um einerseits eine einfache Arbeitsbeauftragung und gute Kontrolle zu haben und um andererseits die Nutznießung den Staatsfinanzen zuzuführen und dabei den kleinen Steuerträger zu entlasten.

Deutschland soll möglichst ein geschlossenes Ganzes – Stand 1933 – bleiben, denn eine Aufsplitterung in eine Unzahl kleinerer Staaten würde in jeder Hinsicht nur erschwerte Kontrolle bedeuten. Um lebensfähig zu bleiben, sollte Deutschland nicht zerteilt werden, da einzelne große Gebiete rein agrarisch und andere rein industriell strukturiert sind, und sie bedürfen sich wechselseitig.

Nach diesem Krieg, der Deutschland verwüstet hat, sind die Aussichten auf eine bessere Zukunft mit demokratischer Freiheit eher düster. Eine bessere Zukunft scheint gar nicht erreichbar zu sein. Die Deutschen haben nie die demokratische Freiheit erlangen können, die sie angestrebt haben. Daher könnten sie das Gegenteil versuchen. „Viel mehr kann nicht verloren gehen, vielleicht kann etwas gewonnen werden", das ist eine mögliche Haltung heute in Deutschland. Ich fand sie unter vielen Kriegsgefangenen. (Fragebogen)

Juden im neuen Deutschland

Im Oktober 1945 dachte ich, der Ausdruck „Jude" würde inakzeptabel bleiben. Die Juden selbst bestanden jedoch darauf, diesen Begriff beizubehalten. Das Wort „Jude" wird heute überall als wertfrei akzeptiert.

Juden sollten gleichberechtigt sein wie jeder Deutsche. Die Ausmerzung des Begriffes „Jude" im rassistischen Sinn ist anzustreben, da das deutsche Volk mit dem Begriff „Jude" so traktiert wurde, daß dieses Wort allein schon eine reservierte Haltung gegenüber einer derartig klassifizierten Person bedingen wird, zumindest noch lange Zeit.

Was die ausgewiesenen oder verschleppten Juden anbetrifft, so glaube ich, daß dieselben sicherlich nicht gesetzlich an einer Rückwanderung nach Österreich gehindert werden dürften.

Bezüglich der Judenenteignung durch die Nazis: Diejenigen Juden, die unter dem Nazi-Regime gelitten haben, werden sich sofort melden und sicherlich gerne bereit sein, nach einem Aufruf zu klären, wer sich zu ihrem Nachteil bereichert hat. Diesbezüglich habe ich keine weitere Kenntnis.

Meine Einstellung zu den Vereinigten Staaten

Die folgenden Zeilen schrieb ich noch vor dem Transfer nach Columbus und Wisconsin, wo ich zahlreiche Kontakte mit Amerikanern pflegen konnte:

Wenn ich an Amerika denke, fällt mir als erstes der Gedanke ein, daß Amerika ein Land ist, in dem Menschen wirklich menschlich leben können. Ich habe mein Bild von den Vereinigten Staaten vor allem durch Lesen geformt. Mein Status als Kriegsgefangener hat meinen persönlichen Kontakt zu den Amerikanern eher eingeschränkt. Meiner Meinung nach ist die typischste Beschreibung der heutigen Vereinigten Staaten ein Land, das eine Weltmacht ist und in dem die Macht wirklich den Menschen gehört. (Fragebogen)

Über mich

Ich glaube nicht, daß ich unter dem Nazi-Regime von wichtigen Informationen von außen ausgeschlossen wurde, weil ich ausländische Sendungen gehört habe. Ich möchte durch eine freie Presse und Radio über alle Entwicklungen in der Welt auf dem Laufenden gehalten werden. Meinen Mangel an Informationen möchte ich mit allen verfügbaren Mitteln, wie Lesen, Radiohören oder Universitätskurse, ausgleichen.

Ich halte meine bisherige Ausbildung für gut. Ich ging durch das Gymnasium in Graz unter guten österreichischen Lehrern. Danach war die Ausbildung in der SS für mich keine Ausbildung, sondern nur Erfahrung.

Ich möchte, daß meine Kinder im vornationalsozialistischen österreichischen Schulsystem mit mehr Gewicht auf körperlichem Training aufgezogen werden.

Ich hatte einen fundierten Religionsunterricht im Franziskaner-Seminar in Graz. Als Österreich im Jahre 1938 an Deutschland angeschlossen wurde, lösten die Nazis das Seminar auf. Ich war damals siebzehn Jahre alt. 1939, als ich in die Armee eingezogen werden sollte, trat ich der Waffen-SS (ihrer Ärztlichen Akademie in Graz) bei, um mein Medizinstudium beginnen zu können. Danach setzte ich mein Studium an der Universität Graz bis Juni 1944 fort, als ich zum ersten Mal als Arzt an die Front befohlen wurde. (Fragebogen)

Hier verschwieg ich einiges. Meinen ersten Einsatz im Frankreichfeldzug im Jahr 1940 und die Ausbildung an den SS-Junkerschulen erwähnte ich nicht.

Während meines Studiums bin ich in meinem Denken aufgeschlossen geworden und habe die Fähigkeit entwickelt, klare Kritik zu üben. Die engstirnige Nazi-Erziehung konnte mich nie beeindrucken. Ich halte meine Ausbildung für zufriedenstellend, um die Probleme des Lebens und der Gesellschaft zu verstehen.

Zum jetzigen Zeitpunkt kann ich meine eigene Zukunft nicht gestalten. Alles hängt von den Bedingungen in Österreich bei meiner Heimkehr ab. Ich muß mein Studium fortsetzen, noch ein Jahr, um meinen Doktortitel zu bekommen. Jedoch fürchte ich, daß die Chancen schlecht sein werden. Ich bin sehr daran interessiert, mein Studium zu beenden und mich auf Psychologie zu spezialisieren.

Ich plane, mein Studium in Graz oder Wien zu beenden und dann im Krankenhaus meines Schwiegervaters in St. Pölten bei Wien, das jetzt in der russischen Besatzungszone liegt, zu arbeiten. Ob diese Option noch möglich ist, weiß ich nicht. Ich denke, daß mein zukünftiger Beruf meinen Wünschen und Talenten entsprechen wird, soweit die Zukunft meine Pläne erfüllt.

Wenn Österreich ein demokratisches Land wird, möchte ich soviel wie möglich zur demokratischen Lebensweise beitragen. Solange Österreich in der Reichweite Rußlands ist, möchte ich nicht zurückkehren. Im Falle eines neuen Krieges möchte ich kein Zwangskämpfer für russische Ideen werden. Das einzig Gute für mich ist, daß ich im Kriegsfall niemanden töten muß, meine Pflicht ist es, Leben von Freund und Feind zu retten. (Fragebogen)

ÜBERSETZUNGSDIENST
– GEFEUERT

Im Jänner 1946 wurde ich unerwartet aus dem Übersetzungsdienst entlassen und in ein Kriegsgefangenenlager in Wisconsin verlegt. Der Nachrichtendienst stellte mir keine
Fragen, und ich durfte nicht das Schreiben sehen, das
meine Entfernung aus dem Übersetzungsdienst befahl.
Ich hatte keine Möglichkeit, mich zu verteidigen. Diese
zweiseitige interne Büromitteilung fand ich in den mir
zugespielten Dokumenten:

Geheim

Postfach 1142, Alexandria, Virginia
31. Jänner 1946
Internes Memorandum/Rundschreiben
An: Kapitän Holbrook
Betreff: Kriegsgefangene, die als Vertraute
arbeiten

1 Nach sorgfältiger Untersuchung der gegen-
wärtigen Vertrauten wurde festgestellt, daß
zwei Personen, die derzeit in der Über-
setzungsabteilung arbeiten, nicht den
Anforderungen und den politischen Standards
entsprechen, die notwendig sind, um die
Position des Vertrauens zu rechtfertigen.

2 Salmutter, Sepp, Obersturmführer (Oberleutnant). Dieser Mann meldete sich 1939
freiwillig zur Waffen-SS, und seine letzte
Einheit war das 1. Bataillon SS-Pan-
zerartillerie-Regiment „Das Reich". Am
16. Dezember 1944 nahm er an der Ardennenoffensive teil und kämpfte in der Nähe
von Gouvy-Medrin-Laroche. Zuvor war der
Gefangene im Juni 1944 zum Einsatz an der
Invasionsfront mit der 2. SS-Panzerdivision
befohlen worden.

Diese Division zog aus Südwestfrankreich
nach Norden und wurde dafür bekannt, Gräueltaten in diesem Bereich begangen zu haben.
Die 2. SS-Panzerdivision ist für das Massaker von Oradour verantwortlich.

3 Die Geschichte des Gefangenen zeigt eine
Reihe von Nazi-Indoktrinationen:
1940, SS-Ärztliche Akademie Graz;
1941, SS-Junkerschule Bad Tölz;
1941, SS-Unteroffiziersschule Lauenburg;
1942, SS-Junkerschule Braunschweig;
1942–1944, Mitglied der SS-Militärakademie.
Als „Medizinstudent" besuchte der Kriegsgefangene Konzentrationslager in Dachau,
Oranienburg und Buchenwald. Aufgrund der
Geheimhaltung dieser Konzentrationslager
erscheint es sehr zweifelhaft, daß jemand,
der nicht als absolut vertrauenswürdiger
Anhänger des Nationalsozialismus angesehen
wird, diese „heiligen" Nazi-Einrichtungen
betreten durfte. Am 2. April 1942 wurde der
Gefangene „zum SS-Führer im Sanitätsdienst
geeignet" befördert.

4 Die bloße Tatsache, daß sich der Kriegsgefangene durch die Front gekämpft hat und in
Gouvy blieb, um gefangengenommen zu werden,
zeugt nicht unbedingt von einer
besonderen Liebe zur Demokratie, sondern muß
als die praktischste Form der Selbsterhaltung
angesehen werden. Die Erklärung für seine
neo-demokratischen Ansichten könnte darin
liegen, daß im März 1945 ein Kamerad von ihm,
der Bataillonsarzt des Feldersatz-bataillons
der SS-Division „Das Reich", Oberjunker Dr.
Fronius, der in das Kriegsgefangenenlager
nach Namur gebracht wurde, sagte, daß der
Kriegsgefangene als Deserteur galt und wahrscheinlich unehrenhaft aus der SS entlassen
und zum Tode verurteilt worden sei. …

POST OFFICE BOX 1142
ALEXANDRIA, VIRGINIA

POST OFFICE BOX 1142
ALEXANDRIA, VIRGINIA

31 January 1946

INTER-OFFICE MEMORANDUM

TO : Captain Holbrook

SUBJECT : P/W's working as Trustees

1. After careful investigation of the present Trustee Complement it has been found that two subjects at present working in the Translation Section do not meet the requirements and political standards necessary to hold a position of trust.

2. SALMUTTER, Sepp, Obersturmfuehrer (Oberleutnant). This man volunteered for the Waffen SS in 1939 and his last unit was the 1st Battalion SS Panzer Artillery Regiment Das Reich. On 16 December 1944 he participated in the Ardennes Offensive and operated in the vicinity of Couvy-Hadrin-Laroche. Prior to being transferred to this front P/W had operated in June 1944 on the invasion front with the 2nd SS Panzer Division. This Division moved up from southwest France and is known to have committed atrocities in this area. The 2nd SS Panzer Division is also responsible for the massacre at Oradour.

3. Subject's background contains a series of Nazi indoctrinations: 1940, SS Aerztliche Akademie, Graz; 1941, SS Junkerschule, Toelz; 1941, SS NCO School, Lauenburg; 1942, SS Junkerschule Braunschweig; 1942-44, member of the SS Military Academy. As a "medical student" P/W visited concentration camps at Dachau, Oranienburg, and Buchenwald. Due to the nature of the secrecy in which these concentration camps were kept it seems very doubtful that anybody not regarded as an absolutely trustworthy disciple of Nazism would be permitted to enter these "sacred" Nazi institutions. On 2 April 1942 subject was classified "zum SS Fuehrer im Sanitaetsdienst geeignet" (suitable for appointment as SS Officer in the Medical Service).

4. The mere fact that P/W fought his way through the front lines and remained at Gouvy to await capture does not necessarily show any particular love for democracy but must be regarded as the most practical form of self-preservation. The explanation for his neo-democratic views might be found in the fact that in March 1945 a comrade of his, the Battalion doctor of the Feld Ersatz Battalion of the SS Division Das Reich, Oberjunker Dr. Fronius, who was brought to the P/W camp at Namur, told him that he was considered a deserter and that it is probable that he had been dishonorably discharged from the SS and condemned to death.

6. It may be pointed out that at the time of appointment as Trustees Captain Krempel, as Morale Officer, voiced his doubts as to the sincerity of these men but was overruled in the final acceptance by the higher echelon of this Installation.

7. Due to the above mentioned conclusions these two men will be removed from this Post as quickly as proper arrangements can be made.

HERMAN L. HALLE
Captain, Inf.

```
6 Es sei darauf hingewiesen, daß Kapitän
Krempel als Moraloffizier zum Zeitpunkt der
Berufung der beiden Vertrauten seine
Zweifel an der Aufrichtigkeit dieser Männer
geäußert hat, aber bei der
endgültigen Annahme durch die höheren
Dienstgrade überstimmt wurde.

7 Aufgrund der obengenannten Schluß-
folgerungen werden diese beiden Männer so
schnell wie möglich von diesem Posten
entfernt.

Hermann L. Halle,
Kapitän, Inf.
```

Ein feindseliger Brief, der an meinem fünfundzwanzig-sten Geburtstag verfaßt worden war. Meine umgehende Entlassung aus dem Übersetzungsdienst wurde unter anderem mit dem aufkommenden Verdacht begründet, daß ich womöglich in das Massaker von Oradour verwickelt gewesen sei. Zwar war die 2. SS-Panzerdivision „Das Reich" im Sommer 1944 in Tulle und Oradour in Südfrankreich schuldig geworden, doch waren lediglich hundertfünfzig Waffen-SS-Männer an diesen Kriegsverbrechen beteiligt. In unserer Division dienten mehr als zwölftausend Mann, und ich war in keiner Weise schuldig geworden.

Weiter hieß es in dem Schreiben, daß ich zu den Amerikanern übergelaufen sei, um mein Leben zu retten, und nicht, weil ich „eine besondere Leidenschaft für die Demokratie" gehegt hätte, was zum Teil zutrifft.

Das dritte Argument drehte sich um meine Besuche in den Konzentrationslagern. Laut dem obigen Schreiben war es allein den vertrauenswürdigsten Anhängern des

Nationalsozialismus gestattet, diese „heiligen" Nazi-Einrichtungen zu betreten. Aus der Tatsache, daß ich gleich drei Konzentrationslager (Dachau, Sachsenhausen und Buchenwald) besucht hatte, schlossen die Amerikaner, daß ich ein blind vertrauender Nationalsozialist gewesen sein muß.

Dieses Dokument brachte mich zum Nachdenken. Alle Anschuldigungen waren bereits seit meiner Gefangennahme vor einem Jahr bekannt gewesen. Warum wollte man mich so unversehens loswerden? Ich vermute, daß die Anschuldigungen nicht die Gründe für meine Entlassung waren. Gab es einen neuen Chef, der hart durchgreifen wollte? Hatten sich politische Richtlinien verschoben?

Acht Monate, bevor dieses interne Schriftstück verfasst wurde, hatte Deutschland kapituliert. Die Nürnberger Prozesse offenbarten der ganzen Welt die deutschen Gräueltaten. Hatte dies die amerikanische Militärverwaltung veranlaßt, die militärischen Karrieren aller Gefangenen, insbesondere die der Waffen-SS-Angehörigen, nochmals zu durchleuchten und sie konsequent aus Vertrauensstellungen zu entfernen? Ich kann nur meine eigenen Vermutungen anstellen; der eindeutige Grund meiner Entlassung bleibt ein Rätsel.

Was könnte in diesem neuen Abschnitt meiner Gefangenschaft auf mich zukommen? Damals war es nicht abzusehen, wie lange ich inhaftiert bleiben würde. Wie sollte ich mich verhalten, um die Gefangenschaft unbeschadet zu überstehen? Ich wollte nicht auffallen und mich zurückhalten, was immer auch auf mich zukommen sollte.

KRIEGSGEFANGENENLAGER COLUMBUS

Nach meiner Entlassung aus dem Übersetzungsdienst brachte man mich Anfang Februar 1946 von Fort Hunt in Richtung Norden zum Camp Columbus in Wisconsin.

In Amerika überraschte mich der Komfort der Pullman-Züge, die mich zum Gefängnislager transportierten. Soweit ich es beurteilen konnte, hatte Amerikas Wohlstand nicht unter dem Krieg gelitten. Ich verliebte mich in die endlosen Weiten dieser Landschaft. Das Camp Columbus lag am Stadtrand von Columbus, einer Kleinstadt mit dreitausend Einwohnern, und beherbergte fünfhundert Kriegsgefangene.

Es gab wenige amerikanische Wachen, die unsere Sprache beherrschten. Also halfen deutsche Offiziere aus. Sie überwachten die Gefangenen und sorgten täglich für Ordnung in den eigenen Reihen. Sie weckten unsere Männer, führten sie zur Kantine und bereiteten sie auf die Arbeit vor. Die Routine vermittelte den Gefangenen das Gefühl militärischer Disziplin. Sport und Hobbys wurden gefördert. Wir erhielten Schreib- und Malgeräte, Holzbearbeitungswerkzeuge und Musikinstrumente. Außerdem durften wir mit unseren Familien in Deutschland und Österreich korrespondieren.

Unterstützt von einem Sanitäter, war ich täglich von acht bis zehn Uhr für die medizinische Betreuung der Gefangenen zuständig. Zur Ausführung komplizierter und seltener Eingriffe mußte ich die betroffenen Patienten ins städtische Krankenhaus überweisen. Außerdem kümmerte ich mich mit einigen weiteren Kameraden um den Kuhstall einer nahegelegenen Farm. Diese Arbeit war nicht anspruchsvoll, aber ich machte sie gern. Der Geruch von Heu und Stroh sowie das Muhen der Kühe erinnerte mich an meine Kindheit in Niederschöckl, wo ich meiner Groß-mutter beim Ausmisten im Stall geholfen hatte.

Insgesamt waren vierhundertfünfundzwanzigtausend deut-sche Gefangene in die USA gebracht und auf siebenhundert Lager in sechsundvierzig Bundesstaaten aufgeteilt worden. Stacheldraht und Wachtürme erinnerten die Deutschen daran, daß sie hier in Gefangenschaft waren. Ansonsten glichen die Anlagen eher militärischen Trainingslagern. Allein in Wisconsin gab es achtunddreißig Lager mit rund vierzigtausend deutschen Kriegsgefangenen. Damals machte die deutsche Ethnie, vorwiegend Bauern, ein Drittel der Bevölkerung von Wisconsin aus. Es waren Einwanderer der ersten oder zweiten Generation, die zu Hause noch Deutsch sprachen.

Trotz der Tatsache, daß die USA und Deutschland einen schrecklichen Krieg gegeneinander geführt hatten, teilten wir als Kriegsgefangene eine gemeinsame Kultur mit den ein-heimisch gewordenen Deutschen. Wir konnten Bindungen zu ihnen aufbauen, die der durchschnittliche amerikanische Bürger nicht immerzu verstand. Da es in Wisconsin einen immensen Bedarf an Landarbeitern gab, hatte die ame-rikanische Regierung beschlossen, viele der deutschen Kriegsgefangenen dorthin zu verlegen. Wir, meine Kame-raden und ich, freuten uns auf die Feld- und Stallarbeiten. Unsere Mühen wurden bezahlt und halfen uns, der Mono-tonie der Gefangenschaft zu entkommen und unser Leben mit einer nützlichen Aufgabe zu füllen. Kriegsgefangene arbeiteten auch in Konservenfabriken, Mühlen und anderen Einrichtungen, wo sie ein geringes Sicherheitsrisiko darstellten.

Außerhalb des Lagers durften wir uns in einem einge-
schränkten Bereich bewegen. Schwarze amerikanische
Wachen mußten mit begreiflichem Groll feststellen, daß
deutsche Gefangene in Restaurants eintreten konnten,
wo ihnen selbst der Zugang versperrt war. Amerikanische
Frauen verbrüderten sich mit deutschen Kriegsgefangenen
– illegal, aber geduldet. Mit den Einheimischen verstanden
wir uns gut, tranken mit ihnen in Kneipen und trafen an-
sässige Girls. Die Lagerverwaltung veranstaltete gesellige
Zusammenkünfte, zu denen Amerikaner eingeladen wurden.
Manche meiner Kameraden lernten auf diese Weise ihre
zukünftigen Ehefrauen kennen.

Die Genfer Konventionen sahen vor, daß unsere Arbeits-
leistung zu bezahlen war und Offiziere nicht zur Arbeit
gezwungen werden durften. Ein Teil unseres Einkommens
wurde für die Finanzierung des Kriegsgefangenenpro-
gramms verwendet, den Rest erhielten wir als Taschengeld
für Einkäufe in der Lagerkantine oder in der Stadt Columbus. Viele meiner Kameraden meinten, daß ihr Leben im
Lager deutlich besser sei als jenes in der zerbombten Heimat.
Während meines Kriegsgefangenenaufenthaltes habe ich
nichts von Fluchtversuchen erfahren.

Die Young Men's Christian Association (YMCA) druckte für
uns Bücher und stellte Buchbindematerial bereit, damit
wir Bücher selbst reparieren konnten, falls diese von dem
häufigen Gebrauch beschädigt sein sollten. Neben Abonne-
ments für amerikanische Zeitungen lasen wir ein Blatt
mit Gedichten, Kurzgeschichten, Rätseln und Spielen,
das von einer aus Künstlern bestehenden Gefangenengruppe
herausgegeben wurde. Die Lagerbehörden waren überzeugt,
daß das Veröffentlichen von Druckschriften den Gefangenen

Main Street, Columbus, 1946:
Sepp Salmutter war Kriegsgefangener in einem Lager in Columbus,
Wisconsin, USA

kreative Möglichkeiten bot und gleichzeitig zur Auf-
rechterhaltung der Moral beitrug. Überdies war für sie
der Inhalt dieser Zeitung wichtig, um mehr über die
Ansichten und Einstellungen der Gefangenen zu erfahren.

Einige Kriegsgefangene hielten eisern an ihrer Nazi-Ideologie fest. Sie verspotteten die Wärter und grüßten mit „Sieg
Heil", wenn sie gezwungen wurden, am morgend-lichen
Fahnenappell teilzunehmen. Obwohl die Amerikaner
es verboten, feierten sie Hitlers Geburtstag und andere
Nazi-Feiertage. Insbesondere nordafrikanische Rommel-
Kameraden, die seit langem hier waren, konnten die
deutsche Niederlage schwer verkraften. Unverbesserliche Kriegsgefangene brannten als „Gruß vom Führer"
Hakenkreuze in Rückenpanzer von Schildkröten, die noch
heute damit gebrandmarkt durch die Landschaft kriechen.

Vorsichtshalber erzählte ich niemandem die Wahrheit über
meinen Eintritt in die amerikanische Gefangenschaft. Als
ehemaliger SS-Offizier schätzte ich mich glücklich, nicht
in sowjetische Gefangenschaft geraten zu sein. Später
erfuhr ich, daß es in manchen Lagern kleine, fanatische
Gruppen von Nazis gab, „Geister" genannt, die deutsche
Kameraden mit Anti-Nazi-Haltung hinrichteten. Diese
Hinrichtungen wurden als Unfall getarnt.

Für deutsche Gefangene war ein formelles Umerziehungs-
programm entwickelt worden. Die Lagerleitung organisierte
eine Reihe von Demokratiekursen für willige Gefangene,
die ich besuchte. Mein bisheriges Leben war von Gehirn-
wäschen geprägt gewesen – erst durch die Franziskaner,
dann durch die Waffen-SS und hier nun versuchten es die
Amerikaner. Das erinnerte mich an die Worte meines

Deutschlehrers: „Höre dir alles an, auch was dir widerspricht, und bilde dir dann im stillen Kämmerlein deine eigene Meinung."

Ich habe mich redlich bemüht, neue Ideen offen zu hinterfragen. Hier und da mußte ich meine eigene Meinung revidieren.

> *„Die westlichen Alliierten waren damals gut beraten, intelligenten Kriegsgefangenen eine überzeugende, wissenschaftlich fundierte demokratische Schulung angedeihen zu lassen, um diese dann im demokratischen Nachkriegsdeutschland in führende Positionen zu bringen." (Fragebogen).*

Das ganze Jahr 1946 verbrachte ich in amerikanischer Gefangenschaft. Wie die meisten anderen Kriegsgefangenen erlebte ich hier eine der besten Zeiten meines bisherigen Lebens. Wir verließen die USA mit gemischten Gefühlen. Die ameri-kanische Sprache verstanden wir mehr oder weniger, und in unseren Taschen steckten Dollars. Tausende ehemalige Kriegsgefangene wanderten nach ihrer Heimkehr in die USA aus. Noch mehr kehrten später zu Besuchen ins Land ihrer Gefangenschaft zurück. Ich wäre gern auf Visite nach Columbus zurückgekehrt, leider erlaubten mir meine Lebensbedingungen im Nachkriegsösterreich eine solche Reise nicht. Laß mich zunächst kurz von meinem Flirt mit Barbara berichten.

BARBARA

Als Lagerarzt mußte ich täglich der amerikanischen Lagerverwaltung über den Gesundheitszustand meiner Mitgefangenen berichten und bei Bedarf eine Aufnahme in das
nahegelegene Krankenhaus beantragen.

Während dieser Berichterstattung lernte ich Barbara O'Keefe
kennen, die im Lagerbüro arbeitete. Sie war eine sommer-
sprossige dreißigjährige Blondine mit irischen und skandi-
navischen Vorfahren. Eines Tages bat sie mich zum Abendessen zu sich nach Hause. In ihrem Jeep fuhren wir in
eine gepflegte Wohngegend am Rande der Stadt, in der
ihr weißer, holzverkleideter Bungalow stand. Barbara
bereitete das Abendessen für uns beide vor und brachte
mir die richtigen amerikanischen Tischmanieren bei. Sie
demonstrierte mir, wie man ein Steak in ein mundgerechtes
Stück schnitt, das Messer zur Seite legte, die Gabel in
die rechte Hand nahm und zum Mund führte, kaute,
während man die linke Hand unter den Tisch schob. Es
bereitete ihr großen Spaß, mir solche Dinge zu vermitteln.
Offenbar war sie darauf aus, einen richtigen Ami aus
mir zu machen. Barbara lachte oft und laut, wozu sie
jedes Recht hatte. Sie lebte im reichsten Land der Welt,
hatte einen guten Job, war gesund und attraktiv und
zudem kinderlos und ungebunden. Von ihrem Mann hatte
sie sich getrennt. Sie bekleidete den Rang eines Second
Lieutenant, das wäre ein Dienstgrad unter mir gewesen.

Am späten Abend, auf dem Rückweg ins Lager, überraschte
sie mich mit den Worten: „Übermorgen lade ich dich zu mir
nach Hause ein und dann gehen wir zusammen ins Bett."
Nach einer kurzen Pause brach sie in Gelächter aus. War es
ein Befehl oder ein Witz?

**Wohnhaus im Grünen, Columbus, Wisconsin:
Barbara wohnte in dieser Nachbarschaft**

Bei meinem zweiten Besuch stellte ich fest, daß es kein Witz war. Wir hatten Sex mit Dusche davor und danach. Bald lud Barbara mich zwei- oder dreimal in der Woche zu sich ein. Wir aßen Konserven, obwohl sie viele Küchenmaschinen besaß und Mahlzeiten von Grund auf hätte zubereiten können. Vorrangig las sie Zeitschriften, seltener Romane. Ihre Lieblingsbeschäftigung blieb das Fernsehen. Es war klar, daß unsere Beziehung nicht ewig dauern würde, also machten wir das Beste daraus. Ich bewunderte die unkomplizierte, lebenslustige, saubere, deodorierte und erfahrene Frau, deren Geist nicht von philosophischen Gedanken gestört wurde. Doch der springende Funke fehlte, und Sex allein würde nicht reichen, uns zusammenzuhalten. Ich war von Resi verwöhnt worden; sie hatte hohe Maßstäbe gesetzt.

Barbara rasierte sich die Achseln und stutzte kaum erkennbar ihre Schambehaarung. Laut Barbara waren viele amerikanische Männer beschnitten. In Europa kannten wir diese Prozedur nur für Juden. Als unbeschnittener Mann konnte man nicht für einen Juden gehalten werden – was im Dritten Reich vor einer Inhaftierung in ein Konzentrationslager oder Schlimmerem bewahren konnte.

Jeden Sonntag besuchte Barbara den Gottesdienst. Sie war Mitglied der lutherischen Kirchengemeinde. Anders als in Österreich gab es in Columbus Kirchen einer Handvoll von Konfessionen, manche nicht mehr als bessere Bretterbuden, jede mit ihrer eigenen Bibelauslegung. Barbara war von meinen Bibelkenntnissen tief beeindruckt. Wie viele Amerikaner nahm sie den christlichen Glauben ernst. Ebendarum erzählte ich ihr nie, daß ich aus der Kirche ausgetreten war. Mit einem Ungläubigen hätte sie sich bestimmt nicht eingelassen.

Nach meiner Heimkehr korrespondierten wir noch bis Anfang der 1960er Jahre. Wie Du Dich erinnern kannst, war es Barbara, die uns in den Nachkriegsjahren Pakete mit Kleidung und Nahrungsmitteln schickte. Nun weißt Du, nach wem deine älteste Schwester ihren Zweitnamen erhalten hat.

Meine Kriegsgefangenschaft in den USA endete schließlich, und ich wurde in ein Gefangenenlager überstellt, das der Heimat näherlag. Auf diesem Weg kam ich nach Frankreich, ein Land, das ich von Feldzügen kannte und vor dem ich mich fürchtete. Hier würde man mich sicherlich nicht so gut wie in den USA behandeln.

LAGER VITRY-LE-FRANÇOIS, FRANKREICH, 1947

Rückblickend glaube ich, daß meine Entlassung aus der amerikanischen Gefangenschaft der Absicht der Alliierten entsprach, bis Ende 1948 alle Kriegsgefangenen nach Hause zu schicken. Das im April 1948 unterzeichnete Moskauer Abkommen formalisierte diese Absicht. Warum ich ausgerechnet nach Frankreich überstellt wurde, blieb mir jedoch rätselhaft.

Die Bedingungen im französischen Lager waren miserabel. Ich wurde dem Lagerarzt zur Seite gestellt, der sich über meine Unterstützung freute. Während meiner Zeit als Kriegsgefangener in den USA war ich nie mit Menschen in Berührung gekommen, die abgemagert waren oder unter Gebrechlichkeit litten, wie sie mir hier begegneten. Bald fand ich heraus, warum dies so war. Die Lebensmittelversorgung in Frankreich war nicht mehr ganz so katastrophal wie unmittelbar nach dem Kriegsende. Allerdings war sie chaotisch und von Engpässen geprägt. Selbst die französische Bevölkerung litt große Not. Wenn eine Lkw-Ladung Blumenkohl für uns eintraf, stand die kommende Woche Blumenkohlsuppe auf unserem Speiseplan. Die darauffolgende Woche verabreichte man uns Karottensuppe.

Alle meine Befürchtungen bewahrheiteten sich. Wir Gefangenen genossen keinen Komfort. Es gab keine Lagerzeitung, keine Musik und keine Brettspiele. Wir durften uns nur auf dem mit Stacheldraht eingezäunten Lagergelände bewegen. Für gefährliche Arbeiten, zu denen wir gezwungen wurden, verließen wir das Lager: Blindgängersuche auf Feldern und in Wäldern oder Schuften unter Tage in Kohlebergwerken. Ich hatte den Eindruck, daß die in diesem Lager festgehaltenen

Gefangenen erschöpft, zu keiner kräftezehrenden Arbeit mehr fähig waren und aus diesem Grund hier interniert wurden. Meine Mitgefangenen schilderten mir ihre schrecklichen Kriegserlebnisse, ich selbst hielt mich, besonders in französischer Gefangenschaft, mit solchen Erzählungen zurück.

Herwig, Du warst zu dieser Zeit vier Jahre alt. Wo würde ich Dich und Gretl wiederfinden? In Graz, Niederschöckl oder woanders?

Gefangenenlager: Sepp Salmutter ist zum dritten Mal in Frankreich, diesmal auf der Seite der Verlierer

HEIMKEHR NACH ÖSTERREICH, 1947

Drei Monate litt ich im französischen Kriegsgefangenenlager, bis ich endgültig in meine Heimat entlassen wurde.
Ohne Verzug suchte ich nach Gretl und Dir und fand Euch
beide in Niederschöckl. Gretl war bis Herbst 1944 in Graz
geblieben, wo sie in einer Mietwohnung lebte, studierte und
Dich betreute. Nach den schweren Luftangriffen auf Graz
war sie nach Niederschöckl zu meiner Großmutter gezogen.
Im November 1944 floh sie mit Dir nach Gmunden in Oberösterreich, um den anrückenden Russen zu entkommen.

Nachdem die Rote Armee nach Kriegsende in der Steier-
mark durch die Engländer ersetzt worden war, ging Gretl im
Sommer 1945 mit Dir zurück nach Niederschöckl zu meinen
Verwandten. Weder Gretls Vater noch ihre Stiefmutter wollten,
daß Gretl zu ihnen zog, weil sie eine Versöhnung zwischen
Gretl und ihrer Stiefmutter für unwahrscheinlich hielten.
Obwohl Gretl kaum Kontakt zu ihrem Vater gepflegt hatte,
unterstützte er sie weiterhin finanziell.

Ich erkannte mein Heimatland nicht wieder. Oberflächlich
wurde der Adolf-Hitler-Platz wiederum zum Hauptplatz,
Hakenkreuzbanner wichen rot-weiß-roten Österreich-
Fahnen, und das Bundesland Oberdonau wurde erneut zu
Oberösterreich. Das waren nicht die einzigen Folgen des
verlorenen Krieges – es gab weiterreichende.

Noch in den letzten Tagen des Krieges wütete der Landes-
hauptmann, Gauleiter Uiberreither, gegen Gegner des NS-
Regimes. Politische Gefangene wurden ohne Prozeß hinge-

Bombenschäden in der Gegend um den Grazer Hauptbahnhof, 1945

richtet. Alliierte Piloten, die während eines Luftangriffes mit Fallschirmen aus ihren havarierten Fliegern sprangen und daraufhin in Gefangenschaft gerieten, ließ er erschießen. Selbst in den letzten Tagen der Nazi-Herrschaft exekutierten Waffen-SS-Fanatiker Wehrmacht-Soldaten wegen Desertion. Selbst Zivilisten wurden hingerichtet, sie sollten sie am endgültigen deutschen Sieg gezweifelt haben.

Die Befreiung von der Terrorherrschaft der Nationalsozialisten brachte Euphorie ins Volk. Gleichzeitig gab die prekäre Ernährungslage Anlaß zu ernster Besorgnis. Weil die Nahrungsmittel nicht reichten, stieg die Säuglings- und Kindersterblichkeit. Die strengen Winter 1945/46 und 1946/47 überlebte die österreichische Bevölkerung dank Lebensmittelhilfen.

Österreich wurde in seinen Grenzen vor dem Anschluß an Deutschland wiederhergestellt und in vier Besatzungszonen aufgeteilt, die die Siegermächte verwalteten. Der Krieg war beendet, und dennoch war uns kein Frieden vergönnt. Eine Friedenskonferenz war geplant und platzte, da sich der Widerspruch zwischen den Siegerstaaten kontinuierlich vergrößerte. Zum einen versuchten die westlichen Alliierten, eine liberale Demokratie unter der politischen und wirtschaftlichen Autorität der USA einzuführen. Zum anderen versuchte die Sowjetunion, Moskaus Autorität auf einem möglichst großen Territorium auszubreiten. Millionen ausgesiedelter deutschsprachiger Menschen aus den ehemaligen Ostgebieten trugen den Preis für die nationalsozialistischen Verbrechen – gleichgültig, ob sie mitschuldig waren oder nicht.

Die Bildung einer neuen österreichischen Regierung unter

Leopold Figl begann. Figl war im April 1945 aus seiner Todeszelle in Wien entlassen worden und seiner Hinrichtung durch den rasanten Zusammenbruch des Nazi-Regimes knapp entgangen. Bereits im Konzentrationslager führte er Gespräche mit Sozialisten und Kommunisten, um mit ihnen nach Gemeinsamkeiten zu suchen. Er war vor dem Krieg Mitglied des „Christlich Sozialistischen Bauernbundes" gewesen und versuchte die Feindschaft zu seinen politischen Gegnern aus den 30er Jahren zu überwinden. Figl war Mitbegründer der konservativen „Österreichischen Volkspartei" und ein begabter Redner, der es verstand, dem hungernden Volk eine strahlende Zukunft zu versprechen.

Die Rolle der Frau in der Gesellschaft hatte sich in den langen Kriegsjahren verändert. Viele Männer waren gefallen, viele weitere wegen des Krieges und der Gefangenschaft für Jahre abwesend. Frauen trugen nicht allein für die Erziehung ihrer Kinder die Verantwortung, sondern auch für das Überleben ihrer Familien. Kinder wie Du kannten ihre Väter kaum. Es kam vor, daß ein für gefallen erklärter Soldat überraschend im Heimatort eintraf und feststellen mußte, daß seine Frau bereits wiederverheiratet war. Nachdem die heimgekehrten Soldaten in das Berufsleben zurückgefunden hatten, wurden die Frauen gezwungen, ihre früheren Haushaltsrollen in den Familien wieder einzunehmen. Ehe und Familie wurden als das erstrebenswerte Lebensziel der Frauen propagiert. Ein Heirats- und Babyboom war das Resultat.

ENTNAZIFIZIERUNG
AN DER GRAZER UNIVERSITÄT

Nach meiner Entlassung aus der Kriegsgefangenschaft und Rückkehr in die Heimat wollte ich mir ein eigenes Bild von den politischen Verhältnissen meines Landes machen, denn alles, was ich über das Nachkriegsösterreich wußte, stammte aus amerikanischen Publikationen. Es überraschte mich, was aus all den Nazis an den Universitäten und in der gesamten Republik Österreich geworden war.

Bevor ich Dir erzähle, wie Österreich entnazifiziert wurde, möchte ich Dir aus meiner heutigen Sicht von der Entnazifizierung in den deutschen Besatzungszonen schreiben – ich glaube, daß ich Dir nur so ein umfassendes und gerechtes Bild aus dieser Zeit geben kann.

1949 wurden zwei deutsche Staaten gegründet: die DDR, die Deutsche Demokratische Republik, und die BRD, die Bundesrepublik Deutschland.

In Ostdeutschland, der DDR, verliefen die Nazi-Strafprozesse deutlich schneller und gründlicher als in der BRD. Die gesamte Justizverwaltung wurde rigoros entnazifiziert, und die ehemaligen Richter wurden durch solche ersetzt, die den Sozialismus unterstützen.

In Westdeutschland dagegen wurden die Funktionseliten des Dritten Reichs schnell in ihre ehemaligen Berufe integriert. Ausgenommen waren jene, die sich nachweislich an NS-Verbrechen beteiligt hatten, wie auch hohe NS-Funktionäre.

In beiden Teilen Deutschlands nahm man dabei Rücksicht auf Fachleute und technische Spezialisten, die wichtig für den Wiederaufbau oder die Forschung waren. Bei diesen Personen führten sowohl die alliierten Militärregierungen als auch die deutschen Stellen die Entnazifizierung nachsichtiger durch.

In Österreich war auf einmal jeder gegen den Nationalsozialismus gewesen und froh, daß über diese Zeit wenig geredet wurde. Zudem stellten sich die Österreicher als erstes Opfer des Dritten Reichs dar – unfreiwillig seien sie durch Militärgewalt dazu gezwungen worden, sich Deutschland anzuschließen. Laß mich von den Schicksalen meiner drei Lieblingsprofessoren nach Kriegsende erzählen:

Prof. Dr. Hans Liebs Vorlesungen über die Chemie und den Einsatz von Kampfstoffen brachten ihn in der unmittelbaren Nachkriegszeit in Bedrängnis. Seine anerkannte wissenschaftliche Expertise schützte ihn vor politischer Verfolgung. Als Propst der Grazer Universität unterschrieb er im November 1949 meine Doktoratsurkunde.

Prof. Dr. Hafferl war Vertrauensmann des NS-Dozentenbundes gewesen, weiterhin hegte er enge Freundschaften zu dem steirischen Gauleiter Siegfried Uiberreither und zum Vorsitzenden meiner SS-Ärztlichen Akademie, SS-Sturmbannführer Bernward Gottlieb. Die Leichen, die Prof. Hafferl seinen Studenten für das praktische Anatomie-Studium bereitgestellt hatte, waren hingerichtete Freiheitskämpfer und andere Gestapo-Opfer. Nach Kriegsende wurde Prof. Hafferl von den britischen Militärbehörden aufgrund seiner politischen Verbindungen inhaftiert, bald aber freigelassen, und er durfte seine Anatomie-Studenten noch zehn weitere Jahre bis zu seiner Pensionierung unterrichten.

Prof. Dr. Alfred Pischinger war mein ehemaliger Professor für Genetik und Rassenkunde, Mitglied des ehemaligen nationalsozialistischen Grazer Erbgesundheitsobergerichtes und schon vor dem Anschluß illegales Parteimitglied sowie ab 1938 Mitglied der SA gewesen. Seine Forschung hatte sich auf die Histochemie konzentriert. Er war auch Mitglied eines wissenschaftlichen Netzwerks an der Universität Graz gewesen, das ab 1939 Experimente an Schwangeren durchführte.

1945 wurde Dr. Pischinger fristlos entlassen. Daraufhin forderten Mitglieder einer österreichischen Bürgerbewegung, daß er seine Arbeit an der Universität von neuem aufnehmen dürfe. Sie versicherten, daß in Dr. Pischingers Genetik-Kurs keine Nazi-Theorien gelehrt wurden. Sich ins Absurde steigernd, behaupteten sie, daß Dr. Pischinger nahegelegt worden war, Studenten der SS-Ärztlichen Akademie bei Universitätsprüfungen zu bevorzugen, er diesem Druck jedoch nicht nachgegeben habe. Trotz seiner Vergangenheit durfte Prof. Pischinger nach der Beseitigung des NS-Regimes seinen Beruf ungehindert weiterhin ausüben. Seit 1958 ist er der Direktor des Histologisch-Embryologischen Instituts der Universität Wien und für seine Arbeiten zu wissenschaftlichen Alternativen und ganzheitlichen Ansätzen der Medizin bekannt. Seine Nazi-Vergangenheit und seine Experimente an Schwangeren scheinen aus dem öffentlichen Blickfeld verschwunden zu sein.

Während der NS-Zeit hatte ein Großteil meiner Dozenten enge Verbindungen zur NS-Bewegung. Sie lehrten Rassentheorien, leiteten akademische NS-Institutionen und waren häufig NSDAP-Mitglieder. Wir jungen, unerfahrenen Studenten folgten blindlings, wohin sie uns führten. Ich glaube, die britische Besatzungsverwaltung hat die Entnazifizierung

WELTPRESSE

Grazer Blutgericht vollzog 155 Todesurteile

Freiheitskämpfer wurden seziert — Die Affäre Hafferl

Graz, 16. September (ACA). Oberlandesgerichtspräsident Dr. Zigeuner übergab jetzt der Presse Tatsachenmaterial über die Zahl der während der nationalsozialistischen Herrschaft in Graz verhängten, beziehungsweise vollstreckten Todesurteile. Den Anlaß zu dieser Veröffentlichung bietet das Erscheinen des angekündigten österreichischen „Rotbuches" und die Behandlung der Angelegenheit des Univ.-Prof. Hafferl in den Zeitungen.

Gegen Prof. Hafferl, den Leiter des Anatomischen Instituts der Universität Graz, wurde vor einiger Zeit die Beschuldigung erhoben, daß er noch nach dem Zusammenbruch der deutschen Herrschaft in Österreich mehrere Leichen hingerichteter Freiheitskämpfer aus dem Institut in aller Heimlichkeit hatte abtransportieren und menschenunwürdig verscharren lassen, anstatt sofort den Behörden über das Vorhandensein dieser Überreste von Opfern der nationalsozialistischen Blutjustiz Meldung zu machen und so zur Klärung vieler Fälle beizutragen. Im Laufe der Untersuchung der Sache war Prof. Hafferl seines Postens enthoben worden.

Namen der Toten geheimgehalten

Die Akten aus der Zeit der nationalsozialistischen Besetzung wurden vor dem Zusammenbruch leider teilweise vernichtet. Eine genaue Überprüfung des noch geretteten Aktenmaterials ergab, daß an der in Graz eigens geschaffenen, raffiniert ausgestatteten Hinrichtungsstätte, die am 2. August 1943 „in Betrieb" gesetzt wurde, bis zum 13. März 1945, also in etwas mehr als anderthalb Jahren, 155 Todesurteile vollstreckt wurden.

Weiter wurden 147 Urteile an anderen Exkutionsstätten (Feliferhof, SS-Kaserne, Gestapo Wien) ausgeführt. Dem Anatomischen Institut der Universität Graz wurden 89 Leichen übergeben, also bei weitem nicht der gesamte „Anfall". Nach dem Oktober 1944 nahm die Universität keine weiteren mehr an. Die Namen wurden nach Möglichkeit geheimgehalten, nur wenige Leichname von dem Staatsanwalt den Angehörigen der Opfer zur Bestattung freigegeben.

Die Scheu Prof. Dr. Hafferls, justizierte Personen sezieren zu lassen, erklärt die verhältnismäßig große Zahl der bei der Befreiung im Institut vorhandenen Leichen Hingerichteter. Unter 44 Leichen befanden sich die der hier namentlich angeführten:

Andreas Drexler, Johann Straßer, Franz Strohmayer, Johann Stelzer, Lorenz Poketz, Helene Servecz, Eduard Petl, Johann Serkesch, Iwan Ziwirki. Die Aufzeichnungen fielen auch hier den Kriegseinwirkungen vielfach zum Opfer.

Christliche Bestattung nach Kriegsende

Aus den polizeilichen Erhebungen in der Sache Hafferl führt Oberlandesgerichtspräsident Dr. Zigeuner folgendes an:

Dr. Hafferl behauptet, kaum widerlegbar, schon im Mai 1945 dem Sicherheitsdirektor vom Vorhandensein der 44 Leichen Mitteilung gemacht zu haben. Er habe eine Weisung abwarten wollen.

Die Tatsache der Überführung von Leichen Justizierter in die Anatomie ist verbürgt und auch dem Kommando der Roten Armee bekanntgeworden. Dr. Hafferl traf Vorbereitungen, die Leichen zum Abtransport gesondert bereitzustellen. Als die Weisung der Sicherheitsdirektion ausblieb, sprach er bei Landeshauptmannstellvertreter Machold, dem Chef des steirischen Gesundheitswesens, vor, und veranlaßte die Beerdigung durch die Bestattungsanstalt.

Die Leichen wurden am Tage in der Anatomie abgeholt, auf den Zentralfriedhof übergeführt, dort eingesegnet und am Tage beerdigt.

Ein Tatbestand nach dem Kriegsverbrechergesetz ist daher nicht gegeben, weshalb gegen Dr. Hafferl auch kein Verfahren in der Angelegenheit eingeleitet wurde.

Über Wunsch des KZ-Verbandes werden ab 16. d. M. Häftlinge beigestellt, um für eine würdige Begräbnisstätte der Justizierten zu sorgen.

Zeitungsbericht über den Skandal des Prof. Dr. Hafferl, der seine Studenten an Gestapo-Opfern sezieren ließ

zu nachsichtig durchgeführt. Entweder beherrschten die Briten die deutsche Sprache ungenügend, oder sie suchten die Wertschätzung gebildeter Österreicher, die Universitätsprofessoren auf Sockel stellen.

Die österreichische Regierung wollte zum einen eine Strafminderung für alle und im Besonderen für die Jugend, die als „Mitläufer und Verführte" eingestuft wurde. Zum anderen forderte die Regierung die „Ausmerzung" von Förderern, Funktionären und allen, die vor dem Anschluß ein illegales NS-Parteimitglied gewesen waren. Die österreichische NS-Registrierungs-Verordnung vom Juni 1945 lautete:

> *Wer nachzuweisen vermag, daß er seine Zugehörigkeit zur NSDAP oder der SS ... niemals mißbraucht und noch vor der Befreiung Österreichs durch sein Verhalten bewiesen hat, daß er zur unabhängigen Republik Österreich positiv eingestellt ist, kann ein Ansuchen um Nachsicht einbringen.*

Der Rektor der Universität Graz intervenierte bei der Stadtverwaltung gegen die Einberufung registrierpflichtiger Nationalsozialisten zur Mithilfe von Aufräumungsarbeiten. Dazu gehörten Professoren, Dozenten, Assistenten, Beamte und Angestellte der Universität. Sie sollten Graz von den durch Bomben verursachten Schuttmassen befreien. Der Rektor legte dem städtischen Arbeitsamt eine lange Liste von Hochschulangehörigen vor, die nach seinem Ermessen nicht von ihren Aufgaben entbunden werden konnten, und beantragte, diese Leute von der Zwangsarbeit freizustellen. Das Arbeitsamt gab seinem Antrag statt.

Niemand war schuldig; leichtgläubige Menschen waren in die Irre geführt worden – so erschien mir der Entnazifizierungsprozeß in Österreich, aber ich will nicht leugnen, daß diese tolerante Haltung zu meinem Vorteil war. Das „Steirerblatt" vom 24. Jänner 1946 schrieb einen glühenden Artikel über eine neue Studentengeneration, zu der auch ich gehörte:

Viele Studenten mußten erleben, wie ihr jugendlicher Idealismus durch die Ereignisse der letzten Jahre in die falsche Richtung gelenkt wurde. Not und Entbehrung, der Tod so vieler Kameraden und Ent-täuschungen sind zum ständigen Begleiter ihres Lebens geworden. Illusionen wurden zerstört, Zukunftspläne zunichte gemacht und Vertrauen wurde mit Verrat beantwortet. Zur Ehre all unserer Studenten kann man argumentieren, daß sich die Mehrheit von ihnen von Nazi-Ideen abgewandt hat, sofern sie sich überhaupt mit ihnen beschäftigt hatten.

Die kommunistische Zeitung „Die Wahrheit" vom 10. Februar 1946 wetterte gegen diesen Standpunkt und fragte:

Ist das Unwissenheit oder doch das Bestreben, den Mantel der Vergessenheit über all das zu breiten, was war? Man scheint vergessen zu haben, daß Grazer Studenten 1939 den jüdischen Tempel in Brand gesteckt, den jüdischen Friedhof geschändet und sich an Pogromen beteiligt haben. Erinnern wir uns doch an 1938, als in den Hörsälen die akademische Jugend fast ausnahmslos die Verhaftung unserer Grazer Nobelpreisträger Hess und Loewy mit dem Haß-Gesang von „Saujuden" begleiteten.

Am 16. Februar 1946 veröffentlichte Mr. Hands, der Beauf-tragte der britischen Militärregierung für das Bildungswesen in der Steiermark, in der kommunistischen Zeitschrift „Die Wahrheit" einen kritischen Aufsatz:

Zur steirischen Hochschulfrage: Nach dem Anschluß wurde der Stadt Graz der Titel „Stadt der Volkserhebung" verliehen, das heißt der Stadt, die am meisten zur Verbreitung der Nazibewegung in

Österreich beigetragen hat. Unter den Führern, welche die Ideen des Nationalsozialismus propagiert haben, stand an erster Stelle die Grazer Universität.

Prof. Dr. K. Rauch, Rektor der Universität Graz, plädierte am 6. März 1946, ein Jahr nach dem Ende des NS-Regimes, in einem umfassenden Beitrag in der „Wahrheit" um Gnade für ehemalige Mitläufer und Parteimitglieder:

Derjenige, der sich durch unrichtige Angaben ins Studium einschleichen zu können glaubte, hat jede Rücksicht verwirkt, während von nicht besonders belasteten offenen Bekennern erwartet werden kann, daß sie es mit der Umstellung auf den neuen Geist ehrlich meinen. Ist es nicht staatspolitisch richtiger, Irrende zurückzulenken, statt sie auszustoßen und als hoffnungslose Desperados einen dauernden Gefahrenherd bilden zu lassen?

Damit komme ich zu den Professoren und Dozenten. Hier wird die Säuberungsaktion als zu zaghaft kritisiert. Die Mediziner allein haben von 57 Professoren und Dozenten bisher 29 verloren, die philosophische Fakultät verlor 51 von 98 Professoren und Dozenten. Insgesamt stehen also einer Gesamtzahl von 175 im Mai vorhandenen Professoren und Dozenten 92 Ausscheidungen gegenüber. Was das für eine Universität bedeutet, wird jedem klar, der weiß, wie schwer ein vollwertiger Ersatz zu beschaffen ist.

Nun zur Hauptfrage. Waren die Grazer Hochschulprofessoren ausgesprochene Parteimitglieder? Manche ja, alle zweifellos nicht. Ich glaube, die Mehrzahl war es nicht. Der Nationalsozialismus hat viele Professoren in ihrer Lebensarbeit bedroht. Da haben sich gar manche von ihnen vor dem verheerenden Orkan, der sie zu entwurzeln schien, in die Parteischutzhütte geflüchtet, sind Parteigenosse geworden, ohne das so wichtig zu nehmen, wie es notwendig gewesen wäre. Darum gibt es unter den Professoren neben den ausgesprochenen Parteimännern so viele Mitläufer.

Wie sah ich die Nazi-Ideologie in meiner innersten Seele? Warum hatte ich nicht auf Resis Rat gehört? War mir das Medizinstudium so wichtig gewesen, daß ich mein kritisches Denken verloren und mich geweigert hatte, mir moralische Fragen zu stellen? War ich nicht auch gegen die Nazi-Ideologie gewesen, habe dennoch die Augen verschlossen vor dem, was ich nicht sehen wollte?

Ich hatte dem ländlichen Leben meiner Kindheit entfliehen wollen und glaubte, daß es ein ehrbares Ziel sei, Arzt zu werden. Als der Krieg begann, wußte ich nicht, wie viele Menschenleben er kosten würde. Ich selbst war kein Nazi und trat nicht der NSDAP bei, aber ich unterstützte die Nazis durch mein Handeln – ob bewußt oder unbewußt, spielt dabei keine Rolle. Wenn ich auch ein kleines Zahnrad von geringer Bedeutung war, trug ich doch im Zusammenspiel mit Millionen anderer Zahnräder zum reibungslosen Betrieb des Systems bei.

Im Februar 1947 deklarierte die neue österreichische Regierung ein Drei-Parteien-Abkommen zum „Nationalsozialistischen Parteimitgliedsgesetz". Das Abkommen teilte nationalsozialistische Parteimitglieder in drei Kategorien ein: Kriegsverbrecher, belastete und minder belastete Personen. 1948 bot die Regierung einer halben Million Minderbelasteter ein Generalpardon an und stellte damit deren Wahlrecht wieder her. Von der Amnestie profitierte auch ich. Meine Waffen-SS-Vergangenheit würde meiner beruflichen Karriere nicht im Weg stehen.

Nach dem Krieg schlossen sich entnazifizierte, doch unverbesserliche Veteranen der Waffen-SS zu einer offiziell genehmigten Vereinigung zusammen. Es war mir wichtig, mich von solchen Leuten fernzuhalten, die den verlorenen Krieg verherrlichten. Der Gedanke, die brutale und ungerechte Unterdrückung fremder Länder zu zelebrieren, widerte mich an. Letztlich war ich erleichtert, ohne ein langes Verfahren entnazifiziert worden zu sein und meinen Beruf, erst als Student und danach als Arzt, ausüben zu dürfen.

NIEDERSCHÖCKL NACH 1947

Gretl fiel das Leben in Niederschöckl schwer, innerhalb weniger Jahre war sie aus dem gutbürgerlichen Haus ihrer Eltern in eine Mietwohnung in Graz und schließlich in ein Zimmer in einem verfallenen Bauernhaus gezogen. Das Dorf Niederschöckl war in der Zeit stehen geblieben, seit meiner Kindheit hatte sich hier nichts verändert. Das Wasser kam weiterhin aus dem Ziehbrunnen; Strom gab es nicht. Gretl hatte Schwierigkeiten, den Dialekt der Dörfler zu verstehen, und fand keine Freunde. Was hätte sie auch mit ihnen unternehmen sollen? Kinos, Geschäfte, Kaffeehäuser gab es hier nicht. Stattdessen lernte sie zu kochen, Pilze zu trocknen, Marmelade zuzubereiten und das Einkochen von Kirschen sowie anderen Früchten für die Winterbevorratung. Bis zu meinem zehnten Lebensjahr hatte ich so gelebt, dann war ich dem Dorf entflohen und ins Franziskaner-Seminar nach Graz gezogen.

Sicherlich kannst Du Dich gut an Deine ersten elf Lebensjahre in Niederschöckl erinnern. Meine und Deine Kindheiten verliefen ähnlich – arm und von Entbehrungen geprägt, aber glücklich. Wir kannten nichts anderes. Im Haus meiner Großmutter gab es drei vermietete Zimmer. Da sie meinen Austritt aus der Kirche und meinen Eintritt in die Waffen-SS mißbilligte, erhielt ich den kleinsten Raum unter dem Dach mit einem Fenster nach Norden. Wenigstens war er kostenlos. Das Zimmer war mit alten Holzdielen ausgestattet, die ständig staubig waren, ganz egal, wie häufig der Boden gekehrt wurde. Später, nach der Geburt meines dritten Kindes, benötigten wir zusätzlich Platz. Ich baute den Dachboden aus und isolierte ihn. Eine Petroleumlampe sorgte abends für Licht. 1948, Du warst fünf Jahre alt, hob ich zusammen mit der Dorfgemeinschaft Löcher für Leitungsmasten aus, wir wurden ans Stromnetz angeschlossen und ließen das 19. Jahrhundert endlich hinter uns.

Im Sommer gingen wir sonntags morgens Schwammerl suchen, so wie ich es zwanzig Jahre zuvor mit Alois getan hatte. Kannst Du Dich noch an den „Duft" der Dorfstraße erinnern, wie es stank, wenn die Jauche an beiden Seiten der Straße hinunterlief? Steigt er Dir jetzt noch in die Nase, wenn Du dies liest? Ich schlachtete Hühner und Hasen und ließ Dich dabei zusehen, zeigte und erklärte Dir die inneren Organe der Tiere.

Alle paar Monate schickte uns meine ehemalige Freundin Barbara aus den USA Pakete mit Eßwaren, Konserven, Corned Beef, Gewürzen, Popcorn und Marshmallows. Die beiden letzteren waren in Österreich damals noch unbekannt. Zusätzlich schickte sie uns Oberbekleidung und Unterwäsche, wovon ich die Hälfte im Dorf verkaufte, um die schwierige Nachkriegszeit zu überstehen.

Anläßlich der 1951er Bundespräsidentenwahl half ich in Niederschöckl bei der Verteilung von Plakaten für Burghart Breitner. Er lehrte Chirurgie an der Universität Innsbruck und blieb ein überzeugter Verfechter des deutschen Nationalismus. Obwohl er in Österreich lebte, war er früh der deutschen NSDAP beigetreten. Nach dem Verbot der Nationalsozialisten in Österreich verließ er 1934 die Partei, nach dem Anschluß trat er der NSDAP erneut bei. Breitner wurde erfolgreich entnazifiziert und als parteiloser Kandidat vom „Verband der Unabhängigen" nominiert. Die Wahl verlor er gegen Theodor Körner.

„Salmutter will nach dem Krieg keiner politischen Organisation beitreten." (belauscht).

252

**Gretl, Herwig und Sepp Salmutter,
nach Salmutters Heimkehr aus zweijähriger Kriegsgefangenschaft,
Niederschöckl, 1947**

Ich besuchte sozialistische und kommunistische Versammlungen, trat aber keiner politischen Organisation bei. Der Schriftsteller Scholochow gab mir bei einer von den Kommunisten organisierten Buchlesung ein signiertes Exemplar seines Werkes „Der stille Don".

Als Student und später als junger Arzt verdiente ich wenig. Als Du zehn Jahre alt warst, hatte ich bereits fünf Kinder. Verzweifelt suchte ich einen Ausweg aus dieser elenden Misere. 1949 promovierte ich, und Gretl kam mit Dir zur Präsentation in die Aula der Universität. Jeden Tag fuhr ich mit dem Fahrrad und später mit einem Motorrad in das Unfallkrankenhaus nach Graz. Mehrmals wöchentlich übernahm ich dort den Nachtdienst und konnte mich duschen, während Gretl und Ihr Kinder unter unzumutbaren Bedingungen leben mußtet. So war eben das Leben! Von 1949 bis 1954 praktizierte ich im Unfallkrankenhaus und spezialisierte mich auf dem Feld der Unfallchirurgie unter Professor Böhler, dem „Vater der Unfallchirurgie".

Das Wort „Chirurg" wird vom griechischen „χειρογρία" über das lateinische „chirurgia" hergeleitet, was „Handarbeit" oder „Handwerk" bedeutet. Das schätze ich an meiner Arbeit: Sie ist praktisch und erfordert neben theoretischem Wissen auch Geschick und Erfahrung. Viele anstrengende Stunden operiere ich im Stehen, was mittlerweile orthopädische Einlagen in meinen Schuhen erfordert. Trotzdem bereitet mir meine Arbeit Freude.

Als Gretl unser fünftes Kind Susi gebar, war ich Vater, Arzt und Hebamme zugleich – wie ich solche Herausforderungen liebe! Susi sah bei der Geburt dunkelblau aus. Ich mußte sie abwechselnd in heiße und kalte Wassereimer tauchen, damit wir sie nicht verloren.

DEUTSCHE DEMOKRATISCHE REPUBLIK

Nach christlichem Glauben wurde Jesus Christus im Alter von dreiunddreißig Jahren gekreuzigt. Wie blickte er auf sein Leben zurück? Was hatte er erreicht, und wem hatte er geholfen? 1954 war ich gleichfalls dreiunddreißig Jahre alt. Aber wie ging es mir? Was hatte ich erreicht, und wo lagen meine Ziele? Zwar fiel ich nicht in eine Sinnkrise, doch war ich unzufrieden mit dem, was mir bisher in meinem Leben gelungen war. Obgleich ich unversehrt aus dem Krieg heimgekehrt war, paßte mir die Gegenwart ganz und gar nicht.

Meine Situation ist schnell beschrieben: Gretl und ich hatten fünf Kinder; wir lebten in einem alten Bauernhaus in einer kleinen Dachwohnung, die wir selbst ausgebaut hatten. Über fließendes Wasser, Innentoilette oder Heizung, abgesehen vom Küchenherd, verfügten wir nicht. Mit meinem Motorrad fuhr ich jeden Tag ins Krankenhaus. Die Bezahlung der Arztstelle war miserabel. Während des Kriegs waren Medizinstudenten vom Militärdienst befreit worden, was zu einem Ärzteüberschuß in Österreich führte, dagegen wurden Ärzte in der restlichen Welt dringend gesucht. Also beschloß ich auszuwandern, um in einem anderen Land ein besseres Leben aufzubauen. Als Vater von fünf Kindern mußte ich auf lokale Krankheiten, das Schulwesen und die Landessprache des auszuwählenden Landes achten.

Ein attraktives Angebot hätte uns nach Indonesien geführt. Jedoch mußte ich es ablehnen, weil es für die Kinder zu schwierig gewesen wäre. Südwestafrika wäre da die bessere Wahl gewesen. Hier lebten viele Menschen, die Deutsch sprachen, und es existierten deutsche Schulen. Im Konsulat erzählte mir ein netter älterer Herr, daß das südwestafrikanische Klima angenehm und gesund sei. Er beschrieb eine atemberaubende Landschaft aus Bergen, Schluchten, Dünen und Meer sowie eine Wildnis voller Löwen, Giraffen, Zebras, und außerhalb der Wohnorte lebten Hottentotten.

Auch die DDR warb um Ärzte. Dieser Umzug würde meiner Familie und mir die geringsten Umstellungen abverlangen. Das DDR-Gesundheitssystem besaß europäisches Niveau, jeder sprach Deutsch und die DDR-Schulen waren gut. Allerdings mußte ich berücksichtigen, daß sich die Welt im Kalten Krieg befand und der Grenzbereich zwischen Ost- und Westdeutschland die ideologisch und militärisch gefährlichste Zone bildete.

Der verheerende Zweite Weltkrieg lag neun Jahre hinter uns, und das westdeutsche Wirtschaftswunder begann sich zu zeigen. Es war eine Zeit der Hoffnung und des steigenden Lebensstandards. Gleichzeitig fürchteten wir uns ständig vor der nuklearen Vernichtung. Ost- und Westdeutschland verteufelten sich gegenseitig. Allein das Wort „Kommunismus" machte uns angst.

Letztlich entschied ich, daß Südwestafrika zu weit in der Ferne lag. So blieb die DDR als unsere neue Heimat übrig. Wiederum mußte ich mit meinem alten Zwiespalt kämpfen: Um vorwärtszukommen, hatte ich mich einer Diktatur zu unterwerfen. Im Osten Deutschlands wurde der Sozialismus aufgebaut. Zwar verzichtete man hier auf die Beifügung „National", dennoch trieb der Staat diesen Aufbau mit diktatorischen Mitteln voran. Die DDR nannte sich ganz offen eine „Arbeiter- und Bauerndiktatur".

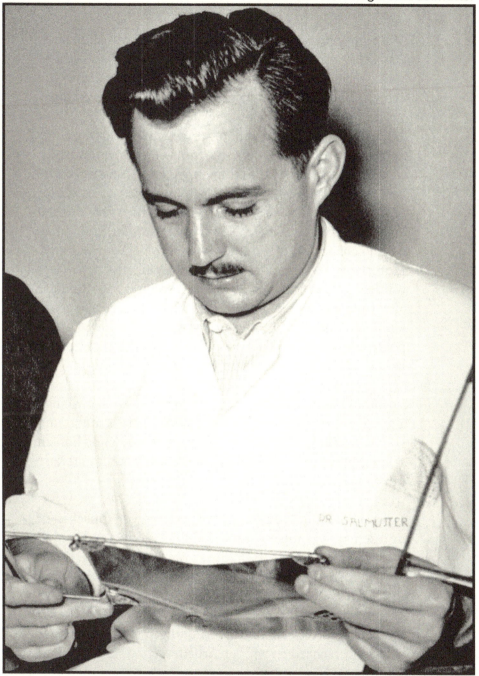

Dr. med. Sepp Salmutter, Dresden, DDR, 1958

Mit dem Vindobona-Schnellzug fuhr ich von Wien nach Ostberlin, um mich beim DDR-Gesundheitsministerium vorzustellen und um ausführlichere Informationen über die Lebens- und Arbeitsmöglichkeiten in der DDR zu erhalten.

Am Ostberliner Hauptbahnhof wurde ich von einem Fahrer des DDR-Gesundheitsministeriums abgeholt und in ein Gästehaus gebracht. Auf meinem Weg dorthin sah ich die verheerenden Spuren, die der Zweite Weltkrieg in dieser Stadt zurückgelassen hatte. Zahlreiche Ruinen verwitterten zwischen sozialistischen Neubauten, wie der Stalinallee, deren Erbauer am 17. Juni 1953 eine Revolte gegen das kommunistische Regime ausgelöst hatten. Meinem Interviewer war bewußt, daß ich dieses Ereignis kannte, und es diente als Grundlage für unser Gespräch: Ich hatte der DDR etwas zu bieten und sie mir. Außerdem war es für die DDR ein politischer Coup, einen Arzt aus dem Westen anzuheuern, wo damals die meisten Ärzte von Ost nach West gingen.

Im DDR-Gesundheitsministerium traf ich auf Dr. Loch, einen älteren und vornehmen Herrn, der glücklicherweise Arzt und kein Verwaltungsmensch war. Entspannt, offen und höflich erkundigte er sich nach meiner Reise, Unterkunft und Kost, um danach zum Hauptthema überzuleiten.

„Herr Dr. Salmutter, wir möchten, daß Sie sich umschauen und sehen, was unsere junge Republik zu bieten hat. Ich möchte Ihnen ein rechtschaffenes Angebot machen. Wenn Sie grundsätzlich zustimmen, fahren wir Sie nach Waren in Mecklenburg, wo Sie mit Ihrem zukünftigen Chef Ihre Anstellung besprechen können. Zurück in Berlin, stehe ich Ihnen für weitere Fragen zur Verfügung, und wenn alles gut läuft, unterschreiben wir den Arbeitsvertrag."

Dr. Loch hielt meinen handgeschriebenen Lebenslauf vor sich. Sicher hatte er ihn vor meiner Ankunft gründlich gelesen. Er mußte während unseres Gespräches nicht darin blättern. Statt der Waffen-SS hatte ich Wehrmachtsdienst angegeben. Ich glaube, daß er die Wahrheit meiner militärischen Laufbahn kannte.

„Was vergangen ist, ist Vergangenheit, Herr Salmutter. Viele von uns, insbesondere jüngere Männer wie Sie, wurden getäuscht und sind schließlich den falschen Leuten gefolgt. Wir erbauen ein sozialistisches Land; in der Vergangenheit waren wenige unserer Leute Kommunisten. Was heute zählt, ist die Gegenwart, wie Menschen denken und sich verhalten.

Das Gesundheitssystem der DDR ist unpolitisch; die meisten Ärzte haben weder die Zeit noch die Motivation, sich politisch zu engagieren. Ich möchte Ihnen freundlich raten, ausländischer Staatsbürger zu bleiben, sich auf Ihre Karriere zu konzentrieren und sich nicht in die Kommunalpolitik einzumischen. Gegner unseres jungen sozialistischen Staates werden versuchen, Sie auf ihre Seite zu ziehen. Bitte befolgen Sie meinen Rat und halten Sie sich da heraus. Auf diese Weise wird Ihr berufliches und privates Leben zu unserem beiderseitigen Vorteil erfolgreich sein.

Nach Ihrem Aufenthalt in den USA und nach Ihrer Ausbildung in Österreich könnte Ihnen die DDR kleinbürgerlich erscheinen. Ich versichere Ihnen – und wir hoffen auf Ihre Mitarbeit –, daß wir ein weltweit beneidenswertes Gesundheitswesen aufbauen werden. Ich habe vereinzelt Zweifel an unseren politischen Führern und deren Maßnahmen, aber lassen Sie mich noch einmal betonen, daß die Gesundheitsversorgung über der Politik steht und nur qualifizierte Ärzte über das Gesundheitswesen unseres jungen Landes entscheiden."

Das klang vielversprechend. Dr. Loch erläuterte ausführlich das Stellenangebot. Er offerierte mir einen Exklusivvertrag, der mir zahlreiche Vorteile bringen würde. Meine Verdienst- und Aufstiegschancen wären ausgezeichnet, meine Kinder könnten die besten Schulen besuchen, und Studienplätze wären ihnen garantiert. Dr. Loch lud mich zum Essen ein und erzählte mir, daß er als Internist im Charité-Krankenhaus arbeite. Er beeindruckte mich und ich sagte ihm im Prinzip zu.

Am nächsten Morgen wurde ich in einem dieser russischen „Schlitten", die in den 50er Jahren in Mode waren, nach Mecklenburg gefahren. Die Route führte durch eine flache Landschaft, Bäume säumten die Straßen, und wir fuhren entlang von Seen. Das alles erinnerte mich an meine dreimonatige Militärausbildung, die ich 1941 in Lauenburg, jetzt zu Polen gehörig, absolviert hatte.

Mein zukünftiger Chef begrüßte mich freundlich und führte mich durch das Krankenhaus. Er zeigte mir die einzelnen Stationen und erklärte, daß dringend ein Unfallchirurg gebraucht werde. Ich könne Überstunden leisten und mehr als eine Planstelle übernehmen, wenn ich wolle. Ich wolle mir alles überlegen; kommen werde ich mit Sicherheit.

Wovor Dr. Loch mich gewarnt hatte, trat ein. Ein junger Arzt zog mich zur Seite und riet mir, lieber in Österreich zu bleiben. Den Nachmittag nutzte ich für einen Spaziergang. Ich kam an einem voll belegten Badestrand des größten deutschen Binnensees, der Müritz, vorbei. Die im Sand oder auf den Wiesen Liegenden konnten, wie ich, die Aussicht auf kleine Segelboote genießen, die eilig über das Wasser flitzten.

Am darauffolgenden Tag unterzeichneten Dr. Loch und ich den Arbeitsvertrag. Dr. Loch versicherte mir, daß ich nicht der einzige Arzt aus Österreich sei, der in die DDR übersiedle.

Zurück in Österreich, kündigte ich meine Arbeit im Grazer Krankenhaus und verbrachte zwei heiße Sommerwochen in Niederschöckl, um den Umzug in die DDR vorzubereiten. Zu dieser Zeit war das ganze Land verrückt, weil die Deutschen die Fußballweltmeisterschaft gewonnen hatten – die Westdeutschen, um exakt zu sein. Wir warteten auf den Möbelwagen aus der DDR. Viel Umzugsgut mußte er nicht aufnehmen, nur einen gediegenen Holztisch, meine Bücher, Kleidung und Bettzeug. Mein Motorrad verkaufte ich, und alles andere schenkten wir meinem Onkel. Nachdem unsere persönlichen Dinge in Richtung DDR geladen waren, stiegen wir in den Zug nach Ostdeutschland, unsere neue Heimat.

Auf die Zukunft blickte ich optimistisch, freute mich auf bessere Lebensbedingungen und erwartete, daß unser Familienleben gedeihen werde. Wir würden österreichische Staatsbürger bleiben. Was auch geschehen sollte, die Kommunisten konnten uns nichts anhaben. Für einen Urlaub im „kapitalistischen Ausland", wie Dr. Loch es nannte, durften wir zwar nur einen geringen Geldbetrag umtauschen, dafür konnten wir jederzeit frei reisen.

In der DDR mußten wir Lebensmittel noch mit Marken kaufen. Die Geschäfte waren mit allem zum Leben Notwendigen gefüllt. Vereinzelt gab es noch Engpässe – wie gesagt, seit Kriegsende waren erst neun Jahre ins Land gezogen.

Unser Niederschöckl-Elend hatte ein Ende gefunden. In der DDR konnte ich deutlich mehr verdienen als in Österreich.

Der Ärztemangel war für mich ein Segen. In meine Tätigkeit als spezialisierter Unfallchirurg redete mir keiner hinein. Auf der Arbeit war ich kein geselliger Kumpel, sondern ein qualifizierter Arzt, der sich auf seine Arbeit konzentrierte, was auch so bleiben sollte. Unser Leben hatte sich zweifellos verbessert. Zugleich wuchs in mir die Frage, ob ich für meine Entscheidung, in die DDR gezogen zu sein, Tribut zahlen müsse.

BUNDESREPUBLIK DEUTSCHLAND

In der DDR praktizierte ich zehn Jahre, zuerst in Mecklenburg, dann für kurze Zeit in Leipzig, fünf Jahre in Dresden und zum Schluß in Ostberlin. Alles in allem bereue ich meine Entscheidung nicht, in die DDR gezogen zu sein. Nach sieben Jahren, 1961, wurden meine Arbeitsbedingungen schwieriger. Ich wurde gebeten, jährlich eine politische Einschätzung meiner Mitarbeiter abzugeben. Das war der Preis, den ich für mein neues Leben zahlen sollte. Damit hatte ich gerechnet und mich zugleich davor gefürchtet. Ich lehnte die heimliche Bespitzelung meiner Mitarbeiter ab. Als österreichischer Staatsbürger in sicherer und privilegierter Position mußte ich der Weisung kommunistischer Verwalter nicht folgen.

Meine Arbeit bereitete mir zwar weiterhin Freude; allerdings entwickelte sich mein Leben in diesem Land anders, als ich es erwartet hatte. Zunehmend vermutete ich, daß das DDR-Regime nicht so sehr mich, sondern vielmehr die gesamte Bevölkerung überwachte. Das Regime hatte sich mit dem Bau der Berliner Mauer im Jahr 1961 die volle Kontrolle über seine Bevölkerung gesichert. Das Land sollte in einer Planwirtschaft besser, reicher und lebenswerter werden. Der Lebensstandard zwischen Ost- und Westdeutschland driftete dennoch weiter auseinander. So begann ich zu überlegen, die DDR zu verlassen. Bis zu meinem Renteneintritt lagen noch zwanzig Arbeitsjahre vor mir. Diese könnte ich desgleichen in Westdeutschland verbringen. Aufgrund des Ärztemangels hatte ich in der DDR deutlich mehr chirurgische Eingriffe durchführen können, als es in Westdeutschland möglich gewesen wäre, und damit erhebliche Berufserfahrungen sammeln können. In Westdeutschland würde ich schnell eine neue Stelle finden.

Im Jahr 1964 übersiedelten wir in den Westen, zuerst für ein Jahr nach Mannheim, dann kurz nach Weingarten und daraufhin nach Ravensburg, wo wir vier Jahre blieben. Während dieser Zeit arbeitete ich in verschiedenen Praxen als Unfallchirurg. Unsere österreichische Staatsbürgerschaft behielten wir.

Im württembergischen Ravensburg fand ich eine Anstellung in einem modernen Regionalkrankenhaus. Mit sechs Kindern wohnten wir in einer Mietwohnung mit eigenem Garten. Herwig, Du hast damals bereits seit drei Jahren in Österreich studiert. Deine Geschwister waren es mittlerweile gewohnt, Schulen zu wechseln. Mit der Umstellung des Lehrplans von Ost- nach Westdeutschland waren sie gut zurechtgekommen. Ich kaufte einen „dicken" gebrauchten Mercedes und VW-Aktien. Man nennt das Assimilation, ich paßte mich den neuen Lebensumständen an.

Im Sommer 1965 fuhr ich nach Leoben, um bei Deiner Graduierung an der Montanuniversität präsent zu sein. Für ein paar Tage wohnte ich in Onkel Karls Gartenhaus, das nicht weit vom Stadtzentrum entfernt lag. Onkel Karl, unterdessen Rentner, war ein unverbesserlicher Nazi geblieben. Zusammen mit ihm gingen wir am Abend am Hauptplatz in eine Kneipe, um Deinen Ingenieurtitel zu feiern.

**Herwig und Sepp Salmutter
vor der Montanistischen Hochschule in Leoben,
wo Herwig zum Diplomingenieur graduierte, 1965**

HOSPITALSCHIFF MS HELGOLAND

Langsam schließt sich der Kreis. Nach meinen vier Jahren in Ravensburg, erwarb ich einen Bungalow mit Garten in St. Radegund bei Graz. Im Sommer 1968 zogen wir dort ein. Ich selbst wollte noch ein Jahr länger in Ravensburg bleiben und dann nach Österreich nachkommen.

Allerdings war ich mir nicht sicher, ob ich wirklich schon nach Österreich zurückkehren wollte, und schaute mich nach einem interessanten Job um. Ich stieß auf ein Stellenangebot des Deutschen Roten Kreuzes für ein Hospitalschiff in Südvietnam. Die Arbeitsbedingungen erschienen mir attraktiv, und meine Familie wußte ich im neuen Zuhause gut versorgt. So nahm ich dieses Angebot, ohne zu zögern, an.

Mittlerweile lebe ich seit vier Monaten in Südvietnam. Das Land befindet sich im Bürgerkrieg. Glücklicherweise toben die Kämpfe hier, in Da Nang, nicht so heftig. Ich habe mich an Hitze und hohe Luftfeuchtigkeit gewöhnt. Mein erster Eindruck von Vietnam war beeindruckend. Dieses Land kannte ich nur aus Fernsehnachrichten, Zeitschriften und einem Bildband, den ich mir extra für diese Reise gekauft hatte. In einer asiatischen Metropole zu stehen, umgeben von Freiluftrestaurants und eingehüllt in den Geruch ausländischer Gewürze, ist eine ganz neue Erfahrung.

Bei meiner Ankunft an Bord des DRK-Schiffes „MS Helgoland" begrüßten mich meine neuen Kollegen herzlich. Sie freuten sich über einen weiteren Arzt, der ihnen bei ihren gewaltigen Aufgaben zur Seite stehen würde. Den ganzen Tag warten lange Schlangen verletzter Menschen vor dem DRK-Schiff, um an Bord von uns behandelt zu werden. Durch die 4. Genfer Konvention ist der Einsatz dieses Sanitätsschiffes

Rotkreuzschiff Hospital „Helgoland' in Da Nang, Vietnam, 1969

Postkarte an Herwig in Frankreich:

Lieber Herwig,   *Da Nang, 28.9.69*
nun bin ich schon fast einen Monat hier. Es geht mir gut. Das Klima vertrage ich
gut. Die Arbeit ist sehr interessant und vielseitig. Am Ankunftstag haben mich
die Vietcongs mit einem größeren Angriff auf Da Nang „begrüßt", war für mich
alten Soldaten aber nichts Aufregendes. Laß mal was von Dir hören!
Dr. S. Salmutter, German Red Cross, Hospital Ship Helgoland,
FPO 96695, San Francisco, U.S.A.

rechtlich gesichert. Das bedeutet, daß wir ausschließlich Zivilisten behandeln dürfen, niemals amerikanische oder vietnamesische Soldaten.

Während ich hier im luftfeuchten Vietnam Wunden zusammennähe und Blut aufwische, suchst Du unter der trockenen Hitze der Sahara nach Öl. Du warst bestimmt überrascht von meinem Entschluß, nach Vietnam zu gehen. Aber nach so vielen Jahren traditioneller Lebensweise wurde es für mich Zeit, einen abenteuerlicheren Weg einzuschlagen. Die Stelle auf der „Helgoland" kam wie gerufen. Als meine Bewerbung angenommen wurde, fühlte ich mich wie der Gewinner eines Sechsers im Lotto. Ich bekam die Chance, die weite Welt zu sehen und zugleich Menschen zu helfen. Dafür nahm ich den Krieg in Kauf.

Laß mich Dir meinen neuen Arbeitsplatz beschreiben und Dein Interesse an Technik und Zahlen stillen. Das Schiff ist knapp einundneunzig Meter lang und mehr als vierzehn Meter breit, hat einen Tiefgang von mehr als vier Metern und erreicht mit sechstausend PS eine Höchstgeschwindigkeit von einundzwanzig Knoten in der Stunde. So beschrieb es mir neulich unser Mechaniker. Alles ist makellos sauber und ordentlich – typisch Deutsch. Die „Helgoland" ist als Lazarettschiff mit hundertfünfzig stationären Betten ausgestattet. Drei Operationssäle und vier Fachabteilungen (Chirurgie, Innere Medizin, Gynäkologie und Radiologie) stehen zur Verfügung. Die Zivilbevölkerung des Landes ist verarmt und kann sich keine medizinische Behandlung leisten. Wir vom Roten Kreuz behandeln sie kostenlos. Leider können wir nicht alle Hilfesuchenden aufnehmen.

Auf dem Schiff sind circa dreißig Besatzungsmitglieder sowie acht Ärzte und zwanzig Krankenschwestern im Einsatz.

Sie sind alle jung und aufgeweckt. Obwohl anstrengend, lohnt sich unsere medizinische Hilfe. Ich verfüge über eine kleine, abschließbare Kabine, was ich schätze. Ab und zu fällt mein Blick auf die Särge, die auf dem Oberdeck bereitstehen – für den Fall der Fälle. Ich wende mich dann schnell ab und versuche nicht daran zu denken, was mir nicht immer leichtfällt.

Die Schichten sind lang, und in jeder einzelnen bekomme ich Verletzungen zu Gesicht, die selbst für einen erfahrenen Mediziner erschreckend sind. So schwere Verwundungen sah ich selbst während des Krieges in Frankreich oder Belgien nicht. Menschen mit schweren Verbrennungen nach Angriffen mit Napalmbomben werden bei uns eingeliefert. Napalm ist ein praktisch nicht zu löschender Stoff. Seine Flammen fressen sich tief in das Fleisch der Betroffenen. Es ist eine unmenschliche Waffe. Ich bin mir nicht sicher, ob die Amerikaner am Ende des Zweiten Weltkrieges Napalmbomben auf Deutschland abwarfen. Sie führen es jetzt zweifellos in Vietnam aus.

Obwohl ich vorwiegend Patienten mit Kriegsverletzungen behandle, muß ich mich ebenso um Wurmbefall, Knochenbrüche, offene Verletzungen, Tuberkulose und Erkrankungen der Atmungsorgane kümmern. Wir arbeiten bis an die Grenze unserer Belastbarkeit – das ist gut so. Man denkt dann weniger nach, und jammern möchte ich schon gar nicht. Einige Arbeitskollegen sind auf ihrer zweiten „Helgoland-Tour" und stecken alles relativ gut weg.

So wie ich Dich kenne, hast Du bereits mehrfach den Finger auf der Landkarte auf Da Nang gelegt. Wenn ich recht habe, dann weißt Du, daß die Dreihundertfünfzigtausend-Einwohner-

Stadt in der Mitte des Landes liegt und zu Südvietnam gehört. Deswegen spielt die Stadt für die Amerikaner eine strategische Rolle. Mit einer Landebahn und einem Marinehafen ist der Krieg nie weit entfernt. Bisher blieb unser Sanitätsschiff von Angriffen verschont, obwohl kürzlich eine Rakete in unserer Nähe einschlug. Zur Sicherheit hat das DRK die „Helgoland" auf allen Seiten mit roten Riesenkreuzen versehen, und das Personal trägt während des Dienstes an Bord Rot-Kreuz-Uniformen. Sowohl die Amerikaner als auch die Nordvietnamesen scheinen uns und unseren humanitären Auftrag zu respektieren, was eine Menge wert ist.

Die Enge des Schiffes, die ständige Bedrohung durch einen Angriff und die damit verbundene Angst beeinträchtigen das tägliche Leben an Bord. Die Kämpfe zwischen dem sogenannten Vietcong und den Amerikanern finden im allgemeinen nachts statt, weswegen wir täglich am späten Abend den Hafen verlassen, um nicht ins Kreuzfeuer zu geraten. Bei Tagesanbruch kehren wir zurück. Ab und an muß die „Helgoland" weiter hinausfahren, um in internationalem Gewässer von einem deutschen Schiff mit neuen Vorräten versorgt zu werden. Das Versorgungsschiff darf mangels ausreichender Versicherung nicht in einem Hafen innerhalb eines Kriegsgebiets anlegen.

Meine heutige Schicht ist beendet. Ich schwamm bereits im Meer. In der Mittagspause und nach der Arbeit bade ich hier am Non Nuoc Beach. Du müßtest den weißen Sand und das wundervolle Meer sehen; es ist fantastisch! Einige Kollegen schließen sich mir bei diesen kleinen Ausflügen an; wir verstehen uns alle recht gut.

Die meisten meiner männlichen Mitarbeiter und auch ich tragen Vollbart, so unterscheiden wir uns deutlich von den

Amis, die glatt rasiert sein müssen. Wir tun es aus Vorsicht, um keine Kugel abzubekommen, die für einen amerikanischen Soldaten bestimmt sein könnte. Dazu tragen wir unsere weiße Dienstkleidung, auf der ein großes rotes Kreuz eingestickt wurde. Wer weiß, mein Äußeres könnte mir das Leben retten.

Was die Wirtschaft angeht, kann Vietnam nicht prahlen. Im Norden existiert unter dem Vietcong eine Planwirtschaft. Die Kommunisten haben anscheinend noch nicht erkannt, daß das nicht der richtige Weg ist, um ein Land voranzubringen. Die Amerikaner fürchten einen Dominoeffekt, also einen kommunistischen Sieg, dem andere Länder folgen könnten. Demzufolge kämpfen sie hier mit solcher Hartnäckigkeit.

Die Landwirtschaft ist die Hauptbeschäftigung vieler Vietnamesen. Die Feldarbeit birgt Gefahren. Ich behandle Bauern, die durch verstreute Minen verletzt wurden. Manche von ihnen sterben, noch bevor sie die „Helgoland" erreichen, . andere müssen mit fehlenden Gliedmaßen weiterleben und auf ihre Felder zurückkehren – sie haben keine andere Wahl.

Dennoch ist das Leben hier lebendig und faszinierend. Die Vietnamesen bleiben unter sich, die älteren sprechen Französisch. Für unsere Verhältnisse ist der Straßenverkehr reiner Wahnsinn. Vier oder fünf Personen quetschen sich auf ein Motorrad, und auf dem Gepäckträger findet sich noch Platz für ein paar Hühner oder Obst.

Abgesehen von den Einheimischen laufen viele GIs in der Stadt herum. Sie sind bewaffnet und bei aller Lockerheit ihres Auftretens wachsam, obwohl sie einen gemütlichen Abend in der Innenstadt zu genießen scheinen. Die Kerle erinnern mich an den Krieg vor fünfundzwanzig Jahren, als ich in deren Alter war. Bartlose, glatte Gesichter, die nicht so fern der Heimat sein sollten.

Wir leben in spannenden Zeiten. Ho Chi Minh, der kommunistische Präsident Nordvietnams, starb vor drei Monaten. Während des Indochina-Konflikts gelang es ihm, die Franzosen aus seinem Land zu vertreiben. Seine Kampagne für einen unabhängigen kommunistischen Staat veranlaßte die Amis zum Handeln.

Während ich mitten in diesem Konflikt sitze, umgeben von Tod und Schrecken, dreht sich die Welt draußen weiter. Im Sommer landeten die Amerikaner auf dem Mond, die Rolling Stones traten im Hyde Park vor hunderttausenden Menschen auf, und die Beatles überquerten einen Zebrastreifen im Norden Londons. Überall entstehen Hippie-Kommunen, nicht nur in Deutschland. Charles Manson mordete in Kalifornien. Es ist eine Zeit des Umbruches. Mir war bis in jüngster Vergangenheit nicht bewußt, was für eine protestierende Jugendkultur es gibt. Sex ist kein Tabuthema mehr und wird öffentlich in einer Art und Weise diskutiert, die ich mir niemals hatte vorstellen können. Die Welt ändert sich wie in einem Taifun, und ich will dabei sein. Noch nie zuvor habe ich mich so jung und frei gefühlt wie in dieser Zeit. Das ist das Leben, Herwig!

Dies erinnert mich an unser Gespräch im vergangenen Jahr. Du erzähltest von Deiner Arbeit und Deinem Leben. Damals gab ich Dir keine Antworten auf Deine Fragen zu meiner Vergangenheit. Ich war ihnen ausgewichen.

FRAGEN UND KEINE ANTWORTEN

Im Oktober 1968 besuchtest Du mich anläßlich eines Kurzurlaubes in Ravensburg. Du warst damals als Erdölingenieur in Pau, Südfrankreich, tätig. Die Familie war ins neue Zuhause nach St. Radegund übersiedelt; so war ich mit Dir allein. In den zwei Tagen führten wir eines unserer seltenen Zwiegespräche.

Es war die Zeit der 68er-Revolution, und Jugendliche fragten: „Vati, was hast du im Krieg gemacht?" Ihr wolltet herausfinden, wo wir im Krieg dienten und wie weit wir in die Machenschaften des NS-Regimes verwickelt gewesen waren – Themen, über die wir Älteren nicht sprechen wollten. Du hast mich mit dieser Frage überrumpelt. Darauf konnte oder wollte ich Dir keine Antwort geben.

Ich hätte nie von meinen Kriegserlebnissen gesprochen, nie von meiner SS-Offizierskarriere erzählt und nie erklärt, wie es zu der Wunde an meinem Oberschenkel gekommen war. Du warfst mir vor, nicht an Kultur interessiert zu sein, nicht über Goethe, Beethoven oder Rembrandt gesprochen und keine Romane gelesen zu haben. Wir hätten nie interessante Orte in der Nähe unserer Wohnsitze besucht, wie Schloß Schwerin von Waren, die Schlösser Moritzburg und Pillnitz von Dresden aus. Intellektuelle Gespräche habest Du bei uns zu Hause vermißt.

Du hast bemängelt, daß ich fremde Sender hörte und zu viel gearbeitet habe, anstatt mich mehr um meine Familie zu bemühen. Du wolltest wissen, was ich über den jüngsten Einmarsch der Russen in Prag dachte. Wir führten keine echten Gespräche. Während ich interessiert zuhörte, erzähltest Du von Dir. Ich selbst gab von mir nichts preis.

Ich hoffe, daß ich Dir mit diesem Brief Deine Fragen beantwortet habe. Besser spät als nie!

Dr. med. Sepp Salmutter, Ravensburg, 1968

EPILOG

Herwig, wir schreiben den 6. Dezember 1969. Ich bin weiterhin in Da Nang. Zu Beginn hatte ich Dir versprochen, von meinem Leben zu erzählen. Auf diesen Seiten steht alles, was es dazu zu berichten gibt. Es war für mich schwierig, den Brief zu schreiben, aber erleichternd.

Voraussichtlich werde ich Ende Jänner für drei Wochen nach St. Radegund kommen. Bei dieser Gelegenheit will ich Dir diesen Brief mitsamt den dazugehörigen Dokumenten überreichen. Ich habe alles über mein bisheriges Leben aufgeschrieben, weil ich weiß, daß ich nicht den Mut aufbringen würde, Dir dies persönlich zu erzählen. Bitte verstecke den Brief vor Deiner Mutter und vor Deinen Geschwistern; sie sind zu jung, um mich richtig zu verstehen. Sie werden sich nicht an Niederschöckl oder die Jahre in der DDR erinnern können.

Wolfgang, Dein fünfeinhalb Jahre jüngerer Bruder, ist geselliger als Du. Ich habe ihn nicht häufig gesehen, doch weiß ich, daß er oft mit Freunden ausgeht und in einer Rockband singt. Ich nehme an, die drei Mädchen stehen Gretl nah. Die zwei jüngsten, zehn und zwölf Jahre alt, in der DDR geboren, kennen mich kaum.

Herwig, Du kennst mich von all meinen Kindern am besten. Ich erinnere mich gut, wie wir sonntags früh in den Wald zogen, um Schwammerln zu suchen – da war ich noch in meinen Zwanzigern. Als Du zehn Jahre alt warst, ließ ich Dich mit meinem Motorrad durch das Dorf fahren. In Deinem achtzehnten Lebensjahr begleitete ich Dich im Zug von Dresden nach Leoben, um Dir eine Studentenunterkunft zu suchen. Von Leoben ging es direkt weiter nach Klagenfurt zu Deinem Großvater, um Deine Studienfinanzierung zu organisieren. Danach sahen wir uns bis zu

Deiner Graduierung, zu der ich für zwei Tage von Ravensburg nach Leoben kam, vier Jahre lang kaum. Schließlich gab es noch das lange Gespräch, das wir im vergangenen Jahr führten. Mit keinem Deiner Geschwister habe ich je einen einzigen Tag allein verbracht.

Ich habe Euch nie über meine Vergangenheit, meine uneheliche Geburt oder meine SS-Offiziers-Karriere erzählt. Ich dachte, daß Ihr es nicht verstehen könntet, wie es war, in jener Zeit aufzuwachsen.

Du weißt, daß ich meine Arbeit mit Leidenschaft ausübte. Hier in Da Nang schätzen mich meine Kollegen und die Krankenschwestern für mein Fachwissen, und das ist alles, was ich von ihnen erwarte. Zum ersten Mal bin ich wirklich glücklich: Ich habe eine Arbeit, die ich liebe, und bin endlich frei. Wie bereits erwähnt, fühle ich mich beinah wie ein neuer Mensch, der zum ersten Mal echte Lebensfreude verspürt. Brauchte es diese Änderung in meinem Leben, daß ich Dir diesen Brief schreiben konnte? Könnte sein.

Ich freue mich, sieben gesunde Kinder gezeugt zu haben. Mit mir selbst habe ich Frieden geschlossen und muß mich für nichts schämen oder entschuldigen. Die Gespräche mit Resi und die Rede von Pasteur kommen mir in den Sinn, und ich darf sagen: Ich habe getan, was ich konnte.

Nachdem Du über meine Situation, die moralischen Zwangslagen, die guten und schlechten Zeiten in meinem Leben gelesen hast, würde ich mich gerne mit Dir aussprechen. Nächsten Monat sehen wir uns. Dann werde ich Deinen Fragen nicht ausweichen – versprochen!

Alles Liebe
Dein Vater

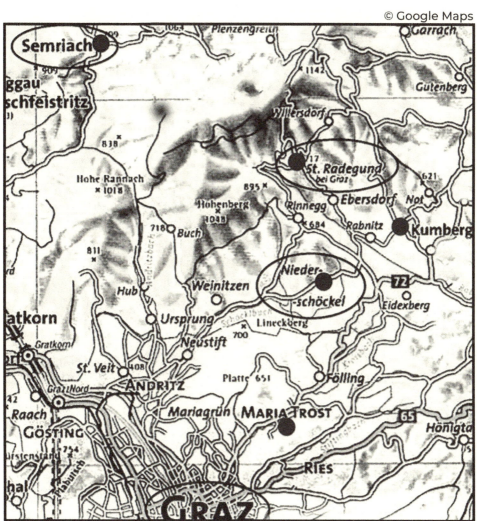

Wichtige Orte in Sepp Salmutters Leben:
 Geburt in Semriach,
 Kindheit in Niederschöckl,
 Student und junger Arzt in Graz,
 Familienwohnsitz von 1968 an in St. Radegund

NACHWORT

Nachdem ich die letzten Worte des Briefes gelesen hatte, legte ich ihn aufgewühlt zur Seite. Meine Gedanken musste ich erst sortieren. Mir wurde klar, dass ich nicht viel über meinen Vater wusste. War er in Vietnam durch eine Midlife-Crisis gegangen? Hatte er eine junge vietnamesische Freundin gefunden und schrieb er mir deshalb diesen Brief absichtlich so freizügig?

Ich spürte, dass ich einige Zeit benötigen würde, um über das nachzudenken, was mein Vater mir hinterlassen hatte. Einerseits wollte ich ihm Vertrauen schenken und glauben, dass sein Bericht wahr sei. Andererseits beschrieb mein Vater selbst die Lügen, die er über seine Herkunft und später bei den Verhören erzählte. Woher sollte ich wissen, dass er nicht auch mich belog? Dass er doch mehr über die Verbrechen der Waffen-SS oder die Morde in Konzentrationslagern wusste?

Wie sollte ich das Ganze einschätzen? Beschrieb er mir sein Sexleben, um mich zu manipulieren, mehr Glaubwürdigkeit in seine Texte zu legen oder um anzugeben? Nach kurzem Überlegen beschloss ich, den Brief weder meinen Geschwistern noch meiner Mutter zu zeigen. Erst Jahrzehnte später kam ich auf den Gedanken, die Geschichte meines Vaters erneut ans Tageslicht zu holen.

278

Fünf Jahre nachdem ich den Brief gelesen hatte, war ich beruflich in den USA tätig. Diese Gelegenheit nutzte ich, lieh mir ein Auto und fuhr vom Dulles International Airport nach Fort Hunt. Bald nachdem mein Vater hier verhört worden war und später im Übersetzungsdienst gearbeitet hatte, war der gesamte Komplex abgerissen worden. Das Militär ließ die Umzäunung des ehemaligen Gefangenenlagers stehen, bepflanzte das Gelände mit Bäumen und Sträuchern und legte geschwungene Wege mit Parkplätzen an.

Als gesichertes Militärgelände, vierzehn Meilen südlich von Washington, diente dieser Bereich als privater Picknick-Park für höhere Offiziere. Selbst der US-Präsident erholte sich hier mit seiner Familie und badete im angrenzenden Potomac-Fluss. Später beseitigte das Militär die Umzäunung und überließ das Gelände dem National Park Service, der darauf einen öffentlichen Park einrichtete.

Hätte mein Vater so lange gelebt, wäre er vor einem Jahr hundert Jahre alt geworden. Den Brief schrieb er mir vor über fünfzig Jahren, kurz danach ertrank er im Südchinesischem Meer. Meine Mutter starb vor zwanzig Jahren.

Obwohl mich mein Vater in seinem Brief darum bat, ihn meinen Geschwistern nicht zu zeigen,

Fahnenmast und Gedenktafel für P.O. Box 1142

This flagpole is dedicated to the Veterans of P.O. Box 1142 who served this country as members of two military intelligence service (MIS) programs during World War II. Their top secret work here at Fort Hunt not only contributed to the Allied Victory, but also led to strategic advances in military intelligence and scientific technology that directly influenced the cold war and space race. The MIS-X program communicated with American military personnel held captive by the enemy Axis forces and attempted to coordinate their escape. The larger MIS-Y program carried out the interrogation of nearly 4,000 enemy prisoners of war and scientists who were processed at this camp.

Dieser Fahnenmast ist den Veteranen von P.O. Box 1142 gewidmet, die diesem Land während des Zweiten Weltkriegs als Mitglieder von zwei Programmen des Militärgeheimdienstes (MIS) dienten. Ihre streng geheime Arbeit hier in Fort Hunt trug nicht nur zum Sieg der Alliierten bei, sondern führte auch zu strategischen Fortschritten in der militärischen Intelligenz und wissenschaftlichen Technologie, die den Kalten Krieg und das Weltraumrennen direkt beeinflussten. Das MIS-X-Programm kommunizierte mit amerikanischen Militärs, die von den feindlichen Achsenmächten gefangen gehalten wurden, und versuchten ihre Flucht zu koordinieren. Das größere MIS-Y-Programm führte die Vernehmung von fast 4.000 feindlichen Kriegsgefangenen und Wissenschaftlern durch, die durch dieses Lager geschleust wurden.

Denkmal zur Erinnerung an die Arbeit des US-Nachrichtendienstes in Fort Hunt

Non-Nuoc-Badestrand in Da Nang, 2012:
Herwig und Christine Salmutter.
Hier ertrank Sepp Salmutter am 30. Dezember 1969

wuchsen mit der Zeit meine Gewissensbisse und ich fühlte, dass ich meinen Geschwistern alles erzählen müsse. Also tippte ich den Brief in meinen Computer ein und fügte jedem Abschnitt ein Bild hinzu.

Ich hatte das Glück, nicht in den 30er- oder in den 40er-Jahren des letzten Jahrhunderts gelebt zu haben. So musste ich mir nicht den Kopf zerbrechen, wie ich in der Situation meines Vaters in einer Diktatur gehandelt hätte.

Eines ist klar: Ich wäre weder der Waffen-SS noch der Nazipartei beigetreten. Im Jahr 1939 traf mein Vater eine weitreichende Entscheidung, obwohl ihm wie jedem anderen klar gewesen sein muss, wofür die National-sozialisten standen, nämlich Rassismus, Diktatur, Beseitigung politischer Gegner, Gleichschaltung durch Erziehung, Kultur- und Medienpropaganda.

Es bleibt unbestreitbar, dass mein Vater in der Zeit, wo „Tolle Blinde führten", leben musste, aber war er deswegen dazu gezwungen, sich bei den Nazimachthabern anzubiedern? Er kam aus ärmlichen Verhältnissen, hätte aber dennoch ein Studium ohne Unterstützung der Waffen-SS absolvieren können. Seine Großmutter, sein Deutschlehrer sowie seine Freundin und Mentorin Resi wollten, dass er der Waffen-SS fernbleibe; er hörte nicht auf sie.

Mein Vater hätte andere Studienmöglichkeiten ergreifen können; er entschied sich leider für diese eine.

Eine wichtige Frage bleibt:

War mein Vater ein Nazi gewesen?

Sein freiwilliger Eintritt in die Waffen-SS spricht dafür. Jedes Mitglied dieser Organisation musste nationalsozialistisches Gedankengut vertreten, befürworten und propagieren.

Dagegen spricht, dass mein Vater erst achtzehn Jahre alt war, als er in die Waffen-SS eintrat. Mitglied der NSDAP war er nie, obwohl er sicher dazu aufgefordert wurde.

Mein Vater war kein Fanatiker – in Bad Tölz feuerte man ihn deshalb von der SS-Junker-schule. Er verwahrte sich mehrmals erfolgreich gegen Angebote, in Konzentrationslagern zu arbeiten. Während des Zweiten Weltkrieges desertierte er zu den Amerikanern und kooperierte mit ihnen.

Nach Kriegsende hielt er sich von NS- und SS-Verbindungen wie der legalen „Hilfsgemeinschaft auf Gegenseitigkeit der ehemaligen Waffen-SS" und gleich gesinnten Vereinen fern.

Sosehr ich mir Klarheit über die Einstellung meines Vaters zum Nationalsozialismus wünsche – ich werde sie nie erhalten. So muss ich mit dem Wissen leben, dass mein Vater in der Waffen-SS diente. Die Fragen, wie er über die Nationalsozialisten dachte und ob sich seine Gedanken hierzu nach dem Zweiten Weltkrieg änderten, müssen für mich als ein nie endendes Trauma unbeantwortet bleiben.

Nach meinem Studium verließ ich Österreich und kehrte alle zwanzig Jahre in das Dorf Niederschöckl zurück, um meine Freunde aus der Kindheit zu besuchen. Ich bin froh, dass mein Vater das neue Niederschöckl nicht mehr kennengelernt hat. Es ist ein Ort für Grazer Pendler geworden, mit neuen modernen Häusern, die sich auf viel zu kleine Grundstücke quetschen und damit das alte Dorfbild zerstört haben. Das Haus meiner Urgroßmutter wurde abgerissen, die Jauchegrube entfernt und alles begradigt, um ein hässliches Haus auf der so gewonnenen Fläche zu errichten. In ihrem Gemüsegarten steht jetzt eine kleine Wohnhütte. Die geschwungene Schotterstraße wurde asphaltiert – zweispurig, mit Bushalte- stelle und geregeltem Fahrplan.

Die alte Schwengelpumpe vor dem Haus wurde entfernt, das Grundwasserloch mit Erdreich aufgefüllt und mit Gras überwuchert. Durstige Wanderer, die durch das Dorf kommen, finden ihr Getränk in der

Dorfschenke in einem der alten Bauern-häuser. Sein Besitzer hat die frühere Wohnstube mit rustikalen Holztischen und Stühlen ausgestattet und die Wände mit traditionellen landwirtschaftlichen Geräten dekoriert.

Die Wanderer müssen nicht nach dem Weg fragen – sie finden den Tivoliweg auf sauberer Tafel markiert. Die mittlerweile komfortabel ausgebaute Gaststätte am Berg lockt Spaziergänger mit einem einladenden Blick über das gewachsene Dorf an.

Nachdem unsere Mutter im Jahr 2000 mit achtzig Jahren in St. Radegrund gestorben war, nahmen wir sieben Kinder unseres Vaters Urne an uns, die mehr als dreißig Jahre in ihrem Bücherregal gestanden hatte. Wir stiegen auf den Schöckl und überließen Vaters Asche den Windböen.

Der Wind wird einen Teil der Asche zum Geburtsort Semriach, einen anderen Teil zum Ort der Kindheit, Niederschöckl, und den Rest bis nach Graz getragen haben ...

Ruhe in Frieden, Vater.

Herwig Salmutter,
London 2022

LEBENSLAUF

31 Jan 1921
Josef ‚Sepp' Salmutters Geburt in Semriach, Österreich

9 Feb 1924
Tod von Salmutters Mutter Amalia

1926
Umzug von Semriach nach Niederschöckl

1927-1931
Volksschüler an der Waldschule Niederschöckl, Steiermark,
Österreich

1931-1938
Zögling im Franziskaner Seminar und Gymnasiumsbesuch,
Graz

12 März 1938
Anschluss Österreichs ans Deutsche Reich

1938-1939
Gymnasiast; Bekanntschaft mit Theresia Egger; Matura

Dez 1939
Eintritt in die Waffen-SS

Dez 1939-Feb 1940
Student, 1. Trimester an der SS-Ärztlichen Akademie in Graz

Feb 1940-Mai 1940
Kanonierausbildung in Lichterfelde (Berlin)

Jun 1940-Sep 1940
Fronteinsatz in Frankreich, Belgien und den Niederlanden,
Sanitäter, 13. SS-Art. Reg. 'Das Reich', SS-Unterscharführer,

Okt 1940-Feb 1941
Student, 2. Trimester an der SS-Ärztlichen Akademie in Graz

Feb 1941-Apr 1941
SS-Offiziers-Junkerschule, Tölz,

Mai 1941-Aug 1941
SS-Unteroffiziersschule, Lauenburg

Sep 1941-Okt 1941
Militärausbildung an der SS-Sanitäts Ersatz Abteilung,
Oranienburg. SS-Unterscharführer

Nov 1941-Apr 1942
SS-Offiziers-Junkerschule Braunschweig,
Ausbildung bestanden, SS-Standartenoberjunker

Apr 1942-Jun 1944
Student, 3. bis 6. Semester an der SS-Ärztlichen Akademie
in Graz, SS-Untersturmführer

27 Feb 1943
Salmutter heiratet Margarethe Glatz in Wien

6 März 1943
Geburt seines erstgeborenen Sohns Herwig

Jun 1944-Nov 1944
Fronteinsatz in Frankreich und Belgien,
2. SS-Sanitäts-Komp. ,Das Reich'

Okt 1944
Verwundung, Granatsplitter im Oberschenkel, Belgien

Nov 1944
Sonderurlaub nach Graz

Nov 1944-Jan 1945
Ardennenoffensive, Salmutter dient in der
2. SS-Sanitäts-Komp. 'Das Reich', SS-Obersturmführer

25 Jan 1945
Fahnenflucht zur US Army in Gouvy, Belgien

Jan 1945-Apr 1945
Kriegsgefangener Salmutter gibt wertvolle Informationen
an den US-Nachrichtendienst, Namur, Belgien

9 Apr 1945
Transfer in ein Kriegsgefangenenlager in den USA

Apr 1945-Jan 1946
Verhöre, US-Nachrichtendienst in Fort Hunt, Virginia, USA.
Danach 9 Monate Übersetzer im dortigen Translation Service

Jan 1946- Feb 1947
Kriegsgefangener Lagerarzt, Columbus, Wisconsin, USA.
Bekanntschaft mit Barbara O'Keefe

Feb 1947-Apr 1947
Kriegsgefangenenlager in Frankreich

Apr 1947-Nov 1949
Student, 7. bis 9. Semester an der Grazer Universität

Nov 1949
Sepp Salmutter promoviert zum Dr. med.

Nov 1949-Jul 1954
Unfallchirurg, UKH Graz

Jul 1954-Mai 1964
Unfallchirurg in Waren, Leipzig, Dresden und Ostberlin,
DDR

Jun 1964-Jul 1969
Unfallchirurg in Weingarten und Ravensburg, BRD

Aug 1969-Dez 1969
Unfallchirurg am deutschen Rotkreuzschiff 'Helgoland'
in Da Nang, Südvietnam

30 Dez 1969
Sepp Salmutter ertrinkt beim Schwimmen
im Südchinesischen Meer, Da Nang, Südvietnam.

AUTOR

Herwig Salmutter, 1943 im
Bergdorf Niederschöckl in
der Nähe der österreichischen
Stadt Graz geboren, wuchs
als Ältester von später
insgesamt sieben
Geschwistern zunächst in
sehr bescheidenen Verhältnissen auf.
Er besuchte die örtliche Volksschule und
fühlte sich in seiner dörflichen Umgebung der
Natur sehr verbunden.

Um die Lebensumstände seiner Familie zu
verbessern zog sein Vater, ein in Graz schlecht
bezahlter Krankenhausarzt, 1954 nach
Ostdeutschland, wo er als Unfallchirurg
praktizierte. Der Autor verbrachte hier
– zunächst in Waren/Müritz, später in Dresden –
insgesamt sieben Jahre. In Dresden besuchte
er die Oberschule.

In seiner Freizeit – im Alter von 16 bis 18 Jahren
– widmete er sich in einem paramilitärischen
Sportverein (Gesellschaft für Sport und Technik) dem Segelfliegen und erwarb hier die
Lizenz für das Alleinfliegen.

Während seiner Zeit in Ostdeutschland – jung
und beeinflusst durch stete Propaganda – war
er der kommunistischen Ideologie zugetan.
Die Fesseln jeglichen noch verbliebenen

kommunistischen Gedankengutes verwarf er spätestens 1968 nach dem Einmarsch der sowjetischen Roten Armee in Prag.

Nach dem Erwerb des Abiturs entschied er sich für das Studium des Erdölwesens an der Montanuniversität Leoben in Österreich, das er 1965 mit der Graduierung als Diplomingenieur erfolgreich abschloss.

Nun begann eine 20-jährige Odyssee, in der er als Erdölingenieur hauptsächlich in Dschungel- und Wüstengebieten rund um den Globus tätig war. Seinen ersten Einsatz leistete er in Cotonou in Dahomey, dann in Warri in Nigeria, gefolgt von vier Jahren in Hassi-Messaoud inmitten der algerischen Sahara. Es folgten Tarakan in Indonesien und drei Jahre in Ahwaz im Iran, noch unter der Herrschaft des persischen Schahs. Anschließend Houston, Texas und Calgary in Kanada, bevor er seine Erdölkarriere als Vize-präsident von ODECO (Gabon) Petroleum in Port Gentil in Gabun, 1986 beendete.

Seine Frau Christine, eine Engländerin, war überall an seiner Seite und sorgte für ein wohnliches Heim, wo immer sie lebten. Sie schloss lebenslange Freundschaften mit einheimischen Frauen, lernte deren Bräu-che kennen, tauschte Kochrezepte und Kleidungsstücke aus und überkam etwaige Sprachschwierigkeiten.

Die Arbeit in Übersee konnte zuweilen beschwerlich sein. Mobiltelefone gab es nicht. Telefongespräche nach Europa mussten vorangemeldet werden und es konnte zwei Tage dauern, bis sie durchgestellt wurden.

Der Mangel an Zeitungen und englischsprachigem Fernsehen zwang zu Eigeninitiativen. Die Post brauchte drei Wochen, bis sie ankam. Über Satellitenfernsehen oder gar Videokassetten verfügte man noch nicht. Rückblickend meint der Autor jedoch, dass seine Frau und er interessante Jahre voller spannender Ereignisse durchlebten.

Nach den 20 Jahren im Ausland ließ sich Herwig Salmutter in Großbritannien nieder und wurde wenige Jahre später eingebürgerter britischer Staatsbürger. Zusammen mit seiner Frau gründete er in London eine erfolgreiche Immobilienfirma.

Der Autor und seine Frau leben wechselnd in London und in Graz (Zweitwohnsitz). Sie teilen sich ihr Interesse an Kunstgeschichte, Literatur, Fotografie und dem Besuch von Gourmetrestaurants.

Herwig Salmutter schrieb „*Madmen led the Blind*", das als Kindle eBook und als Taschenbuch erschien, eine deutsche Übersetzung ist unter '*Tolle führten Blinde*', ebenfalls bei Amazon erhältlich.

QUELLENNACHWEISE

MS Helgoland
Gisela von der Rosen-Panthen, „Ärzte und Schwestern trafen sich bei den Särgen", DRK Magazin, 20.10.2017

Dr. med. Alfred Jahn, Chirurg auf der MS Helgoland 1968/1969, Gespräche mit Herwig und Christine Salmutter, 2004

Dr. M. H. Schröer, Chefarzt auf der MS Helgoland, persönlicher Brief an Gretl Salmutter, datiert 23.01.1970

Da Nang
Herwig Salmutter, Besuch und Fotos von Da Nang, 2012

Namur
US-Nachrichtendienst-Dokumente, US National Archives im College Park in Washington D. C.

Fort Hunt
Dr. Felix Römer, „Kameraden – Die Wehrmacht von innen", Piper, 2012, E-Mail-Korrespondenz mit Herwig Salmutter

US-Nachrichtendienst-Dokumente, US National Archives im College Park in Washington D. C.

Geburt
Diözesanarchiv Graz-Seckau, Pfarre Semriach, Taufbuch 18, S. 4, RZ9

US-Nachrichtendienst-Dokumente, US National Archives im College Park in Washington D. C.

Bauernhof
Steirisches Landesarchiv, Graz, Grundbuchfolium, Einlage Band 3Q, Seite 97, Niederschöckl, 1925

Vorfahren
Diözesanarchiv Graz-Seckau, Pfarre Semriach und Maria-Trost

Seminar
Michaela Sohn-Kronthaler, Rudolf K. Höfer, Alois Ruhri, „800 Jahre Diözese Graz-Seckau", Styria Verlag, 2018

Anschluss
photo: ©Süddeutsche Zeitung / alamy

Waffen-SS
US-Nachrichtendienst-Dokumente, US National Archives im College Park in Washington D. C.

Akademie, 1. Trimester
Prof. Mag. Dr. phil. Alois Kernbauer, Forschungsprojekt „SS-Ärztliche Akademie Graz", Universität Graz, Archiv,

E-Mail-Korrespondenz mit Herwig Salmutter, 2020

Akademie, 2. Trimester
US-Nachrichtendienst-Dokumente, US National
Archives im College Park in Washington D. C.

Bad Tölz
US-Nachrichtendienst-Dokumente, US National
Archives im College Park in Washington D. C.

Lauenburg
US-Nachrichtendienst-Dokumente, US National
Archives im College Park in Washington D. C.

Braunschweig
US-Nachrichtendienst-Dokumente, US National
Archives im College Park in Washington D. C.

Akademie, 3. bis 6. Semester
Gertraud E. Kaefer-Eysn, Autobiografie
„Medizinstudent Graz 1943"

US-Nachrichtendienst-Dokumente, US National
Archives im College Park in Washington D. C.

Gretl
Dr. jur. Gerhard Rainer, unveröffentlichte
Autobiografie, 2005

Heirat
US-Nachrichtendienst-Dokumente, US National
Archives im College Park in Washington D. C.

Frankreichfeldzug 1944
Max Hastings „Das Reich. The March of the 2nd SS Panzer Division Through France, June 1944", Pan Books, 1983

US-Nachrichtendienst-Dokumente, US National Archives im College Park in Washington D. C.

Sonderurlaub
US-Nachrichtendienst-Dokumente, US National Archives im College Park in Washington D. C.

Ardennenoffensive
Antony Beevor, Ardennes 1944, Penguin, 2016

US-Nachrichtendienst-Dokumente, US National Archives im College Park in Washington D. C.

Fragebogen
US-Nachrichtendienst-Dokumente, US National Archives im College Park in Washington D. C.

Übersetzungsdienst
US-Nachrichtendienst-Dokumente, US National Archives im College Park in Washington D. C.

Columbus
Oconto Country Times Herald, „State has surprising history of POW camps", 2011

Cheyenne Lentz, „Story of Wisconsin's German POWs is a Piece of Hidden History", 2015

Heimkehr nach Österreich, 1947
Prof. Helmut Konrad, „Schicksalsjahr 1945/1955",
Kleine Zeitung. Essays, Graz, April/Mai 2020

Prof. Karin M. Schmidlechner, „Kriegsende",
Kleine Zeitung. Essays, Graz, April/Mai 2020

Dr. Heidemarie Uhl, „Das veruntreute Jahr 1945",
Kleine Zeitung. Essays, Graz, April/Mai 2020

Dr. Wolfgang Maderthaler, Uni Graz, „Neuan-
fang – Österreich nach 1945", Kleine Zeitung.
Essays, Graz, April/Mai 2020

Foto: https://austria-forum.org/af/
Wissenssammlungen/Damals_in_der_
Steiermark/Graz_im_Bombenhagel

Entnazifizierung an der Grazer Uni
Prof. Mag. Dr. phil. Alois Kernbauer, „Von der
Reichs- zur Karl-Franzens-Universität",

Niederschöckl 1947
Gemeinde Weinitzen, E-Mail-Korrespondenz

Universität Graz, Archiv: Promotionsurkunde,
Studienpläne, Fotos

Deutsche Demokratische Republik
Der Bundesbeauftragte für die Unterlagen des
Staatssicherheitsdienstes der ehemaligen DDR,
Brief an Herwig Salmutter, datiert 19.08.2020

EINIGE AUSZÜGE AUS DEN DOKUMENTEN DES US-NACHRICHTENDIENSTES

https://tinyurl.com/sepp1921

SALMUTTER, Sepp   14 April 1945.
SS Obersturmfuehrer   Capt. Brown
I./SS Pz Art Regt "Das Reich"
21 Jan '45, GOUVY, Belgium

        P/W is a young and intelligent Austrian medical officer cho
deserted to the American forces. He is most cooperative and friendly and,
therefore, approachable. He has a magnetic personality with plenty of drive.
Believed to be very reliable. P/W worked for PID in NAMUR from the 2nd of
January to 5 April 1945.

PERSONAL HISTORY:

        Born 31 January 1921 in SEMRIACH, Steiermark. Mother died in 1924 and
father remarried. P/W raised by grandmother, Amalia Salmutter, in NIEDERSCHOECKL/
GRAZ. VS 4 years, Gymnasium 8 years as a pupil of the Franciscan Seminary
in GRAZ, Franziskanerplatz 14. The Seminary was closed by law after the
Anschluss in 1938. Through friends P/W learned about the SS Aerztliche
Akademie (medical academy) which was to be opened shortly in GRAZ, where
it would be possible for medical students who were members of the SS to
continue their studies with the idea of eventually becoming   medical
officers in the field. A prerequisite for entrance into the academy was front
line service with an SS unit. SS Hauptsturmfuehrer RIEBSCH, II./SS Regt
"Der Fuehrer," which was stationed in GRAZ/WETZELSDORF after the Anschluss,
and his son, Egon, whom P/W knew at school, urged P/W to take advantage of
this offer. No HJ or labor service (RAD).

MILITARY HISTORY:

Dec '39 - Volunteered for Waffen SS.

Feb '40 - Basic training with 2./SS Art Ers. Abt. in BERLIN/LICHTERFELDE.

Feb-Jun '40 - Training as a gunner.

Jun '40 - Front line service (Frontbewaehrung) in France with 11./SS Art.
            Regt, a heavy artillery unit which actually did not see action.
            FPN 06804B.

Jul-Sep '40 - Occupation of the Netherlands near AMERSFOORT.

Oct '40 - Ordered to the SS Aerztliche Akademie in GRAZ. P/W lived at
            the academy but attended lectures at the University of Graz.
            Promoted to Unterscharfuehrer (Uffz.)

Feb-Mar '41 - Attended a reserve officers course (Reservefuehrer-
               bewerberlehrgang) at the SS-Junkerschule TOELZ. Himmler had
               ordered every company grade medic of the Waffen SS to attend
               officers' school. Included in this course was an 1/2-hour
               visit to the concentration camp in DACHAU.

Mar '41 - P/W failed the course and received the comment that he was lacking in character to become an SS officer (charakterlich zum SS Fuehrer nicht geeignet).

May-Aug '41 - Because P/W had failed the officers' course, he was ordered to attend the SS NCO school at LAUENBURG/Pommerania for "thorough character and military training", even though he had been an NCO since October 1940.

Sep-Oct '41 - Unterscharfuehrer in SS Sanitaets Ers Abt in BERLIN/ORANIENBURG.

Nov'41-Mar'42 - Attended the officers' training course at the SS Junkerschule in BRAUNSCHWEIG. Included in this course was an 1/2 hour visit to the concentration camp in BUCHENWALD near WEIMAR.

Feb '42 - Promoted to Standartenjunker (Faehnrich).

2 Apr '42 - Deemed worthy to become an SS officer in the medical corps. "Zum SS Fuehrer im Sanitaetsdienste Geeignet."

Apr '42 - Promoted to Standartenoberjunker (Oberfaehnrich).

Apr'42-Jun'44 - Continuation of medical studies at the University of Graz as member of the SS Medical Academy.

21 Jun '42 - Commissioned as an SS Untersturmfuehrer (2d Lieutenant).

Feb '43 - Married to non-Aryan Frl. Grete Glatz, also a medical student, and daughter of Obermedizinalrat Dr. Hans Glatz from ST. PÖLTEN. This marriage caused P/W's SS friends to turn against him and thereafter he always received unpleasant assignments. Request for release from SS not granted.

Feb-Jun '44 - Adjutant of the SS Aerztliche Akademie in GRAZ, in addition to his studies.

20 Jun '44 - Transferred to the invasion front as Asst. Medical Officer of 2. Sanitaets Kp/ SS Pz Div "Das Reich." FPN 34667.

Jun-Sep '44 - Retreat through France and Belgium to the Westwall.

Nov '44 - Transferred to III./SS Pz Art Regt "Das Reich" as medical officer. FPN 15982. This Bn. was just being formed in Westphalia (Sauerland). Promoted to Obersturmfuehrer (1st Lt.)

15-25 Nov '44 - Special furlough to GRAZ because of complete loss of property due to bomb damage. Since the heavy attack on GRAZ in December 1944, P/W has heard nothing from his wife - who resides there.

SALMUTTER, Sepp #5738   6 June 1945.
SS Obersturmfuehrer
I./SS Pz Art Regt "Das Reich"   Capt. Brown
21 Jan '45, GOUVY, Belgium

        P/W is a young and intelligent Austrian medical officer who
deserted to the American forces. He is most cooperative and friendly.
Believed to be very reliable. P/W worked for FID in NAMUR from the latter
part of January to 5 April 1945.

                                    (Numbers in parentheses indicate
Additional Report on PERSONALITIES: approximate ages.)

MAHOULE (36): SS Sturmbannfuehrer; Chief of Security Service (Sicherheits-
     dienst) in GRAZ. Believed to be a lawyer by profession. Party member.
     Tall, dark, many sabre wounds in his face. Pampered, vain. Resides
     in Burgring, GRAZ.

CLEMENS: (33) SS Hauptsturmfuehrer; lawyer and commissioner in the security
     service. Party member prior to the Anschluss. Tall, blonde, sabre
     wounds in face; harsh voice. An Austrian by birth; resides in GRAZ.
     Good friend of SS Sturmbannfuehrer Dr. MITTELBERGER, who from the end
     of 1943 to beginning of 1944 was commander of the SS Medical Academy in
     GRAZ.

GREIL, Alfred: (50) Oberstudienrat and Gymnasium teacher. Gymnasium
     inspector for Styria. Party member prior to the Anschluss. Tall,
     graying and balding, blue eyes. Native Austrian. Professor of Latin,
     Greek, and German at the Academic Gymnasium in GRAZ. Illegal head of
     the Nazi Federation of Teachers in Styria. Active participation in
     nazification of GRAZ. Resides in GRAZ, Humbaldtstr 29.

GOELLES, Viktor: (50) Oberstudienrat and doctor of philology. Director
     of the Academic Gymnasium in GRAZ where he resides in Grabenstr.
     Party member before the Anschluss. Small, dark, wears moustache.
     Immediately after the annexation he became director of the Academic
     Gymnasium which was renamed "The First State Gymnasium."

PUCHINGER, Anton: (50) Oberstudienrat and doctor of philology. Director
     of the "State Gymnasium in GRAZ, Abteilung Graben." Party member
     prior to the Anschluss. Small, dark, wears a pointed beard. Quiet
     and reserved type. After the annexation he became the director of the
     newly-formed State Gymnasium in GRAZ, Abteilung Graben. Resides in
     GRAZ, Grabenstr 29.

KASPAR, Kurt (?): (45) SS Standartenfuehrer and lawyer. Mayor (Ober-
     buergermeister) of GRAZ. Party member before the Anschluss. Resides at
     Grabenstr 90 or 91 in GRAZ. Medium-sized, gray moustache, wears glasses.
     Enthusiastic member of SS; also belongs to Allgemeine SS. Plays up to
     high-ranking and influential Nazis. On many occasions has evicted poor
     Austrian families with many children from their homes in order to
     provide a dwelling for a high Nazi official. Hated by the people.

                        - 1 -   SECRET

UIBERREITHER, Sigfried: (36) SA Brigadefuehrer and lawyer. Gauleiter and Reichsstatthalter of Styria. Party member prior to the Anschluss. Resides in GRAZ. Medium-sized, dark complexion, narrow face, sabre wounds on cheek. SA leader in Styria before the Anschluss. Fanatical follower of Hitler; hated by the people of Styria.

MUELLER-HACCIUS, Otto: (42) SS Oberfuehrer; lawyer and economist. Regierungspraesident of Styria. Party member. Resides in GRAZ. Tall, heavy set, broad face, wears glasses. Prussian and fanatical Nazi. Office in the fortress in GRAZ; handles administrative and secondary school problems.

DADIEU, Armin: (38) SS Standartenfuehrer. Chemistry professor at the University of Graz. Gauhauptmann of Styria. Party member prior to the Anschluss. Resides in GRAZ. Very tall, dark complexion, athletic figure. As a leader in Schuschniggs' VF (Vaterlaendische Front) party he directed the peoples' uprising ("Volkserhebung") in GRAZ in February 1938.

MUELLER, Dr.: (50) SS Oberfuehrer and physician. Division surgeon of SS Geb Jaeg Div "Prinz Eugen." Party member. Resides in the Rainerkogel in GRAZ. Medium-sized, thin. 1940-41 C.O. of the SS Medical Academy in GRAZ. Before the war spent some time in Bolivia. After 1942 became more and more retiring.

KAETHER, Hans: (46) SS Obersturmbannfuehrer and physician. C.O. of the SS Medical Academy in GRAZ until the summer of 1943. Party member; resides in PRAG (?). High government and party connections which he uses to his own advantage. By using his political influence he was successful in placing himself on the staff of the University of Graz for the sole purpose of checking politically on the professors. Took part in many important conferences at the academy. Good connections with the Gestapo. Last seen during the summer of 1943 in GRAZ. Middle-sized, heavy set. Heavy drinker.

MITTELBERGER, Otto Eugen: (40) SS Sturmbannfuehrer and physician. Assistant to the C.O. of the SS Medical Academy in GRAZ. Party member prior to the Anschluss. Resides in Mauerstrasse in GMUNDEN. Fanatical Nazi although a native Austrian. Wanted to become C.O. of the academy. In March 1944 he ordered every member of the academy to contribute 100-RM monthly to the Winter Welfare (Winterhilfswerk). On good terms with the Styrian Gauleiter, Dr. Sigfried Uiberreither, and other officials, especially in the Security Service (Sicherheitsdienst). Medium-sized, dark complexion, several sabre wounds in the face.

SCHLINK, Carl-Edmund: (40) SS Oberfuehrer and physician. C.O. of the SS Medical Academy in GRAZ from April '44 until the present. Resides at Rosenbergguertel 12 in GRAZ. Party member and fanatical Nazi, but as a human being righteous and honorable. Was always having difficulty with his superior, Brigadefuehrer, Dr. Genzken, of the SS Sanitaets Hauptamt. During the occupation of France, in Toulouse as Div. Surgeon for SS Div "Das Reich." An extremely heavy drinker. Tall, dark blonde, excellent military posture, sabre wounds in face. Last seen November 1944 in GRAZ.

on LICHEM, Heinz(?): (38) SS Hauptsturmfuehrer and physician. Head of
a course of instruction at the SS Medical Academy. Party member prior
to the Anschluss. Resides in PRAG (?). Native of GRAZ but a 150% Nazi
who never ceased imitating the Prussians. Hated all Austrians who did
not do likewise; very dishonest type. Had himself transferred to the
SS Hospital in PRAG in order to gain possession of the house of a
liquidated wealthy Czech civilian. Tall, dark complexion, sabre wounds
in face, wears glasses. Last seen in GRAZ at the end of 1942.

SKALKA, Egon: (31) SS Hauptsturmfuehrer and physician. Formerly adjutant
to SS Obersturmbannfuehrer KAETHER when the latter was C.O. of the SS
Medical Academy in GRAZ. Later C.O. of a Medical Co. in SS Pz Div.
"Frundsberg." Party member prior to the Anschluss. Resides in
KLAGENFURT (?). Native Austrian but has willingly acquired many
Prussian mannerisms. Brutal and utterly lacking in scruples. Leads a
dissipated and fast life. Extremely ambitious and has a mania for
military service ribbons and decorations. Tall, round face, reddish-
blonde, short nose, growling voice. Last seen in LeMans in June 1944.

ENGLER, Sigfried: (26) SS Obersturmfuehrer and medical student at the SS
Medical Academy in GRAZ. Party member. Resides in SUHLINGEN (HANNOVER).
Graduate of a national political educational institution; 150% Nazi;
impetuous. Wanted to shoot an American officer and soldiers in the
Argentan-Falaise action in August 1944. Tall, long face, barrel-chested,
blonde, blue eyes.

SCHMIDT, Ernst: (27) SS Obersturmfuehrer and medical student at the SS
Medical Academy in GRAZ. Captured in Normandy by the Americans as a
medical officer in the Goetz von Berlichingen Div. Party member;
resides in LAUSITZ. Tall, long face with heavy jowls, dark complexion.
Fanatical, ambitious and vain Nazi. Once wrote an article on what should
be done with Europe ("Wie man's in Europa machen muesste"). One point
which was emphasized was that all Poles should be shot.

FORNET, Harald: (26) SS Obersturmfuehrer and medical student at the
SS Medical Academy in GRAZ. Medical officer with SS Div "Hitler Jugend"
in Normandy. Party member; resides in the Saar territory. Medium-
size, dark complexion, prominent eyes, extremely narrow chest.
Fanatical Nazi, ambitious and vain. Hates everything Austrian. Thinks
of himself as a "superman" and relates proudly how he, a physician,
forced some SS men into the attack at Caen at the point of a pistol.
Defeated as "educator" of the Hitler Youth in GRAZ.

NIEDEN, Peter: (27) SS Obersturmfuehrer and former medical student at the
SS Medical Academy in GRAZ. In Normandy 1944 as medical officer with
SS Div "Goetz v. Berlichingen." Now P/W in America. Party member;
resides in MUENSTER. Tall, blonde, narrow face, typical Nordic type;
100% Nazi. In '44 losing some of fanaticism. Hates Austrians.

- 3 -

Siehe Anlage **SECRET**

Nach diesem Krieg besteht zweifellos eine wesentliche Veraenderung
in der Stimmung zwischen kapitalistisch r Bourgeoisie und Arbeiterschaft im Vergleich zu den Vorkriegsverhaeltnissen. Nach dem Krieg
kann man von einer schichtmaessig krassen und zahlenmaessig ins Gewicht fallenden Scheidung dieser beiden Vorkriegsextreme ueberhaupt
nicht mehr sprechen. Das Kriegsgeschehen, vor allem die Zerstoerungen
ganzer, grosser Staedte durch Bombardierungen und nicht zuletzt eine
nach dem Krieg zur Auswirkung kommende Inflation vermoegen die Schicht-
unterschiede zwischen der Bewohnerschaft dieser —einstigen— Staedte
fast voellig zu ver ischen, und man geht nicht fehl, den offiziell
geschaetzten 95 % des deutschen Volkes, die durch diesen Krieg als
Proletarier-um diesen Ausdruck zu gebrauchen- resultieren, mindestens
75 % des oesterreichischen Volkes als sichin derselben Situation be-
findend gegenueberzustellen(bei dieser Betrachtung nehme ich Oesterreich als etwas mehr zerstoert an als derzeit, aber grosse Verschie-
bungen in den geschaetzten Prozenten werden sich kaum ergeben, da
Oesterreichs geographische und siedlungsmaessige Struktur derart ist,
dass grosse, dicht bevoelkerte Staedte gegen verhaeltnismaessig duenn
oder ueberhaupt nicht besiedelte Land- oder Gebiersgegenden stehen;
Wien zum Beispiel stellt mit seiner Bevoelkerungszahl 1 Drittel der
oesterreichischen Gesamtbevoelkerung dar).

Die christlichsoziale Partei ist eine der staerksten Parteien des demokratischen Oesterreich vor dem Anschluss ans Reich gewesen. Ihren
Hauptanhang besass sie in den Landgegenden und den mittleren Staedten,
also Bauern, Handwerker und Buergerstand. Eine Moeglichkeit, ihre vormalige Stellung wieder zu erreichen, liegt in der Ermoeglichung eines dem oesterreichischen Volkes einigermassen entsprechenden Lebensstandards. Ehemalige Funktionaere dieser Partei und die Geistlichkeit
werden diese Partei in ihrem Gerippe nicht unschwer wieder aufbauen
koennen, wenn die vorhin geschilderten Bedingungen zutreffen,.

Die Stellung dieser Gruppe zur Rueckkehr der politischen Verbannten
wird sicherlich eine ositive sein, denn gerade aus Oesterreich sind
viele Angehoerige der sozialdemokratischen Partei "aus Sicherheits-
gruenden"verschleppt worden.
Was die ausgewiesenen oder verschleppten Juden anbetrifft, so glaube
ich,dass dieselben sicherlich nicht gesetzlich an einer Rueckwanderung
nach Oesterreich gehindert werden duerften.

Das entzieht sich meiner Kenntnis: jedenfalls aber werden diejenigen,
die unter dem Naziregime gelitten haben, nach Aufruf sich sofort melden und auch gerne bereit sein, zu melden, wer sich an ihrem Nachteil
bereichert hat.

Kenne leider keine derartigen Personen naeher, da ich zur Zeit der
Parteiaktivitaeten noch ein Schueler gewesen bin. Sicherlich jedoch
finden sich einige davon in Konzentrationslagern.

3 May 1945.

SALMUTTER, Sepp
SS Obersturmfuehrer
I./SS Pz Art Regt "Das Reich"
21 Jan '45, GOUVY, Belgium

Capt. Brown

P/W is a young and intelligent Austrian medical officer who deserted
to the American forces. He is most cooperative and friendly. He has a
magnetic personality. Believed to be very reliable. P/W worked for FID
in NAMUR from the latter part of January to 5 April 1945.

BOMB DAMAGE in GRAZ:

Bomb damage shown on the attached sketch to the east of the MUR river
is the result of the attack on 1 November 1944. P/W actually saw this
while home on furlough.

Bomb damage shown on the attached sketch to the west of the river
is the result of an attack during March 1945. While P/W was in Paris Detention
Barracks awaiting shipment to this country, a German lieutenant of
mountain infantry who was in GRAZ in March 1945, related the following:

That it was impossible for trains to enter the city.
Passengers had to debark in GOESTING because of the complete
destruction of rail facilities in GRAZ. That that part of
the town west of the river and on both sides of the railroad
has been completely destroyed.

Additional explanation of attached sketch:

1. Krefelder Str was formerly Annen Str.
2. Adolf Hitler Platz was formerly Hauptplatz.
3. Troops were quartered in the opera house (#2) during
   September and October 1944.
4. Along the street running NW from Schiller Platz in the direction
   of Ruckerlberg there is some further damage to civilian houses.
5. Alte Technik (#5) is the old Technische Hochschule.
6. The Technische Hochschule (#4) is comparatively new.

P/W expressed the opinion that probable military targets for the
attack were #3, 4, and 5 on the attached sketch, of which #3 was the
only one hit.

306

BASIC PERSONNEL RECORD – WORK SHEET
(Alien Enemy or Prisoner of War)   ROOM **B-13**

Internment S.N. **310-2509053** . Name of Internee **SALMUTTER, Sepp**

Sex **M** . Height **5** Ft. **7** In. Weight **140** . Eyes **Brown**

Skin **Fair** . Hair **Brown** . Age **24 yrs**

Distinguishing marks or characteristics: **Right Thigh, 4 cm scar.**

---

1. **Obersturmfuehrer**
   (Grade and arm of service)

2. **1 Cbt. -Pz. Arty.Rgt.-Das Reich**
   (Hostile unit or vessel)

3. **2/AEA – 375**
   (Hostile serial number)

4. **31 Jan 21 - Semriach/Str.**
   (Date and country of birth)

5. _____
   (Place of permanent residence)

6. **Maria Trost, Grandmother**
   *(Name relationship of nearest relative)

7. **Graz/Niedenschoecksl 32**
   (Address of above)

8. **One**
   (No. of dependents and relationship)

9. **Address of Wife and son unknown.**
   (Address of above)

10. **21 Jan 45**
    (Date of capture or arrest)

11. **Gouvy/Belg.**
    (Place of capture or arrest)

12. (AM) Can ENG
    (Unit or vessel making capture)

13. **Medicine Student**
    (Occupation)

14. (VOLK) SCHU? (GYM) Hoch.
    (Education)

15. **English**
    (Knowledge of language)

16. **Good**
    (Physical condition at time of capture)

17. **Married** S
    (Married or single)

18. CAT. EVG. (GOT)
    (Religious preference)

Previous Camp or Camps prior to Fiery Furnace **By Air**

Remarks: Nowær **In Kmser since 21 Jan. TATOO MARKO.**

---

* If no relative, name person to be notified in case of emergency.

Report of Interrogation :

I/O : Capt. HALLE

P/W : SALMUTTER, Sepp
Rank : 1st Lt. SS
Unit : 1 Obt.Pz.Arty.Regt.Das Reich
Captd : Gouvy/Belgium, 21 January 1945.

Veracity : Believed reliable.

_____
(Grade and arm or service)

1 Obt. Pz. Arty. Regt. - Das Reich
(Hostile unit or vessel)

2/AR-378
(Hostile serial number)

31 January 1921 - Werplach/Str
(Date and country of birth)

_____
(Place of permanent residence)

Maria Traut, Grandmother
(Name, relationship of nearest relative [3])

Graz/Nicolaus-spital 32
(Address of above)

One
(Number of dependents and relationship)

Address of wife and son un-nown
(Address of above)

10. 21 January 1945
(Date of capture or arrest)

11. Gouvy/Belg.
(Place of capture or arrest)

12. Americans
(Unit or vessel making capture or arresting agency)

13. Medicine Student
(Occupation)

14. Volk-Gym-Hoch
(Education)

15. English
(Knowledge of languages)

16. Good
(Physical condition at time of capture or arrest)

17. Married
(Married or single)

18. Gottglaeubiger
(Religious preference)

ADDITIONAL DATA:

Transferred from	Date depart	Transferred to	Date received	Official signature of receiving officer	Personal effects not transferred [2]

REMARKS: None

[1] If no relative, name person to be notified in case of emergency.
[2] If personal effects taken from individual are not transferred, note exceptions and place of storage or depot.

24-44592ABC

Report of Interrogation :

P/W : SALZUTTER, Sepp
Rank : 1st Lt. SS
Unit : 1 Obt.Pz.Arty.Regt.Das Reich
Capt'd : Gouvy/Belgium, 21 January 1945.

Veracity : Believed reliable.

Report : Answers to Questionaire submitted by Propaganda Branch 23 October 1945.

Note : Before answering the questionaire, P/W wants to emphasize that he is an Austrian, 25 years of age and that he therefore will discuss the Austrian situation. It can generally be likened to Germany's situation of today, however, except for nominal and insignificant differences.

Ideas about democracy.

1. Do you think Germany can ever become a genuine democracy ? (Explain your opinion).

To 1 : P/W thinks Germany can become a Democracy. In general, the German people have the social and psychological foundation on which a reeducation to democracy can be based. The length of the time in which this goal can be attained depends upon the means used.

2. : Do your think that democracy would be the best form of government for Germany ? (Explain).

To 2 : Yes. P/W thinks that democracy would be the best form of government for Germany. Because of Germany's geographical situation and the international political situation of today, the only alternative to democracy would be totalitarianism; and totalitarianism will also result if the attempt to reestablish a democratic Germany is undertaken by inappropriate means, or if this attempt is not begun soon enough.

Aside from P/W's hope and desire that Germany become a genuine democracy, P/W is afraid that the horrible situation forecast for this winter in Germany may perhaps contribute much to Germany's going Communist. The aftermath of this war will reach its climax this winter. If at this critical and decisive point, where the lives of many German people are at stake, the German Communists (backed by Russia) should be able to undertake measures of relief (with Russian support), they will be very successful in their political intention to build a Soviet Reich especially if they simultaneously denounce the intention of the democratic ("capitalistic") powers not to help Germany, by pointing to the often-expressed statement, let the Germans stew in their own juice, or to the demand, Let the United States not play Santa Claus for Europe, especially not for Germany. One should not shut ass's eyes to the Bolshevist sense for practical politics and the ability of a totalitarian state to change its course suddenly and unexpectedly on a single order, if such a change is deemed expedient at the time.

3. : What, in your opinion, are the most important characteristics of a democracy? (Was the Weimar Republic a genuine democracy) ? (What faults do you think it had? Is American democracy a possible model for Germany?).

Date **9 Apr 45**	Sheet	Room Conversation	Army / Navy
From **1145**	**1**	INTERROGATION	Room **13**
To **1630**	Record	I.O. Capt Hollbrook	Bldg **B**
Mon. by *Kiefer*		I.O.	

P/W 1. Thürmehr   2. SALMUTTER   3.

	Quiet
30	Receive Lagerpost — Reading — Trying to locate places
	Figure hidden gold in salt mine worth 100 mill
	RM. — No further comment
11	T interrogated by Capt Hollbrook to 1425
	T. Reviews interrogation — factual —
	T. talks about experiences in captivity in France
	T used to be in "Stahlhelm" — Recalls all the times
	he has had to spend (air raid warden etc etc)
	in addition to his work — for this war
	S is glad he has his Café
	T talks about evacuating his children

Date 28 April 45 / 20 3   From 2200   By Winter   Chest / Record   Room Conversation INTERROGATION   I.O. _____   I.O. _____   Army 1/   Room 14   Bldg 4

N 1. THOMAS   2. SAL MUTTER   3.

(S) teaching English to (T)
—//—

P/W informed of German surrender - talking
about it — seem to be rather glad —
(T) Also die Russen waren jetzt dem ???
willkommen Aushalten, lasst es ihnen
dann leichter fällt das verlorene Land
für den kommenden Aufbau zu gewinnen
da der Mensch wenn er nichts hat, immer zu
zu radikalen Mitteln greift.
(S) Jetzt kommt das Trepte, das den gegeben
- eine typisch deutsche Angelegenheit.
no R.C.
—//—

Date	28/4/45	Sheet	Room Conversation	☒	Army / Navy
From	0???		INTERROGATION		Room 14
To	1200	Record			Bldg 4
Ret. by	Pfc. ??rhman		I.O.		
			I.O.		

FAz. Thomas   2. Salmüller 3.

1730: Silence

1800: Idle Talk. English Language

1830: SS personalities and idle talk. battle experience, record

1900: ① says SS gebirgsdivision or "Nord" fought in Carelia
under Benner(?) was 25000 strong, 138 losses to a corp,
was sent to the West through Norway without losses; on the
front in Norway, Carelia was perfectly static, the violent
fighting in ~~Norway~~ France was quite a shock to the
officers & of the division.

Says his division had only 10000 men.

Bei Linz war ein KZ Badlausen(?) in letzter Zeiten
aber sie neue KZ aufgebaut für die Familien der Front
die sich ergeben haben.

Das zeigt die Schwäche des Regimes.

T: Die Nazis haben Deutschland vollständig herunter-
gewirtschaftet!

Idle talk food

T: Die SS die den Russen in die Hände gefallen sind, brauchen
wir nicht zu beneiden, ich habe gehört alle SS Führer werden
dort angelegt.

Wir haben unsere eigene SS Apotheken die studierten in
~~~~ Graz. Oberst Blumenreiter von Bahn, war der

Ich habe das EK2 selbst verdient — noch
im Krieg kann man sie berühmt kaufen
out for Ind. (Capt Brown) back 10115
Clearing room ———
Einige Sachen in meinem Lebenslauf
unklar — wieso ich in die SS gegangen bin
— das glaubte er mir nicht — er fragte wo
waren Sie im May 41 — er wollte sehen ob
ich wahrheitsgemäß alles aufgeschrieben
hab — Es ist doch so daß man nur die
letzte Einheit im Soldbuch drin hat — besonders von den Leuten von **Gen. Stab** und
höheren Ämtern ——
Das ist doch falsch gerade bei solchen
Leuten trägt man mehr Einheiten ein
um keinen Verdacht zu schöpfen —
das war wieder der Hauptmann? —
Sie führen einen im Umweg zum Verhör
immer — bestimmt sind die I.O's Deutsche
anscheinlich Kriegsgefangene — was
machen denn die mit dem Lebenslauf
Ja die heben das auf und am nächsten
Tage schreibt man wieder einen
und dann vergleichen sie die beiden —
Ich habe ja nichts geschrieben —
Das ist noch schwerer weil man dann

313

1 Thüncke   2. Saltmetter

after the war, especially since most young
teachers are Nazis. many others were disgraced
either P/W minds being P/W. "man hat's
ganz leicht und bequem..."

Silent

out for int. 1010. Back 1030
Mit einer vernünftigen Regierung, hätte man
in Januar Schluss machen müssen —
with his experiences in the village, does not
believe an underground Nazi movement will
have popular support except among those
who have nothing to lose". It was rumored
that food supplies, ammo and flak were
being concentrated in South German mountain
region, but P/W says he has no factual
knowledge of such movements ...
"Ich wundere mich bloss dass sie hier einem
alles so aufs Wort glauben, keine Unterlagen
verlangen. ... Aber es lohnt sich nicht
etwas falsches zu erzählen, sie kommen doch
dahinter. Und dann gehen sie nur strenger vor.
Was punished at Namur for attempting to
find out letters for another P/W.
"Poor Germany! alles so sinnlos zerstört!
(about his job) His Direktor was Sonder-
maschin-Präsident for OKH and Verkehr —
ministerium on Brücke Construction.

Made in United States
North Haven, CT
14 October 2022

25449729R00200